有序思维

走班学生必读书

马献时 编著

北京大学出版社
PEKING UNIVERSITY PRESS

内容简介

目前，全国的高中都将取消“固定班级授课”的旧模式，逐步改为“走班选课，分层教学”的新模式。但是，老师、学生都还准备不足。尤其是学生的治学能力，很是令人担忧。一旦学生的自主学习能力跟不上新的教学模式的要求，产生的效果将比原来“灌输式”教学还差。

毫无疑问，“走班选课，分层教学”对学生的治学能力提出了很高的要求。要想走得快你就要一个人走，要想走得远你就要一群人走。到底怎样走？再也不是过去的模式了。为了缩短学生在学习形式转变中的不适应，顺利造就学生“如鱼得水，快乐发展”的新局面，需要编写出一本过渡指南的书，作为开始走班时的指路明灯，也作为锻炼思维的时尚体操。本书的目标就是：“提高治学能力，造就强大头脑。”

本书曾长期作为北京五中的校本课程，后来又在初中、小学长期研发、试用。也就是说，本书的读者主要针对高一新生，不过，对于初中学生，甚至对于小学高年级学生也有较强的借鉴意义。

图书在版编目（CIP）数据

有序思维 / 马献时编著 . —北京 : 北京大学出版社 , 2016.8
ISBN 978-7-301-27344-9

Ⅰ . ①有… Ⅱ . ①马… Ⅲ . ①课堂教学 – 教学模式 – 教学研究 – 中小学
Ⅳ . ① G632.421

中国版本图书馆 CIP 数据核字 (2016) 第 181049 号

书　　名	有序思维 YOUXU SIWEI
著作责任者	马献时　编著
责任编辑	尹毅
标准书号	ISBN 978-7-301-27344-9
出版发行	北京大学出版社
地　　址	北京市海淀区成府路 205 号　100871
网　　址	http://www.pup.cn　　新浪微博：@ 北京大学出版社
电子信箱	pup7@pup.cn
电　　话	邮购部 62752015　发行部 62750672　编辑部 62580653
印 刷 者	山东省高唐印刷有限责任公司
经 销 者	新华书店
	787 毫米 ×1092 毫米　16 开本　12.5 印张　232 千字
	2016 年 8 月第 1 版　2016 年 8 月第 1 次印刷
定　　价	39.00 元

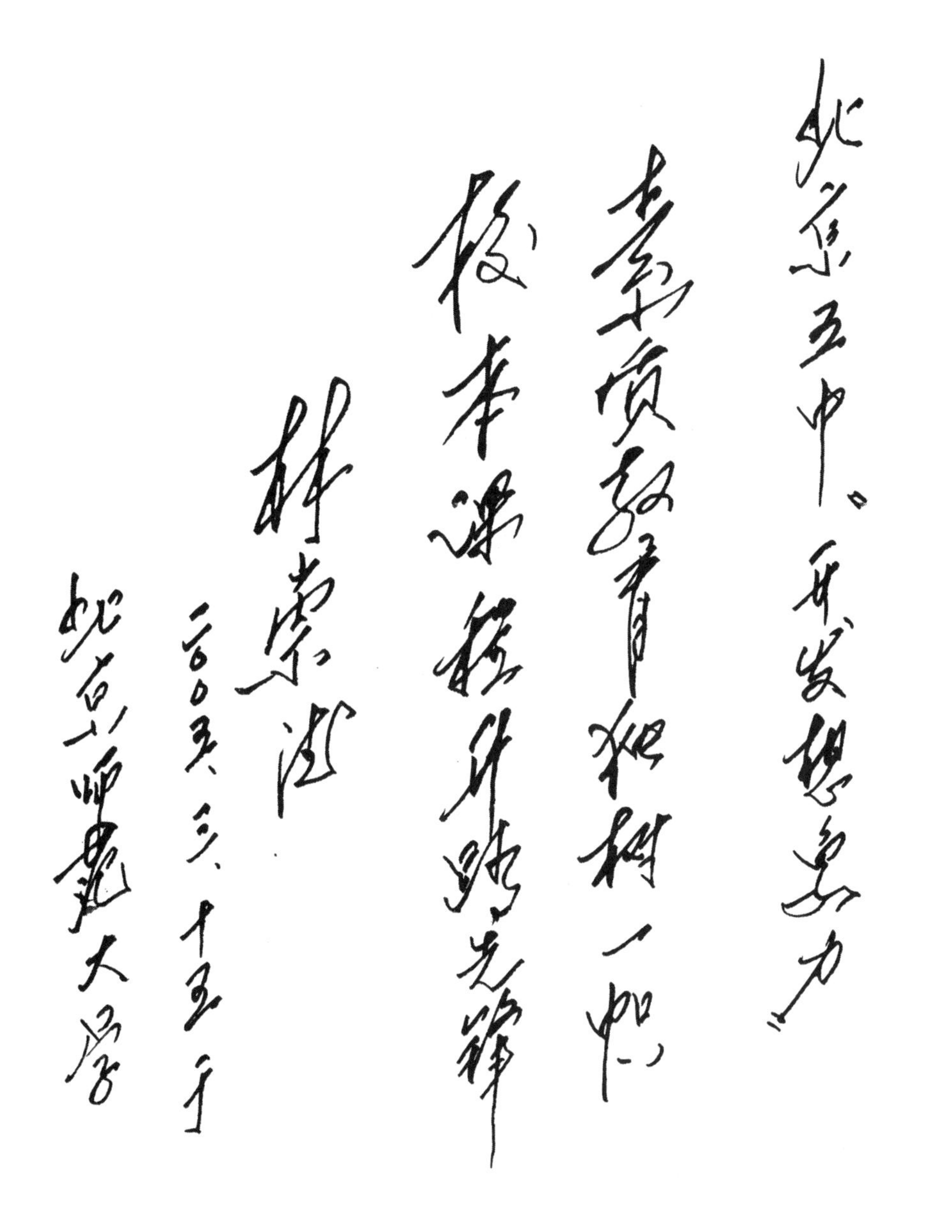

北京师范大学的林崇德教授对本课程给出了极高评价，题词说：“素质教育，独树一帜。校本课程，开路先锋。”

贺词

祝贺马献时老师的著作《有序思维》出版！马老师不仅是我的高中数学老师，课余时间他还带着我们打桥牌，参加足球比赛。孜孜不倦桃李芬芳，谆谆教诲妙语连珠。一幕幕温馨的画面，仿佛就发生在昨天，历历在目。

马老师的口头禅是："从原则性上说……从灵活性上说……"其实他是用"哲学"方式启发思维，让学习开窍。

鲍槱

2015年10月2日

鲍槱为本书的题词说

前言

PREFACE

从2016年9月开始，全国绝大多数的高中学校将要逐步进入“走班教学”的模式。过去几十年每个班级一定有自己固定的教室，教学的基本状态是“学生不动老师动”——学生在固定的教室里学习，教师则穿行于不同的教室（班级）进行授课。但是，新一轮高考改革之后，这种状况完全倒过来了：学生在很大程度上不再有固定的教室，变成了“老师不动学生动”——老师在固定的教室授课，学生则奔走于不同的教室去听课。传统意义上的“班级”已不复存在。在走班选课的背景下，有些学校更进一步实行了“分层教学”，即在同一间教室，学生的座位被分成3个区域。分别是以自学为主的区域，以讨论分享为主的区域和以老师辅导为主的区域。上课后全班一起听教师讲解的课时将非常少。绝大多数的课程都是老师在与前两个区域的学生沟通之后，主要面对第三个区域的学生进行辅导。教学活动与传统的方式也有相应改变，课堂是学生自主发展的舞台，扩大了学生自主发展的空间，减少“讲”和“听”，增加“说”和“做”。显然，在新的“研讨式”课堂中，课上时间更加宝贵，若没人提问题，讨论就无法开展，时间就会在沉默中飞速流逝，学生就不能在课堂里接受必要的训练，其结果将比原先的“灌输式”教学还差。

高中教学的这些变化，也会引领初中和小学系列的改变。这一系列的变化，表明了这一代人，再也不会像上一代人那样学习和生活了。一个人最终能否获得理想的职业、取得成功的人生的关键，不再是学历本身，而是一个人通过学历教育所获得的修养、能力和综合素质。我们可以经常见到，有的运动员以牺牲身体健康来换取奖牌，得不偿失。与此类似且更为严重的是，有些学霸不仅牺牲自己的身体健康，还牺牲了心理健康——他们往往以心理残疾为代价来换取所谓的“优先名次”。

现在，中国教育为开辟新路，正在创造适合学生综合发展的教育模式。现在国家已然实施了走班制度。问题是，学生准备好接受了吗？如果说，过去的固定班级教学属于“温室栽培，水肥充裕，温度适合”，那么现在的走班选课就更接近自然环境成长。面临移栽时刻，如何才能顺利过渡呢？走班选课，给了学生更多的学习自由，但是，学生的治学能力能担此重任吗？

毫无疑问，走班选课、分层教学对学生的治学能力提出了很高要求。要想走得快，你就要一个人走；要想走得远，你就要和一群人走。然而，到底该怎样走？为了减少学生在学习形式转变中的不适应，顺利造就学生如鱼得水、快乐发展的新局面，必须要编写一本过渡指南的书，作为开始走班时的指路明灯，也作为锻炼思维的“时尚体操”。本书的目标就是：提高治学能力，造就强大头脑。因此，用《有序思维》这本书给身处转变中的学生补课，也将成为创造适合学生发展的教育中的重要环节。

众所周知，智育包含三类知识体系：①陈述性知识体系，包括事实与概念等；②对外办事的程序性知识，主要就是对外办事中“如果怎样，那就怎样”的系列知识；③对内调控的程序性知识，就是对大脑中出现的一系列“如果怎样，那就怎样”的调控知识。其中，第三类知识体系是提高治学能力的核心，《有序思维》介绍的就是第三类知识，本书把适合进行教学的内容，遵循教学的规律，系统地呈现出来，从而开辟出系统讲授大脑使用程序的新天地，弥补智力结构中的短板，把学生头脑中碎片化的认知知识系统化，并且让他们学会自主调控。这样，学生就能纲举目张地梳理陈述性知识，举一反三地掌握练习题目，知道何时何处以及如何应用策略性知识，在解决问题中不断反省。

《有序思维》的主要内容可以分为6个部分：提高思维的效率，增强自主学习的能力，学会全面看问题的方法，改进思维的过程，提高思维的品质，掌握问题解决的策略。也就是说，在学习中尽量做到积极思考、协调左右脑、聚焦思维、全面看问题，学会交替运用分析与综合、抽象与概括、归纳与比较等思维过程，提高思维的敏捷性、灵活性、深刻性、批判性和独创性等思维能力，在问题解决中系统学习“算法式”和“启发式”两类策略。经过上述学习积累，提升学生思维能力。其实，固定班级上课的学生也需要提高治学能力，只是走班制度的出现，使走班学生的治学能力提高的任务更为紧迫。《圣经》中有这样一个故事，神在梦中对所罗门说：“你愿我赐你什么，我可以满足你。”所罗门选择了“智慧”，因此他成为以智慧著称的王。《有序思维》就是一本传授给学生智慧的书。

为了通俗说明《有序思维》的指导思想，下面进行7个类比。

（1）很多人做了一辈子学问，治学能力也没有多大长进，就是因为缺乏提高自己的意愿。例如，一个人如果没有提高写字水平的愿望，写了一辈子的字，也还是原来的水平。如果有了提高写字水平的愿望，“字无百日功”，就算只训练一百天，写字水平也会有提高。同样地，必须有提高自己治学能力的心愿，才能有提高治学能力的结果。

（2）作为学生思维榜样的家长和老师，有些人的情况也并不乐观。举个例子，有些成年人尽管在一起经常切磋棋艺，但是水平终究难以突破，原因就是缺乏学习榜样。学写字，要临摹字帖，学下棋，要常看棋谱，学思维，也要有学习的榜样！在提高学生综合素质发展的教育中，要非常重视展示思维优秀的学生的思维过程，树立学习的榜样，才能发挥出“字帖”和“棋谱”的作用。“字帖”和“棋谱”展示了样例和法则，榜样的楷模作用必不可少！

（3）开创适合学生发展的教育，就要全面提高学生的思维能力和治学能力。如果把智商比作汽车的固有功率，那么思维技能就等同于驾驶技巧。有的人可能有一辆非常好的车，却开得很糟，而有人可能有一辆差一点的车，却开得很好。《有序思维》的目标不是提高汽车的动力系统，而是提高驾驶技能。也好像击剑比赛，不论自己的佩剑是否好过别人，只要剑术过人，击剑中就能获胜。

（4）例如，在学校多学唱几首歌并不能缩短学生和歌唱家的差距，同样，只学习陈述性知识和对外办事的程序性知识，也难以提高学生的思辨水平。又例如，不进驾校，也可以在实践中学会驾驶。但是，在驾校中可以系统地学习。在没有具体目的地和具体驾驶路线的条件下，一切只是为了提高驾驶技能的学车，一定十分高效。《有序思维》所讲授的适合学生发展的教育，就像是去驾校学驾驶，针对性强，而且训练全面。

（5）书中共有 78 个练习，个个都很精彩。面对这些练习，如果像看首钢篮球队马布里打球那样自己只是置身度外，像看春晚节目那样自己根本不参与，那么这些练习就会形同虚设，失去训练的意义。在适合学生发展的教育中，学习《有序思维》，就是把智育体系中的第三类知识，浇筑成一系列的磨刀石。一旦认真练习，就如同磨刀高手，能把思维能力的巨斧磨得锋利。在“磨刀”与“砍柴”的时间分配上，只要适度增加磨刀的时间，就能提高砍柴效率。作者深信，读者一旦认真“磨刀”，就会发出惊呼和感叹：“这些‘磨刀石’，真棒！”

（6）在思维过程中，强大的头脑就像是奏响了提琴四重奏，左、右半脑的和谐工作，就像是第一小提琴和第二小提琴之间的齐奏、轮奏和重奏；“策略”就像是中提琴奏响前奏（突破点），并稳定地把握着旋律前进的方向;大脑中“自主调控”中心就像大提琴修订节奏，监控着旋律;思维就是用“四重奏”展示思考的美妙乐章。很多人误以为思维只有主旋律，把指导我们思想的理论基础，当成是“地理”“生物”那样的一门门具体学科，存储在头脑中，不能充分参与思维过程，制定策略，因此不能发挥其第三旋律中提琴的作用。所以在适合学生成长的教育中，要讲清突破点，系统讲授大脑中的第三旋律——主观调控。

（7）温度计虽不能退烧，但在诊断中的作用却不容抹杀。《有序思维》明确指出了学生在自主学习中存在的具体问题和改进方向，这是非常有意义的。就像体校的训练目的是刷新纪录和提高名次，而健身房的训练目标是提高身体素质。学校开设的“奥数”课程就类似于体校，而《有序思维》就类似于健身房，不为名次与纪录，而是提高人的素质。有人比喻，“走班选课”就像骑车，“固定班级”就像步行，学会了骑车，就比步行快。《有序思维》就是教你尽快学会骑车。

在《有序思维》中，并不包含下述5类内容。

（1）根据学校的计划和安排，自己如何走班选课？根据自己的治学能力，自己如何选择适合的层次？怎样选择微课？怎样选定教材？怎样确定作业数量？自学时老想玩手机怎么办？分享讨论中老想聊天怎么办？这些属于具体的教学管理方面的问题，应由学校直接指导。

（2）“记忆术”“怎样进行发散思维”等属于认知活动中某一方面的具体方法。

（3）有许多被称为“学习方法”的知识，实质上也属于“学习策略”。例如阅读时，要在书上做标记，要记笔记，分析内容结构，对关键点进行摘抄。又如作业时，课后要先复习，再做作业，从而理解深刻、记忆长久，提高作业效率。再如管理学习时，要制订计划，开列时间表，若遇到不会的问题要努力思考后再去问同学，还不会时再去问老师，等等，这些属于学习方法的范畴。

（4）不直接参与认知过程的心理因素，包括需要、兴趣、动机、情感、意志、性格、习惯、心理素质、道德修养等，属于非智力因素的范畴。

（5）认识自身的情绪，并能妥善管理自己的情绪，调控自己，激励自己，这些属于情商的范畴。

上述 5 部分内容，对提高学习成绩也都有很大影响，但是，不属于《有序思维》的探讨范围。

本书内容，曾长期作为北京五中的校本课程，后来又在小学、初中长期研发。在土豆网上搜索“马献时”即可查到全部的课程内容。目前已经发布了 16 节高中课程、18 节初中课程、7 节小学高年级课程、网络群中教学 2 节，共计 43 节课的课堂全程录像，全部免费。

点击 http://www.tudou.com/programs/view/KBE5uWA3v9c/。

《有序思维》的读者主要是针对高一新生。其实，初一学生，甚至小学高年级的学生也能读懂。使用“字帖”“棋谱”一类的学习工具，对学习者的年龄本来就没有过多限制，他们看到的都是入门级别同样的学习“榜样”。当然“临摹字帖”“打棋谱”的收获，会有层次的不同。

达尔文说：“最有价值的学习是关于方法的学习。”以获取知识为目标，还是以发展思维能力为目标，决定了我们的教学是在限制还是在发展学生的智力。作者在北京五中讲授本书知识，一直坚守到 2015 年退休。培养出最突出的一个学生就是“最强大脑”综艺节目唯一满分获得者——鲍槱。2015 年 12 月 20 日，鲍槱创造了闭目围棋 1 对 5 全胜的吉尼斯记录。下面的照片分别是马献时在五中表演下盲棋、鲍槱闭目下棋、马献时和鲍槱在一起。

《有序思维》在一个全新的领域进行了非常有意义的尝试。“固定班级”类似于“温室环境”，而“走班选课”相当于“移栽出圃”。怎样才能做到

马献时下盲棋、学生替他行棋

鲍槱闭目围棋 1 对 4 表演赛现场

鲍橒在表演闭目围棋 1 对 4 比赛之前和马献时老师合影

在温室中培养的幼苗,移栽后仍能茁壮成材?从本质上说,温室条件的光照、温度、肥水都更有利于幼苗的生长。但是,幼苗只有移栽到自然环境才能成长为参天大树!因为,经风雨,见世面才能促进栋梁之才的成长。当然,温室中的幼苗如果能自觉追求“根深”,也能“叶茂”。对于不走班的学生,从根本上说,《有序思维》肯定也是他们的良师益友,甚至对于各行各业的人们来说,治学能力的提高,也属于当务之急。

多年的教学实践证明,《有序思维》对优秀同学的帮助更为突出。是根除“出力不出活”这一毛病的一剂良药。

目录

CONTENT

第一章　打通胼胝体，奏响四重奏

1-1
提高智慧应是人生的基本追求

当你打开这本书，看到这第一行文字的时候，请你先回答这个问题：中国民间有“抓周”的习俗，你知道“抓周”是怎么一回事吗？相传，三国时吴主孙权曾经用过抓周的办法选继承人。当时孙皓表现较好。后来，几经周折，孙皓真的继承了吴国的皇位。于是，“抓周”习俗流行天下。再问问你：如果让小猴子“抓周”会出现什么情况呢？设想一下，面前摆放的是香蕉、金币、虎皮裙和类似孙悟空用过的小棍棍。小猴子会选什么？估计会选香蕉。因为小猴子不能理解，金币可以换取更多的香蕉。

2006 年首届哈佛 AUSCR 中美学生领袖峰会，318 名中国高中生汇聚上海，参加了为期一周的会议，共同体验针对学习能力与领袖气质的“哈佛挑战”。中央电视台《对话》节目组邀请中美两国最优秀的、即将进入大学的中学生，参加了一期节目。节目组出了这样一道单选题，选项中有金钱、权利、真理和智慧等。猜猜看，中国的这些被北京大学、清华大学、香港大学等著名大学录取了的新生，大多选择了什么？如果让你选，你会选什么？当年获得美国总统奖的美国新大学生们又会选什么？估计你能猜对。中国学生一致地选择了金钱或权利，没有人选择智慧，更没人选择真理！而美国学生呢，没有人选择金钱和权利，都是选择了真理或智慧。难道中国的新大学生们，就是小猴子“抓周”选香蕉的水平？在中国，最常见的祝福就是“恭喜发财”。对自己的钱财，总是感觉不满足。而对自己的聪明才智的提高，却从来不做努力！显然，选择真理和智慧，才是人生应有的追求。不应满足于“小猴子抓周选香蕉”的动物水平。

现在，走班选课、分层教学已经开始执行。提高学生的智慧水平，已经成为教育的根本目标。自己的学习，只有自己做主，自己必须承担起责任。过去上学主要靠老师教，今后上学主要靠自己学！自己的治学能力究竟如何呢？能胜任新的学习形式吗？如何提高自己的治学境界呢？考试分数仅只是成长的现象，提高治学能力才是成长的本质。成长比成功更加重要，成长的标志就是智慧的提高！

若把学习比喻成砍柴，那么现在就需要一块磨刀石，磨刀才能提高砍柴效率。在此，“磨刀”是指，不仅要读书体会，还要积极参与，系统练习，从而增长才能和智慧。“磨刀”也是指，向别人学习，借鉴他人，认真吸取榜样的力量，从中获得才能和智慧。

大家都希望自己能成为智力发达的人。众所周知，智力是由观察力、记忆力、思维能力和想象力共同构成。全面提高智力，是指这四个方面都能得到提高。猜一猜，这四部分的核心成分是什么？当然是思维能力，观察、记忆、想象都要以思维作为基础。

下面先做一个有关想象力的练习。

想象力根据创造成分的多少，可以分为再现想象和创造想象两类，其中，创造想象中的创造性更多一些。但两者是不可分割的，例如，提到猪八戒，我们脑中会出现猪八戒的表象（离开具体事物仍留在头脑中的形象），进而想象出他的活动和行为，这是再现想象还是创新想象呢？当然属于再现想象，因为是头脑中再现了小说或者影视剧中的猪八戒形象。对于原作者吴承恩来说，猪八戒的形像是再现还是创新呢？应该属于创新想象。但是，吴承恩在创新想象时，还要再现出猪的形象和农民扛耙子的形象，他要把二者创造性地结合起来，所以他的创新想象中还包含有再现想象。

下面的练习，是测评智慧水平的试金石。在北京第五中学教学中反复被验证，优秀学生群体的水平与一般学生群体的水平，呈现出显著差异！这也是本书的第一块磨砺思维巨斧的磨刀石，学生练习前后，自我评价就会大不相同。因此，这个练习常被列为智慧提高的第一步。前提是，必须认真看，认真想，认真参与。

1–2

画六元素画（编号 1）

用两条直线、两个三角形、两个圆或者椭圆，一共 6 个元素，创造一幅图画，并且为自己的作品命名，要展示出青春风采和幽默韵味。先看示范作品，数一数，两图都确实是 6 个元素，没有多一个元素，或者少一个元素。下图左的作品，作者命名为《神仙鱼》。展示这幅作品，是希望让你有一种超越本书作者，跃跃欲试的冲动。下图右画的是一块奖牌。作者先后称其为《金牌》《运动员的追求》《运动员的梦》最后确定命名为《教练的梦》，升华了作品的内涵和品位。对作品名称的推敲和改进，目的是提高自我批判能力。通过两例启迪，目的在于提高学生思考问题的深度，开发创新想象的能力。

下面，请读者自己创作出这样的一幅六元素作品，并且为这幅作品给出恰当命名。

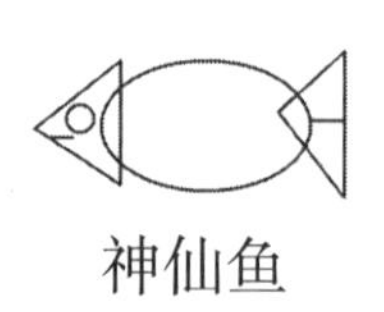

神仙鱼

教练的梦

本练习也曾改为七元素作品。同时要求，至少要含有两条直线、两个三角形、两个圆或椭圆，而第7个元素可以任选这三种类型中的一个。改变后，学生创作的效率低于六元素作品，因此尝试后又恢复成原来的六个元素。

在讲授校本课程《学习开窍》的时候，进行到本练习时，很多学生感觉困难，纷纷表示无从下手！这也是设置磨刀石的初衷——磨刀的时刻到了。

下面先介绍一点点有关脑和思维的初步知识。

大脑中的左、右半脑由胼胝体［pián zhī tǐ］连接为一体。左脑负责理性思维，掌管逻辑、语言、数学、文字、推理，分析等，右脑负责感性思维，掌管图画、音乐、韵律、情感、想象、创意等。同时，在左脑额叶中还有专门负责解释和监控的区域，对大脑的活动负责管理和监督。加州大学圣地亚哥分校神经科学系系主任罗伯特·李文斯顿医生（Robert B，Livingston，M.D.）在1987年首次“心与生命学会”研讨会中，把脑比喻为“一个和谐且纪律良好的交响乐团”。本书作者在此只把大脑的工作简化为“提琴四重奏”。左脑担当的思维任务，相当于第一小提琴；右脑担当的思维任务，相当于第二小提琴。左右脑在思维过程中，有时是齐奏、轮奏，更多的时候是重奏（同时演奏但旋律不同）。关键是，在左脑额叶还有个监控区，这个区域被激活，就奏响了四重奏中的第三和第四两个旋律。画“六元素画”，首先就是左脑接受任务，接收了文字、语言、逻辑等方面的信息，经过胼胝体传递到右脑。经过想象然后组成图画，进行创意。本项任务，对于左脑来说，属于最简单的信息加工。对于右脑来说，任务也很单一。但是为什么对于很多同学来说，竟然成为不可克服的困难？问题就出在胼胝体上。胼胝体的神经纤维细胞通常有100万根，其中大部分是沟通左右脑的视神经。大脑有

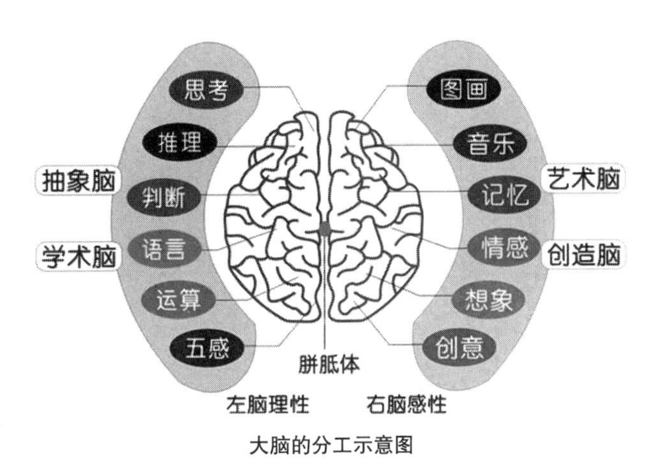

大脑的分工示意图

提琴四重奏

140 亿个脑细胞（人每天死亡的脑细胞个数就达 10 万之多），而人脑中的胼胝体只有 100 万根神经纤维，脑细胞数量和胼胝体细胞数量相差着 1.4 万倍。若把左右半脑想成哑铃，胼胝体就是连接两部分的抓手。想像贫乏的原因就是胼胝体太过细弱，而这又是由于大多数人平时缺少沟通锻炼。低水平思维的人的左右半脑时常无法形成高效合作，高水平思维的人，经常参加下棋、打牌、唱歌之类打通胼胝体的活动，因为这些活动都需要左右脑合作，把图画和逻辑结合起来，如果只用左半脑或者只用右半脑都无法完成。这种思维任务对提高“思维四重奏”水平，效果显著！如果大脑“思维四重奏”中的第一和第二两个旋律相互独立，只会单一地构想主旋律，也就无法奏响思维的“四重奏”了。

胼胝体作用

思维能力卓越的生理特点首先就是胼胝体发达。爱因斯坦的大脑究竟与常人有何不同？测量比较了许多年都毫无发现，经过多年研究仍然没有进展。直到最近几年，人们开始了解胼胝体的生理作用才恍然大悟。猛然发现，原来爱因斯坦的大脑中有特别发达的胼胝体。下面的照片展示的是大鼠大脑皮层不同部位联结的大脑俯视图。感觉到它的胼胝体太不发达了吗？

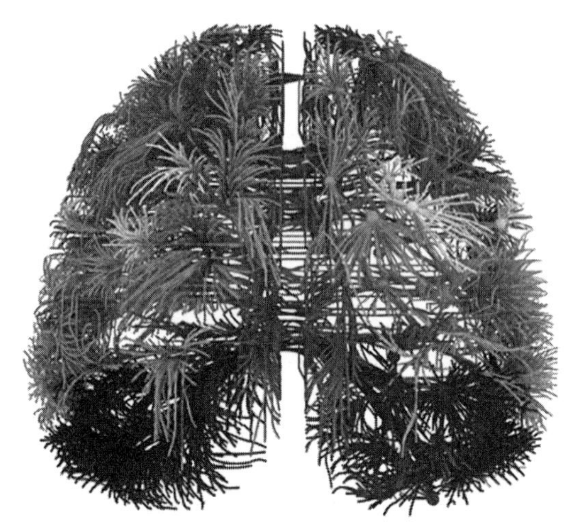

大鼠的脑

当我们面临一项思维任务时，首先要实现思维聚焦。为了帮助读者理解思维聚焦的概念，先举一个视觉的聚焦的例子。当人听见某种轰鸣时，要先眯起眼睛在天上寻找飞机。思维聚焦也有一个类似“眯起眼睛在天上寻找飞机”的启动过程。

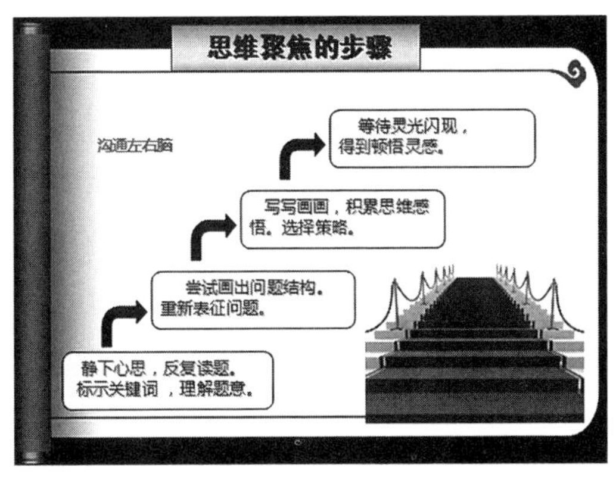

聚焦四步骤　层级递进示意图

一般来说，完成思维聚焦分 4 个步骤。首先，要静下心思，反复读题，标识关键词汇，理解题意。其次，尝试画出问题结构，重新表述（就是用自己的语言描述）问题。再次，要写写画画，积累思维感悟，选择问题解决的策略。最后，等待灵光闪现，得到顿悟和灵感。

在上述“打通胼胝体，奏响四重奏”的思维过程中，很多人缺失的是“第三旋律”。奏响第 3 旋律的就是所谓的“自我”，“自我”就像存在于脑中的小人。在前额叶前端的顶层即布劳德曼所说的 9–14 区及 45–47 区（人脑共 104 个区），在额叶的内侧面，中央前、后回延续的部分，也被称为“旁中央小叶”。它们各司其职，通力合作。这些区域要到 20 岁以后才能最后发育成熟。第三旋律的核心内容就是选择思维的策略，这种策略是学习者用以支配自己的心智加工过程的内部组织起来的技能，是由左脑中负责自我监控的部分奏响的四重奏中的第三旋律。对于本练习，第三旋律非常重要。

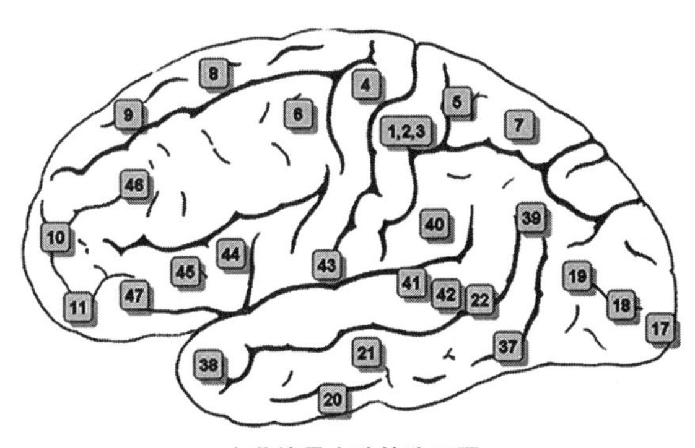

布劳德曼大脑的分区图

有的人，选择的策略是先思考六个元素可以进行怎样的组合，于是，立刻陷入困境，无从入手！而正确的策略是，在自己最熟悉的事物中，或者在自己关注的热点中进行选择，选择可以用6元素进行表达的题材。这个“策略”的确定，就是“四重奏”中的中提琴，也像“四重唱”中的男中音。思维中第三旋律奏响了前奏，悠扬稳定，指引了思维乐章的方向。

要引起注意的是，随时进行主观调控，把握思维进展的节奏，从而促进左、右半脑和谐活动。把分管逻辑关系的左脑和分管图像的右脑沟通连接在一起，在思考之中产生灵感。然后，把自己的构想清晰表达出来，修正各种细节，在第四旋律（还包含非常丰富的潜意识——已经发生但并未达到意识状态的心理活动过程）监控之下，创造出一幅独特的图画！命名过程也同样需要四个旋律的共同合作，经过反复推敲成功的作品就诞生了。

本次练习，强调的是思维聚焦的启动过程和第三旋律的选定过程。本练习对创新想象力的提高，在命名过程中对思维批判性的提高，都很有作用。

站的高看得远（叶以刚绘制的插图）

北京五中的学生都很喜欢这个练习（http://www.tudou.com/programs/view/KBE5uWA3v9c/）。在学习了胼胝体理论，尤其是体会到“策略”在思维中的重要性之后，学生立刻感觉在练习之后得到猛然成长，很多人竟然体验到居高临下的感觉了，就像在斑马中站立着的长颈鹿，非常高兴，非常自豪！

下面介绍北京五中进行这个练习的过程。

先呈现出两例示范作品，再进行“打通胼胝体，奏响四重奏”的启迪讲解。之后，又从众多的学生作品中选出一些作品，标写出序号。在讲评这些作品时，恰如其分地进行表扬，多多鼓励。在师生交流中，学生懂得了要全面评价每件作品，要相互学习，同时也看到了自己和优秀同学的差距。大家欢声笑语，师生其乐融融。学生的思维品质——深刻性、灵活性、批判性和创造性都得到了提高。接着，掀起课堂教学的一个高潮。由学生评选自己刚刚创作的最佳作品，大家积极性空前高涨。每个学生选出其中两幅不同的作品进行投票，然后老师统计出哪几幅作品被选为最佳作品。评选过程本身就是学生积极参与的过程，没有人会置身局外。然后，依次把这些作品的作者请到教室前面，给予欢呼鼓励。就是，大家齐声鼓掌并高喊三遍：“某某某，想的好！”

或者“某某同学，想的好！”之后再更加热烈地鼓掌。接着，被鼓励的同学鞠躬致谢。也就是说，要在课堂教学中，带领学生玩出高层次。作为被班级欢呼表扬的学生，能快乐好几天，多年之后，他们对于此事还能铭记于心。其实，我们只耗费一点点时间成本，但这种把欢乐创造给学生，效果之巨大，很让人振奋！

积极思考的过程，就是头脑聚焦的过程。魔方盲拧名人贾立平，在国际对抗比赛中战败，就是因为思维聚焦失败。聚焦，是思维活动中最关键的技巧！把握聚焦的技巧，养成聚焦的习惯，就能提高思维的效率。只有把自己从做作业的做不完、做不对、做不出的困境中解放出来，才能挤出更多的时间干自己想干的事。在走班选课学习形式下，学会思维聚焦，既能提高观察、记忆、想象的效率，也可以在阅读、比赛、欣赏他人作品等活动中更好地领略人生的乐趣。

吸烟者的味觉是麻木的，只有戒除烟瘾，才能津津有味地享受美食。与此类似，思维能力较低的人，根源之一就是思维聚焦的能力较差，就像吸烟者那样，味觉麻木了。而一旦学会了思维聚焦，就像吸烟者戒除了烟瘾，感觉敏锐了就能立刻感受到学习与思维的乐趣。

1-3 为 12 幅作品命名

接着进行的是给 12 幅优秀作品命名，和原创的命名进行比较。设计这个环节，目的仍然是“打通胼胝体，奏响四重奏”。要把右脑的图像、想象、情感和创造，与左脑的文字、推理、逻辑关联起来，进行沟通，对具体图形进行再创造。左脑与右脑的协同活动，就是依靠胼胝体的连接来实现的。把新的创造和原来的优秀原创进行对比，一般来说，新创可能不如原创，因为原创的韵味可能技高一筹。但“不破不立”，在突破原创碰壁后，才能更加欣赏原创的精妙。我们在各个科目的学习中，也要经常运用这个策略，体会课本中的精准表述。在“走班学习”的形式下，老师讲的少了，学生自学的多了，自己能自觉体味推敲教材中的细节，就非常重要。

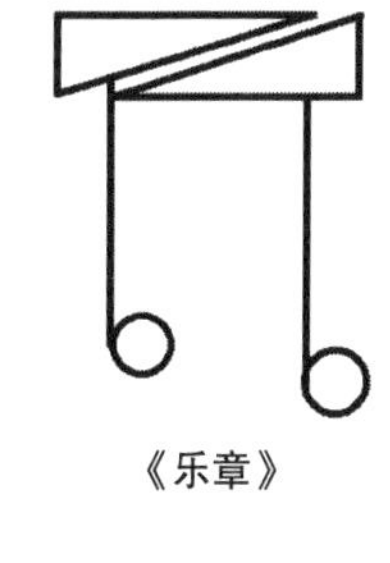
《乐章》

《愚公移山》

（1）先感觉，这幅作品画了些什么。经大脑的分析加工、综合、联想、感知到这是五线谱中的符号。进而认识到这是高、低不同的两个音符，有着相同的音长，是构成音乐旋律的一个微小组成部分。上面表示音长的横线，看不出是一条横线，还是两条横线。也有些像渐强和渐弱的符号，画得模棱两可！在对信息做出上述反应以后，在意识中，进行命名创作。用自己的左、右两半脑，协同工作，奏响思维的四重奏。于是想到，命名为“俩音符”“不同的高低”“同样的长度”“双音 PK”？原创作者将其命名为《乐章》。对比之后，感觉显然原创更为夸张、幽默。

（2）这幅作品比较抽像，左侧的人在抚摸推搡着右面的两个三角形。作品的主题让人摸不着头脑，那就查看原创，命名为《愚公移山》，让人顿感幽默。这想象力，够绝妙！移山故事本来就是想象奇绝，这图画的，更是奇思妙想！

（3）这幅作品画的是一个站着的人和他的影子。将其命名为“人与影”还是“身正就不怕”？细心的同学可能会发现影子比本人更长，意识到光源比较低了。查看原作，命名为《夕阳》。夕阳西下时高度确实比较低，多么充满想象！

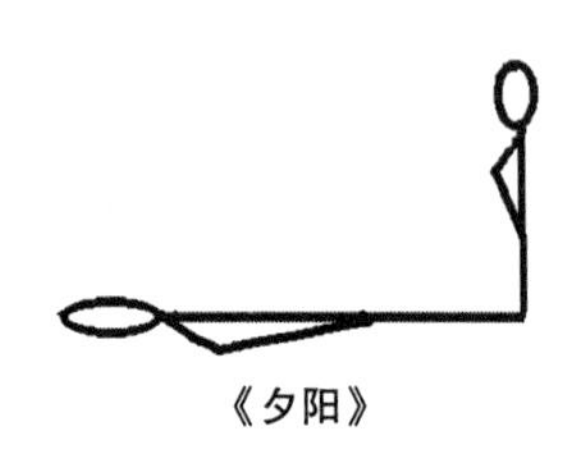

《夕阳》

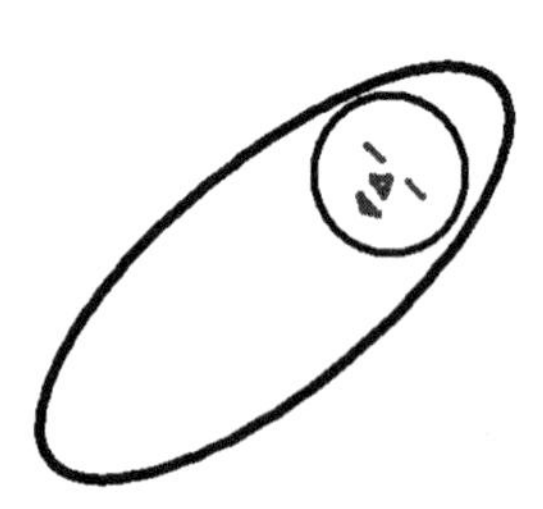

《初次见面请多关照》

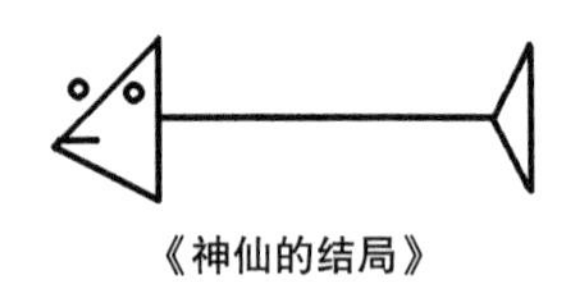

《神仙的结局》

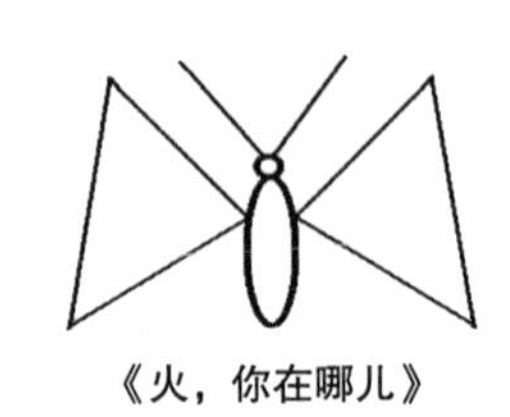

《火，你在哪儿》

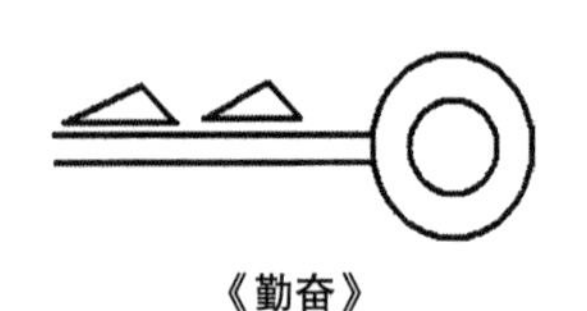

《勤奋》

（4）这幅作品，很有巧思妙想。本来，用直线画眼睛，难以生动。但画的是蜡烛包中的新生儿，就恰到好处。新生儿闭着眼，正在酣睡，倒三角形的小嘴像在微笑，很是可爱。命名为“新生”“好梦”还是“妈妈辛苦啦”？原作竟然用的是日语《はじめまして、どうぞよろしくお愿いします》，大意是《初次见面请多关照》。从新生儿的角度看，大家的确都是初次见面，而且自己太柔弱，只好请大家多多关照。这句常见日语被赋予了全新的含义。幽默别致，令人叫绝。

（5）这幅作品，也有点难以理解。不知道作者想表达什么。老师曾经解说过示范作品“神仙鱼”，与此有关？难道画的是鱼刺？作者讲解作品时说：“改进原作是创作之源。”把老师的神仙鱼，变化发展，与时俱进，要怎样命名呢？“神仙鱼的刺”“送给猫的礼物”？原创命名是《神仙的结局》。作者想表现的是热带鱼被吃掉了。

（6）这幅画，画的是蝴蝶还是飞蛾？“展翅者为蛾，叠翅者为蝶”。所以，画的是蛾。命名为“蛾”“我是蛾”“终于长大成蛾”？原作命名为《火，你在哪》，表示出视死如归的心胸，面对磨难的玩笑态度，英雄气概，器宇轩昂。

（7）这幅画画的是钥匙吗？命名为“钥匙”，岂不简明？对比原创的命名，竟然是《勤奋》。啊！是把勤奋当做了开启成功之门的钥匙。

（8）画的是大人抱着小孩吗？两个脑袋之间的小短线表示什

么？命名为“亲亲宝贝”“妈妈爱你”？原创命名是《舐犊情深》。原来小短线是两张嘴，妈妈正在嘴对嘴地喂宝宝啊。

《舐犊情深》

（9）这幅作品，作者巧妙利用少量元素即勾勒出一只乌龟。如何命名呢？“缩头乌龟”？原创的命名是《忍者》。当时正流行《忍者神龟》这部影视作品。因为画不出乌龟的脑袋，命名中展现了缺陷美。

（10）这幅画，画面生动。很容易理解：老头钓鱼。如何命名呢？左上方画的是太阳吗？原创的命名为《独钓夕阳》。《人民日报》报道这门课程时，选登了这节课上的3幅作品，这幅作品就是其中之一。有些诗情画意吗？

《忍者神龟》

（11）这幅画乍一看，不知所云，细想之后，终于给出猜想，画的是一棵被砍倒的树。创作此作品时正值雾霾天气，命名为“雾霾之源”还是“伐木要适度”？原作的命名是《毁灭》。树的生命被毁灭了，人类的生存环境就被毁灭了。中国的绿地比例实在是太少了。种得少，伐得快，就是生存环境惨遭毁灭的一个最重要原因。

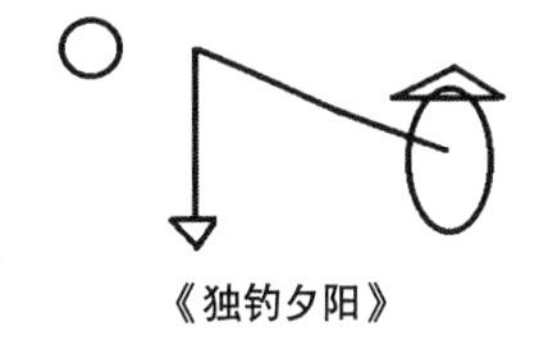
《独钓夕阳》

（12）这幅画，画的是一个断线风筝——沙燕。作者画风筝时只用了5个元素。为了符合题目要求，灵活处理，就把风筝的那根线断开来，就增加了一个元素，符合题目要求了。作者把这幅“断线风筝”命名为《自由的代价》（古巴有个鲜有人知的电影就叫《自由的代价》），她解释说：“作为风筝，自由了一次，就要付出代价。从此以后，再也不是风筝了。”

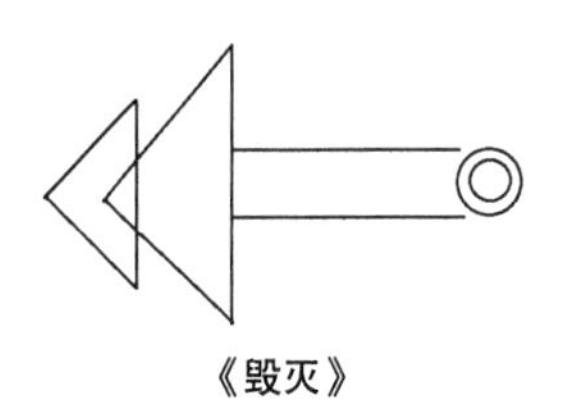
《毁灭》

回顾一下，给这12幅作品重新命名的过程。首先要向自己提出系列问题：画的是什么？有何特点？初步想怎样命名？命名贴切吗？怎样改进自己刚才的命名？展示青春的风采了吗？简明吗？对于命名的推敲，要尝试体会思维在“四重奏”时的感觉。凡是单一地运用左脑，或者单一地运用右脑都无法完成的活动，例如，下棋、打桥牌、斗地主、打麻将等都能促进胼胝体的生长。右脑中负责图像、创造的部分和左脑中负责逻辑、符号、语言的部分，相互连接沟通才能进行的活动，都会经过大脑中胼胝体的沟通，奏响“四重奏”。大脑的四重奏，显然是属于有利于生存和繁衍的活动，大脑中的快乐中枢就会分泌多巴胺和 β—内啡肽，使人感觉快乐。

《自由的代价》

1–4

117 幅优秀作品展示

《有序思维》这本书的前身是校本课程“学习开窍”和“开发想象力”，侧重点稍有不同。这门课曾经接受过 CCTV–1 的报道，也曾在 160 位全国中学校长参加的交流会上做过展示。在讲授了“打通胼胝体,奏响四重奏”的观念之后,优秀作品大量涌现。其中，四重奏理论——沟通左右脑，以及思维策略在思维过程中的突出作用（要从寻找最熟悉的事物出发，别从 6 个元素的排列关系出发）两点是本练习的灵魂。

CCTV–1 马献时老师在上课

本课程在校长观摩会上展示

下面展示的是北京市第五中学历届高中学生的优秀作品。优秀作品之多,令人惊异，就像棋坛盛会，高手相互促进，催生出大量佳作。反之，一群臭棋聚集在一起，师徒都很平庸，切磋多年也难有突破，所以观摩高手的对局就特别有意义。皇上选个机灵鬼陪太子读书，说明高水平的同学对促进其他同学学习作用特别大。在开设《有序思维》课程的漫长岁月中,本节课反复在高中、初中、小学高年级上过。在网络教学中也多次进行,学员反响强烈。尤其“打通胼胝体，奏向四重奏”的观点，更是让许多人如梦初醒，他们感叹说：“打通了胼胝体，就能鹤立鸡群啦！”本书共 78 个练习，其指导思想是：只讲授一点点理论,然后尽情练习。要发挥榜样的力量,要在成长的道路上高歌猛进！《有序思维》使很多同学看到了自己与高手之间的差距，在相互碰撞中，急起直追。这门课程能取得巨大成功，高手在其中发挥的榜样示范作用功不可没！如果一个人能经常领教高水平同学的学习方法，经年累月，近朱者赤，他也将成长为高水平的学生。看看周围优秀的同龄人，达到了怎样的水平。要像临摹字帖那样揣摩榜样的学习方法，像磨刀那样磨砺自己的思维（在此也向这些入选作品的学生表示感谢）。

请认真对待以下的 117 幅作品，要用心揣摩每一幅作品的含义。这些作品的作者，都是享受过同学们欢呼的人。为什么大家要向他们欢呼祝贺呢？作品当中，必有高明之处！请珍惜机会，下一番磨刀的功夫，要有耐心，要细心体会。读这本书，与看小说大不相同的就是，必须细心揣度！功夫越深，收获越大。

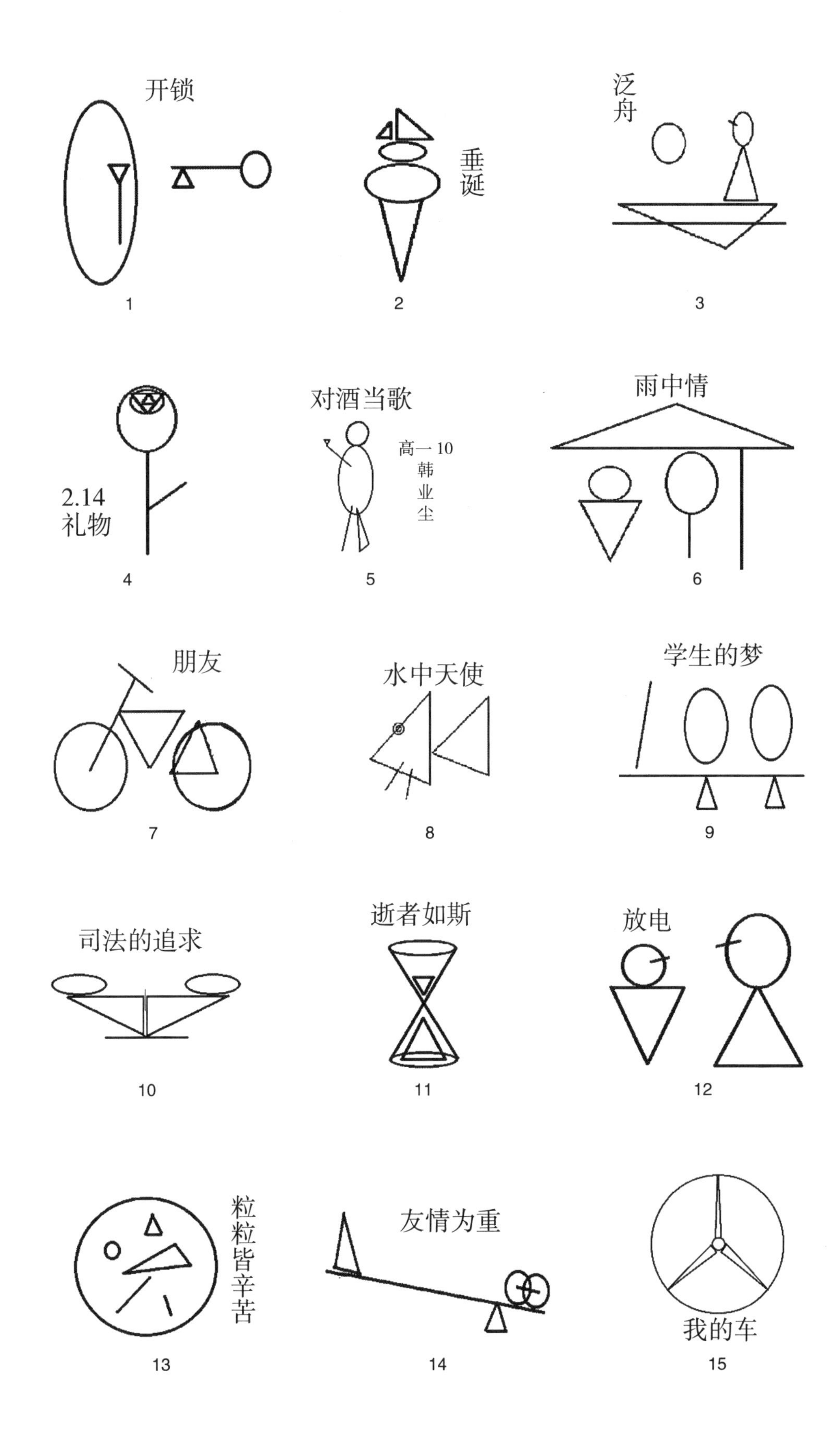
开锁
1
垂诞
2
泛舟
3
2.14
礼物
4
对酒当歌
高一10
韩业尘
5
雨中情
6
朋友
7
水中天使
8
学生的梦
9
司法的追求
10
逝者如斯
11
放电
12
粒粒皆辛苦
13
友情为重
14
我的车
15

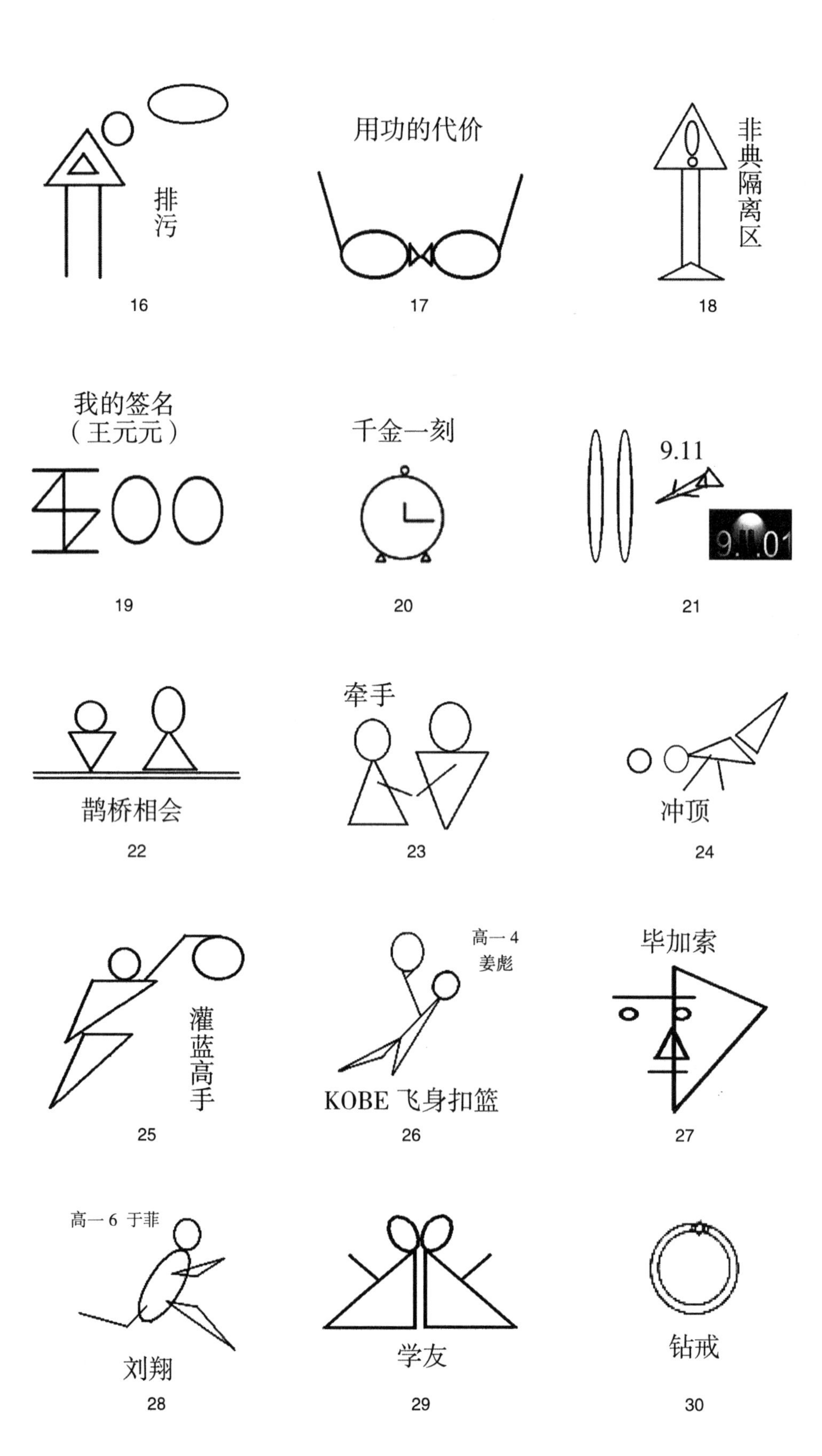
排污
16
用功的代价
17
非典隔离区
18
我的签名
（王元元）
19
千金一刻
20
9.11
9.11.01
21
鹊桥相会
22
牵手
23
冲顶
24
灌蓝高手
25
高一 4
姜彪
KOBE 飞身扣篮
26
毕加索
27
高一 6 于菲
刘翔
28
学友
29
钻戒
30

谁动了我的奶酪·
31
站立？摔倒？
32
与我同在
33
我的最爱
34
杨利伟游太空
35
真神仙也
36
日本锦鲤
高一 6 潘玲娜
37
乘坐热气球的狗
38
祈年殿
39
美丽的阿里山
40
消夏
41
2:45 啦！
（电视直播欧洲杯）
42
自娱自乐，中国足球
43
祈盼
44
清凉使者
45
护树
46
与狼共舞
47
对一分希望的努力
48

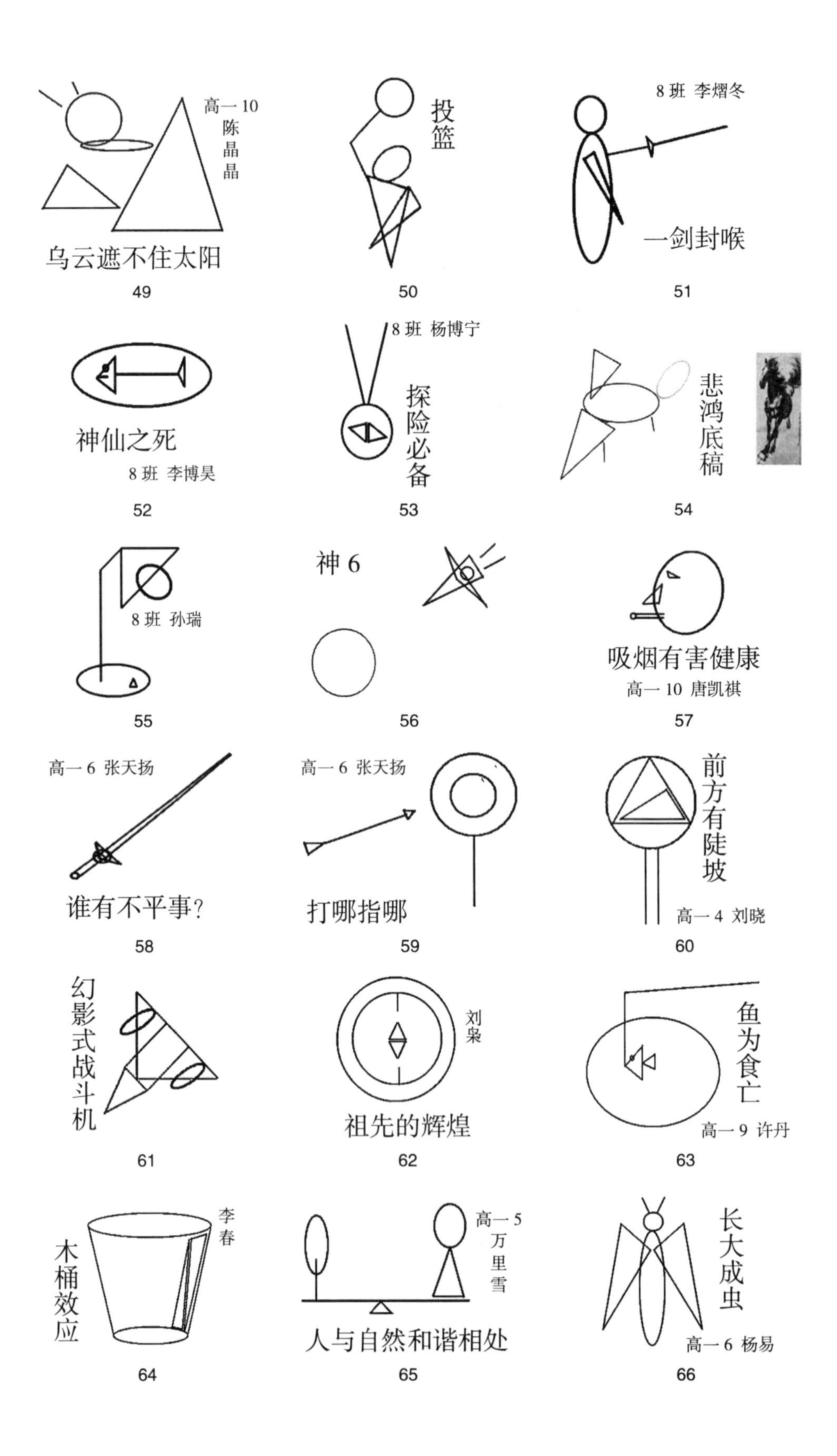
高一10 陈晶晶
乌云遮不住太阳
49
投篮
50
8班 李熠冬
一剑封喉
51
神仙之死
8班 李博昊
52
8班 杨博宁
探险必备
53
悲鸿底稿
54
8班 孙瑞
55
神6
56
吸烟有害健康
高一10 唐凯祺
57
高一6 张天扬
谁有不平事？
58
高一6 张天扬
打哪指哪
59
前方有陡坡
高一4 刘晓
60
幻影式战斗机
61
刘枭
祖先的辉煌
62
鱼为食亡
高一9 许丹
63
李春
木桶效应
64
高一5 万里雪
人与自然和谐相处
65
长大成虫
高一6 杨易
66

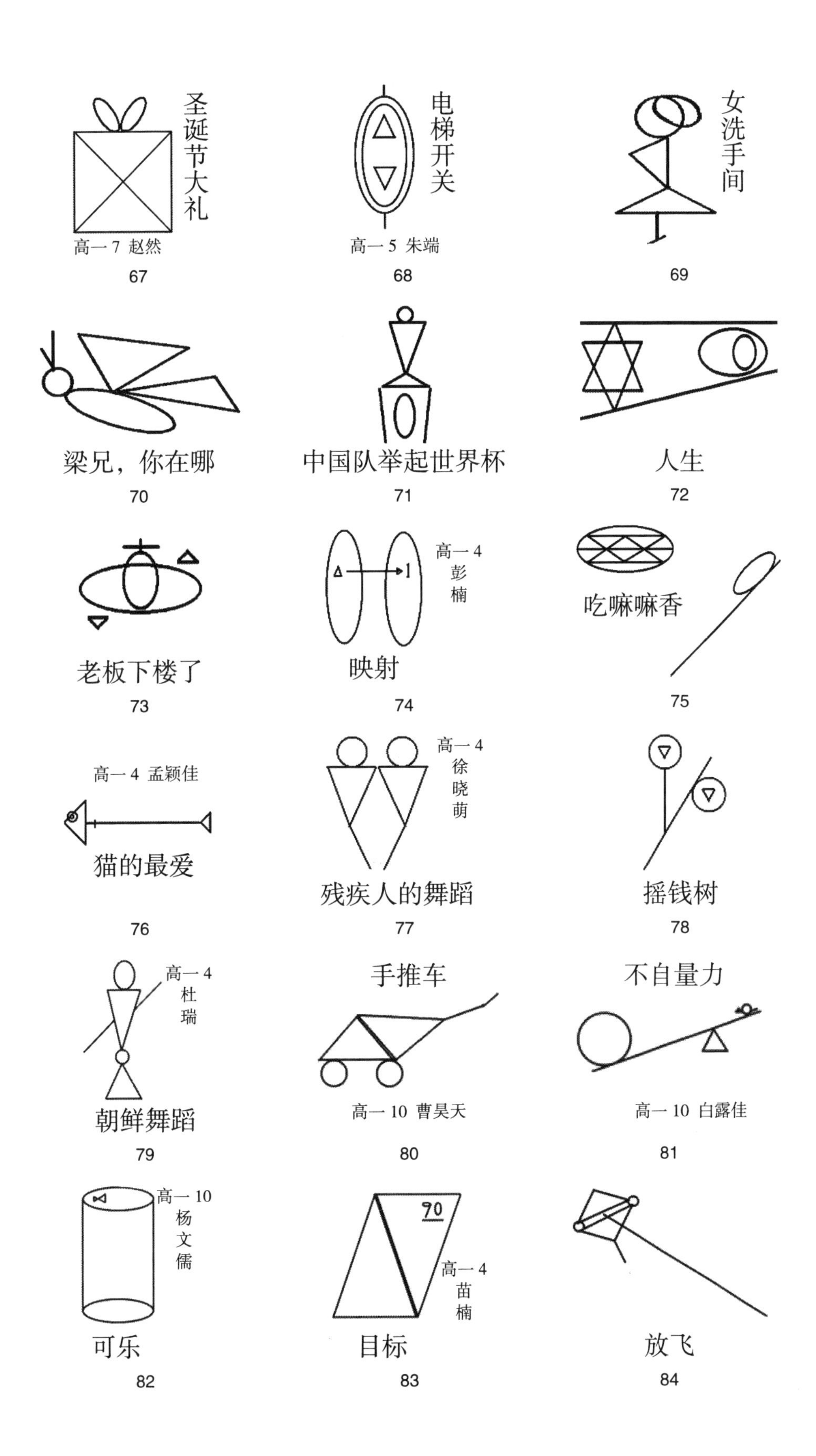
圣诞节大礼
高一 7 赵然
67
电梯开关
高一 5 朱端
68
女洗手间
69
梁兄，你在哪
70
中国队举起世界杯
71
人生
72
老板下楼了
73
高一 4
彭楠
映射
74
吃嘛嘛香
75
高一 4 孟颖佳
猫的最爱
76
高一 4
徐晓萌
残疾人的舞蹈
77
摇钱树
78
高一 4
杜瑞
朝鲜舞蹈
79
手推车
高一 10 曹昊天
80
不自量力
高一 10 白露佳
81
高一 10
杨文儒
可乐
82
70
高一 4
苗楠
目标
83
放飞
84

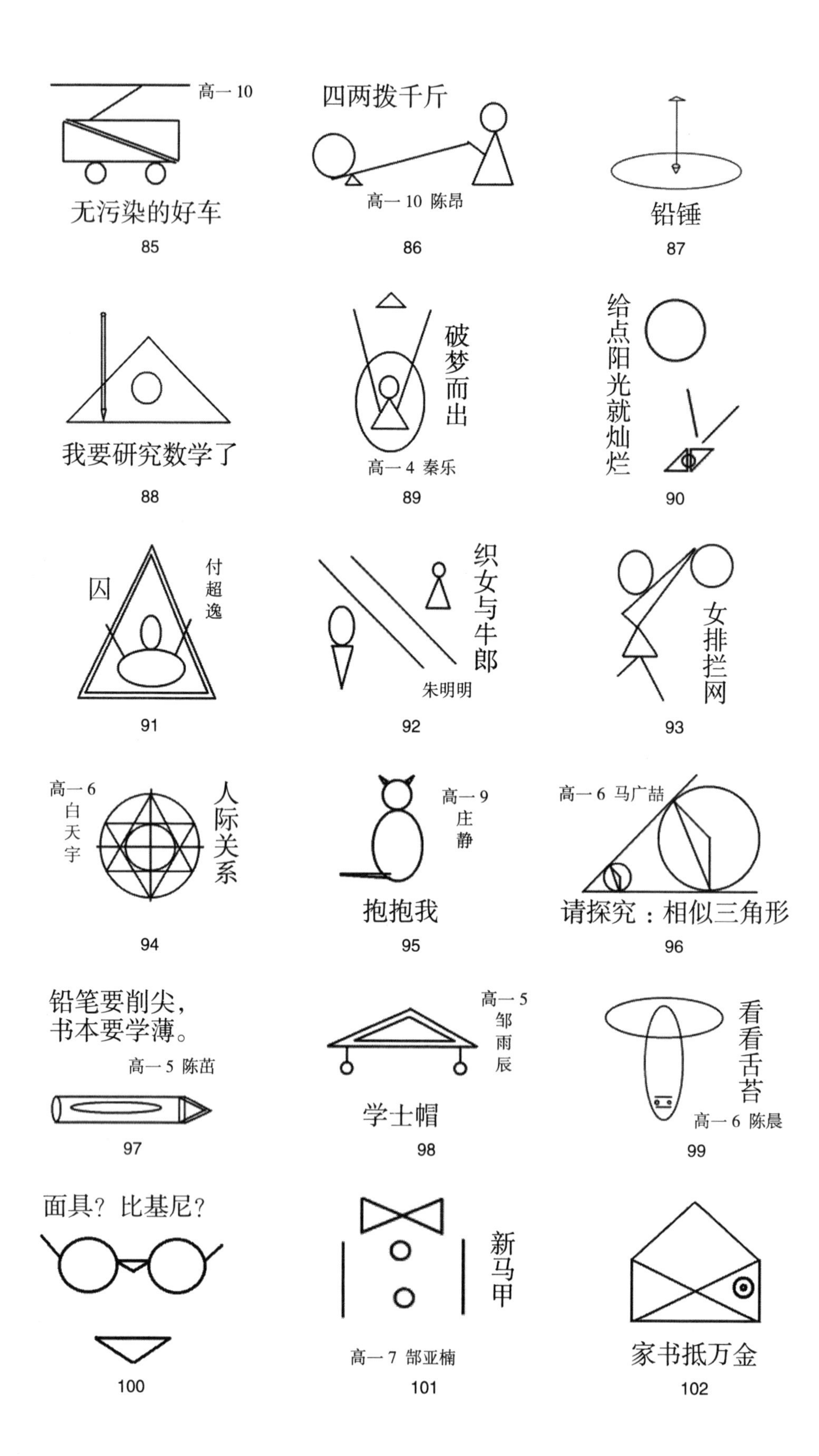
高一10
无污染的好车
85
四两拨千斤
高一10 陈昂
86
铅锤
87
我要研究数学了
88
破梦而出
高一4 秦乐
89
给点阳光就灿烂
90
囚
付超逸
91
织女与牛郎
朱明明
92
女排拦网
93
高一6 白天宇
人际关系
94
高一9 庄静
抱抱我
95
高一6 马广喆
请探究：相似三角形
96
铅笔要削尖，
书本要学薄。
高一5 陈苗
97
高一5 邹雨辰
学士帽
98
看看舌苔
高一6 陈晨
99
面具？比基尼？
100
新马甲
高一7 郜亚楠
101
家书抵万金
102

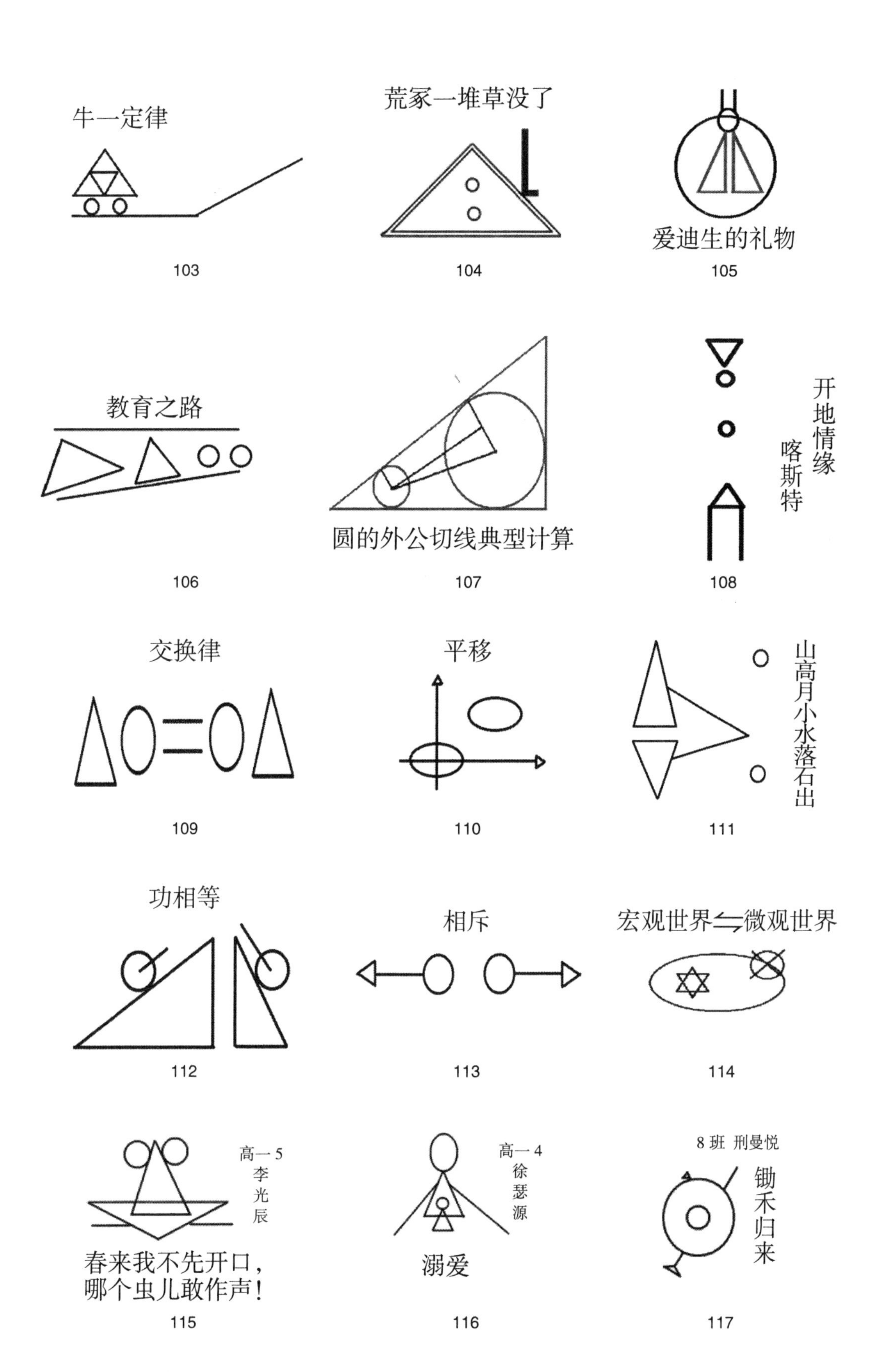
牛一定律
103
荒冢一堆草没了
104
爱迪生的礼物
105
教育之路
106
圆的外公切线典型计算
107
开地情缘
喀斯特
108
交换律
109
平移
110
山高月小水落石出
111
功相等
112
相斥
113
宏观世界⇆微观世界
114
高一5
李光辰
春来我不先开口，
哪个虫儿敢作声！
115
高一4
徐瑟源
溺爱
116
8班　刑曼悦
锄禾归来
117

下面点评上述 117 幅作品。请和你自己刚才的感悟，进行比较。

1.《开锁》左面的是门锁，右面的是钥匙。画面展示的是即将开门的时刻。

2.《垂涎》高一新生军训时骄阳似火，学生脑中常常出现的想象就是火炬冰激凌。

3.《泛舟》小船在水中，自由荡漾。

4.《2.14 礼物》玫瑰，作为情人节的礼物。

5.《对酒当歌》举杯邀明月的神态，手中有酒杯。

6.《雨中情》母子一起挤在伞下，照顾小孩少淋雨。

7.《朋友》自行车陪伴自己早出晚归，成为自己最可靠的交通工具。

8.《水中天使》要比神仙鱼，更美丽。

9.《学生的梦》金牌是教练的梦，那么学生的梦就是 100 分。

10.《司法的追求》用天平象征司法的公正与公平。

11.《逝者如斯》看到沙漏，想到时间的流逝，想起孔子的话：逝者如斯不舍昼夜。

12.《放电》两人眼睛构成了在同一条直线上的两段线段，表示俩人感情得到交流。

13.《粒粒皆辛苦》画的是盘中之餐。猜想，作者若可使用更多元素，仍能如法炮制。

14.《友情为重》跷跷板上的金山，轻于永结同心的两位朋友。

15.《我的车》把奔驰车标显示为自己的车牌，有幽默和炫耀的成分。

16.《排污》烟囱在排放污浊气体，造成环境污染。

17.《用功的代价》用功而又不注意视力，就要付出代价——戴眼镜。

18.《非典隔离区》“非典”期间，可以看到很多隔离区。

19.《我的签名》王元元在课上突发奇想，把六个元素构想成自己的签名。

20.《千金一刻》十五分钟是一刻钟，要珍惜宝贵时光。

21.《9・11》飞机冲向大楼的瞬间，惨案发生了。

22.《鹊桥相会》一对男女在鹊桥上幽会（竟然还表现出男女有别）。

23.《牵手》当时电视剧《牵手》正在热播。

24.《冲顶》足球中的高难度动作，一般用于射门。

25.《灌篮高手》神似。高高跃起，把球按进篮筐。

26.《KOBE 飞身扣篮》扣篮飞起，科比动作真帅！

27.《毕加索》用毕加索的抽象手法画毕加索。

28.《刘翔》跨栏的瞬间。

29.《学友》两人背靠背，相互依赖，一起学习。用对称图形，很有美感。

30.《钻戒》小首饰，很精致。

31.《谁动了我的奶酪》画了胖胖的猪脸，又使用流行语言。脸也生动有趣了。

32.《站立？摔倒？》不倒翁面对着选择。

33.《与我同在》上帝在保佑着信徒，内心感觉满足。

34.《我的最爱》水果糖。

35.《杨利伟游太空》宇宙飞船及其运行轨道，想象着杨利伟正在巡游太空。

36.《真神仙也》老师展示的神仙鱼像假冒的，自己创新的更符合神仙鱼的形象。

37.《日本锦鲤》这样的鱼更好看。

38.《乘坐热气球的狗》用两个元素居然也能表现出狗。小狗乘坐热气球,形象生动。

39.《祈年殿》三层的祈年殿，简化为了两层。

40.《美丽的阿里山》有山有水，充满对宝岛台湾的爱。

41.《消夏》冰激凌是消夏必备。高一新生暑假军训中做本练习时,很多人画冰激凌。

42.《2:45 啦！》(电视直播欧洲杯)铁杆球迷喜欢看直播，半夜也要起床。

43.《自娱自乐，中国足球》国足成绩不争气，抱着自娱自乐的心态踢足球吧。

44.《祈盼》祈盼 2008 年在北京举办奥运会。

45.《清凉使者》电风扇带来清凉，心存感恩。

46.《护树》植树防污染非常有效，更重要的是还要有人护树。

47.《与狼共舞》双人舞中有一人的头部选用了三角形,修正其角度,似狼后有此命名。

48.《对一分希望的努力》100%等于 1，为了这 1 分要用 100%的努力。

49.《乌云遮不住太阳》展现出的是风景画，立意高远且蕴含哲理。

50.《投篮》投篮动作神似，作者是篮球爱好者，画自己熟悉的事物容易成功。

51.《一剑封喉》击剑运动是北京五中的传统项目。

52.《神仙之死》大概是把老师画的《神仙鱼》给吃了吧！

53.《探险必备》指南针，属于中国的四大发明。

54.《悲鸿底稿》用 6 个元素表示马，必然力不从心。非此绝妙命名不能表现。

55.《伴侣》每天在台灯边苦读，对灯也产生感情了。选画自己熟悉的东西很重要。

56.《神六》神 5 刚刚归来，作者就在构思神 6 的发射。

57.《吸烟有害健康》对吸烟者的表达挺简明。要做到“少议庙堂常看报，多吃姜蒜不抽烟”。

58.《谁有不平事？》宝剑的护手很华丽。关键时刻能挺身而出，才是英雄本色！

59.《打哪指哪》张天扬同学课上连发两图，都很精彩，该图是讽刺箭术不精。

60.《前方有陡坡》公路行车标志。天衣无缝，6 个元素都很到位。

61.《幻影式战斗机》很威武，角度也好。必须是熟悉战斗机类型的人才能画出来。

62.《祖先的辉煌》指南针是中国古代四大发明之一。

63.《鱼为食亡》成语有“人为财死，鸟为食亡”。画出鱼因为食而被钓，有此感叹。

64.《木桶效应》短板决定了盛水的多少。其实若允许木桶斜放，是长、短板共同决定盛水量。

65.《人与自然和谐相处》用跷跷板表示平衡。表达了人必须要保护自然环境。

66.《长大成虫》画出飞蛾发出的感叹。长大成龙只是所有可能中的一种可能，要顺其自然。

67.《圣诞节大礼》礼品包装盒很讲究。

68.《电梯开关》也许存在着这种样式柔和简便的电梯操控器。

69.《女洗手间》发型、身材、裙子、鞋都表达了性别特点，很幽默。

70.《梁兄，你在哪》对殉情的绝妙嘲笑！化蝶之后仍无法联通，岂不是白死啦！

71.《中国队举起世界杯》虽然国足在世界的排名太靠后，但是不影响大家在想象中夺冠。

72.《人生》人生初始棱角分明，成熟之后内外圆滑。应该保留纯真，具有批判意识。

73.《老板下楼了》俯视老板，大腹便便，西装革履，大鼻子上面架着眼镜。充满想象。

74.《映射》数学中表示两个集合中的元素间的对应关系。三角形、1、箭头都很巧妙。

75.《吃嘛嘛香》牙好，胃口就好。画的是牙刷和牙。非常巧妙地用两个三角形表现出有很多牙。

76.《猫的最爱》鱼刺是猫咪最喜欢的食物。

77.《残疾人的舞蹈》用 6 个元素表现两个人，还有对称美。命名很巧妙。

78.《摇钱树》想象中摇钱树的样子。

79.《朝鲜舞蹈》似乎是朝鲜民族服装，翩翩起舞，难道是长鼓舞吗？

80.《手推车》工地上常见的推水泥的小车。

81.《不自量力》这也是蜗牛的“亮剑”精神。明知弱不敌强，仍然一往无前！

82.《可乐》易拉罐内装的是可乐。

83.《目标》试卷上写着 90 分，考满分太难了，那就定 90 分为目标吧。

84.《放飞》把风筝高高地放飞起来！

85.《无污染的好车》电车无污染，但离不开上面的电线，等待电池新技术的突破！

86.《四两拨千斤》一旦处于有利位置，就能具有操控能力。

87.《铅锤》建筑上常用的装置，用以得到与地面垂直的方向。

88.《我要研究数学了》研究数学只需要铅笔和三角板，前提是要有强烈的研究愿望。

89.《破梦而出》打破虚幻的禁锢，放飞追求的梦想。

90.《给点阳光就灿烂》没有发光的本事也不怕，只要有反射光线的本事，也能大放光彩。

91.《囚》人们往往被囚禁在有形或无形的牢笼里。

92.《织女与牛郎》隔河相望的男女，寻求幸福。

93.《女排拦网》女排中的移动拦网，英姿勃发。

94.《人际关系》感叹家庭内、班级内、社会上都存在复杂的人际关系。

95.《抱抱我》一只可爱的猫咪，请求主人抱一抱。

96.《请探究：相似三角形》条件简明的数学题，易证明两个圆内接三角形相似。

97.《铅笔要削尖，书本要学薄》用比兴手法表达学习书本知识应“由博返约，从厚变薄”。

98.《学士帽》学士帽只有一条穗，看来两穗的学士帽大家更喜欢啊。

99.《看看舌苔》中医讲究望、闻、问、切。望，就包括看舌苔。

100.《面具？比基尼？》创作出既像面具，又像三点式服装的作品，非常巧妙！

101.《新马甲》一种服装，还有配套的领结，穿上很帅气。

102.《家书抵万金》用火漆封口的家中来信，万分宝贵。

103.《牛一定律》牛顿第一定律的实验装置。

104.《荒冢一堆草没了》此句取自《红楼梦》，一个被荒草覆盖的坟头，人人都是这样相同的结局。

105.《爱迪生的礼物》电灯是爱迪生奉献给人类的最好的礼物。

106.《教育之路》受教育前，学生是形形色色有棱有角的大材料，经错误的教育，学生变成形状相同的小圆圈。

107.《圆的外公切线计算》这是初中三年级的几何综合题，需要构造直角三角形。

108.《天地情缘卡斯特》石笋以每400年生长一毫米的速度增长，天地有情终能相依。

109.《交换律》数学中很多运算，都能满足A※B=B※A，这样的运算就叫满足交换律。

110.《平移》在对称轴方向保持不变时，把平面直角坐标系中心的椭圆，移动到第一象限。

111.《山高月小水落石出》核舟窗上所刻，能看到“山边月影倒映水中，水位下降露出石头”。

112.《功相等》用不等的力，把小球沿不同坡度，拉到同样高度，二者做功相等。

113.《相斥》异性相吸，同性相斥。

114.《宏观世界⇋微观世界》公转与自转相结合的运动，是天体运行和原子电子运行的共同规律。

115.《春来我不先开口，哪个虫儿敢做声？》青蛙很霸道。

116.《溺爱》过分的保护其实不利于青少年成长。

117.《锄禾归来》从头顶上方看，草帽之下扛着锄头。意境很美，充满想象。

回过头再看一遍这 117 幅作品，像临字帖、打棋谱那样，虚心学习，下一番磨刀的功夫。功夫不负有心人，你的努力，肯定能让你大有收获！

1–5 治学能力的提高，不再是空洞说教

很多人认为“学习中的主观调控”“治学能力的提高”没办法具体讲授。例如学下中国象棋，主观调控中认知方面的内容——分析综合、抽象概括、归纳比较等思维能力的运用，以及展示棋手灵活性、深刻性、批判性和独创性等思维品质的表现，都要与具体的象棋活动相关联，脱离象棋讲理论就完全没有意义。关于策略应用，例如，对方的“车”要吃我方的“兵”了，有哪些策略可供选择？理论家可以开出 6 种策略：逃跑、保护、拦截、去吃其他棋子、弃子争先，第 6 种策略竟然是被吃的棋子与来吃的棋子若存在互吃关系，就先下手为强。哪个学棋的人，是经过这种理论学会的？所以，到目前为止，还未出现系统讲授有序思维的教材，而这正是实行走班制后学生应该要阅读的书。

与上述观点截然相反，本书作者认为：其实完全可以进行尝试！尽管一时半会儿肯定编不出系统的东西，但是，学生迫切需要，教学迫切需要！只要认定“磨刀不误砍柴工”的道理，浇铸出磨砺思维的磨刀石，思维就有可能因此而变得锋利。建构有关认知的教材，全面提高学生的治学能力，就可以取得成功！ 1940 年以后，匈牙利数学家乔治·波利亚著述《怎样解题》一书，美国的莫提默·J. 艾德勒著述了《如何阅读一本书》，这些书一直到现在仍然在流传。他们开创的提高智慧的道路应能与时俱进！走班选课，分层教学，对学生的治学能力提出了很高的要求。如何弥补学生的治学能力的这块短板，应该有人在教材研发上挺身而出。《有序思维》，使学生的治学能力的提高不再是空洞的说教。这本书首先确定了教什么，其次才是怎样教，这使学生明确了前进目标，学习开窍，收获巨大。

《有序思维》的内容令学生耳目一新。开始思考，自己的思维和学习高手的思维到底有哪些差距？中国古代的学徒制度的一个优点，就是充分展示榜样的作用。《有序思维》的一个重要理念就是要不断树立学习的榜样，像练习写字的字帖、学棋时的棋谱，使学生能够学有范本。

讲一个有趣的故事。丹麦著名童话作家安徒生先生出席上流社会的聚会时，衣饰老旧不合潮流。有一次，他被一个贵族嘲笑：“大家快来看哪！那人脑袋上面的，简直就

不是个帽子！”安徒生的朋友反唇相讥，说："你跟安徒生比吗？你帽子下面的，简直就不是个脑袋！”大家哈哈大笑，为这位朋友的机智喝彩。读本书的人，也请扪心自问，对比上述 117 幅学生作品，自己大脑的差距在哪里。《有序思维》的目的就是：提高治学能力，造就强大头脑！

本书后面的内容大体上也是上述模式。用很少的篇幅讲解名词概念和方法理论，主要进行生动有趣的练习。示范—启迪—练习—总结，不是“装满”学生的脑袋，而是“唤醒”沉睡的心灵，“点燃”智慧的火焰。

本书对于并未进行走班选课制度的学生，也同样重要。提高治学能力，是提高智慧、增长才干的基础。学习能力的提高，考试分数的增长，也必将随之实现。

《有序思维》一共有 78 个练习，每个都很新颖，有效练习能够提高走班制学生的治学能力。希望读者能够喜欢。通过自己积极的思考，充分调动主观能动性，有所收获。在练习时，如果只像看北京首钢篮球队马布里打球，或在欣赏魔术表演那样，自己并不参与其中，那么，治学能力就还是停滞不前。可以思考一下，自己看那 117 幅作品后是否有收获，自己是否动脑筋思考了，自己与他们相比，谁的水平更高些？只有尝试过磨刀，才能知道这一系列的“磨刀石”真棒！

第二章　用问题加速，用图像开路

很多人说：态度决定一切。固定班级的学生，对学习时常抱着“饭来张口，坐享其成”的态度，被动等待老师把知识传授给他们。而老师呢，把学生当成“计算机”，努力编写程序，输进学生的大脑，让学生按程序解答问题，应付考试。这样的学习，学生难以成长。是把学生的篮子装满，还是把学生心中的火点燃，教师的意义截然不同。现在，走班选课了，在分层教学中，主要靠学生自学。靠的就是学生自己积极探索、深入钻研的态度。老师只协助提供学习材料，给予指导。在新的教学模式下，学生是占领高地，比固定班级时的学习更为出色呢？还是学生顾此失彼，难以深入呢？这一切都将取决于学生的治学能力！《有序思维》的教学核心就是指导学生如何才能充分发挥自己的主观能动性，如何才能对学习内容钻研探索。

2-1
用问题加速，用图像开路

当你面对课本学习的时候，你的老师、家长都爱对你唠叨“你要积极思考！”至于怎样才是积极思考呢，他们就说不清楚了。其实若用可以操控的指令来表述“积极思考”就是，其一，把信息转化成形象化符号，左脑接受了文字、语言、逻辑等信息，通过胼胝体打通左脑和右脑的联系，启动右脑，使脑海中出现图像，帮助左脑，从而事半功倍。其二，要提出有关这些信息的一系列问题，从而加快思考的进度，加深思考的深度。如果你能向自己连续发问，画出思维导图，同样也可以启动思维程序，逐步聚焦思维，同时启动右脑呈现图像。这一系列活动，就是“积极思考”！简明地说，就是用问题加速，用图像开路。这两点可以交替进行。

很多学生长期不会积极思考，不会聚焦思维，因此，即便由最好的老师来教，成绩也不会马上提高。原因就是他们还没学会思考，潜力完全没激发出来。内因是事物发展变化的根据，外因只是条件，外因要通过内因起作用。关键是学生自己的主观努力，学生对学习的参与程度，决定着他学习的进步。不会积极思考会导致学生思路狭窄。被动学习，除了当时考试成绩还好之外，治学能力其实不行，甚至人格上还会存在很多隐患。

《有序思维》有个重要的理念，就是脑袋不是装知识的“口袋”。把脑袋和口袋做个比较，在存贮方面，脑袋还不如口袋呢，因为大脑时刻都在遗忘之中，刚刚存贮的信息，可能马上就会遗失。但是，脑袋面对问题的时候，就显现出口袋所没有的优越性。口袋只能存贮材料，不能改变它，而脑袋能对材料进行加工，解决问题。脑袋还有主观能动作用，能自主地发现问题，提出问题，研究问题，进而解决问题，还能自主提出很多设想，进行发明创造。今后，我们再也不要把脑袋当成存贮知识的口袋了。脑袋最主要的功能是不断对信息加工改造，并产生出新的内容。学习不是装满篮子，而是唤醒迷茫的头脑，点燃心灵的火焰。

另一个问题，就是要随时和大脑的“懈怠”本能作斗争。平时，大脑是人体耗能最多的器官，占人体消耗总能量的25%，心脏才7%。大脑为节省能量，以便应对更为紧迫的生存挑战，因此必须长时间处在“懈怠”状态，这种“懈怠”状态会使它对大量信息视而不见，甚至逐步走向昏睡。因此，启动大脑，冲出懈怠状态，是走班学生的一项基本功。懈怠常常使我们听课或解题时陷于困境。我们有时上课效率低下，解题中马虎，主要原因就是不善于主观调控自己的懈怠状态。大脑处于未启动状态，或者说，用潜意识过滤并淘汰了进入大脑的99%的信息，进入了“视而不见”的节能犯困状态，而这种状态完全无法承担学习任务。

要自主学习，就是要用一系列的问题，促使更多的血液，从心脏泵入大脑，源源不断的能量补充进大脑，大脑由怠工状态变成高度兴奋的状态，瞳孔变大，心跳增加，大脑中的相关区域被激活、扩散，完成思维聚焦，从而提高思维效率。所以必须提出，要积极思考，自主学习。要把语言和文字转化成图画和想象，要提出系列问题，用形象思考，使大脑提速。形象思维，是以事物的形象为思维的对象和基础，在形象地反映客观事物的具体形态的感性认识基础上，通过意象、联想和想象等思维形式来揭示客观事物的本质及其规律的思维方式。

用问题启动大脑，通过寻求问题的答案迫使自己进入思考状态，是思维聚焦、提高效率的关键。一般来说，边想边写更能启动思维。在影视剧中常常见到这样的画面，首长们手里拿着纸笔，随时在写或者准备去写，其中就含有这个道理，他们重视所见所闻，思维在高效运转，“你必须自己整理概括你的笔记，你会在做笔记的过程中学到东西”。

在“听、说、读（看）、写”等环节中，无疑，“听”最节省能量，其次是“读（看）”。要更多地投入能量，就要交谈，讲解，去“说”，哪怕是自言自语给自己听。“写”最消耗能量。所以谈话中，听讲时，要画“思维导图”，要写学习笔记。此后的整理笔记，就是继续“写”，也是收获最大的阶段。笔记整理就像搞农业，在耕耘、播种、管理之后，进入了收获阶段。“写”要以听的、读的、说的为基础，“写”不出来，就继续去“听”“看”“说”。这样一来，学习能否进步，完全取决于学习者的参与程度。投入与产出必然形成比例！种豆得豆，种瓜得瓜！

严格地说，在激活思维的过程中还要区分“正激活”和“负激活”。负激活，理论很复杂，提到激活又不能不说。激活是聚焦后的兴奋的扩散。负激活是不让激活向错误方向扩散。一般的扩散区域是，负激活在正激活区域的邻近区域。就像“开沟引水”，“引水”是正激活，筑起沟沿是“负激活”。学生都有体会。紧张过度时，头脑僵住了。明明很简单的问题，就是想不出来。只能局限于一个强烈的兴奋点。一旦思想放松，就能回想起问题的真相了。也就是说，把本来应该兴奋的区域，抑制住了。又如，做题要先易后难的道理是什么呢？若先做难题，在积极思考之后再看其他题目，而它们又恰在“负激活”区域，则思维聚焦费时费力，非常困难。

外因是事物变化的条件，内因才是事物变化的根据。外因要通过内因起作用。一个鸡蛋，从外部打破就是食物，从内部打破就是生命。人生路上，从内部打破就是成长！打破的手段就是积极思考，就是积极探究，深入钻研。

下面从4个方面各举一例，它们都属于“字帖”“棋谱”之类的工具，只有读者自己积极参与其中，才能发挥出这些材料的榜样作用！

2-2

怎样看书（编号2）

假设，语文课上，你正在阅读一篇学习材料，材料是一部朝鲜电影的插曲的歌词，这部电影叫《一个护士的故事》，讲述朝鲜战争中，一位朝鲜人民军的女护士，从前线护送4个伤员回后方，发生在路上的故事。他们出发后，伤员们情绪低落。护士为大家高歌一曲，鼓舞士气。歌词如下（已经遮住7个字）：

小路的荆棘树刺破了裙角。
姑娘手舞足蹈往家跑。
她为什么扔掉了锄头这样跑，
姑娘的心事谁也不知道。
上了石桥，掉到河里，
她也不害臊，
只顾一个劲儿往家跑。
她手里拿着？？？？？？？
使劲摇。

朝鲜电影《一个护士的故事》中的女护士

先猜猜看，遮住的这7个字是什么？这是属于创造性想象的练习。既要符合当时的历史条件，也要顺应前后歌词中的逻辑关系。饱受连年战乱之苦，在田间艰苦锄地的女孩为什么会如此兴奋着急地往家里跑呢？

当时在《开发想象力》的课堂上，有一位学生给出的回答是“刚刚挖出的金币”。完全符合歌词中的前言后语，也符合当时的时代特点。这个回答，展示了这位同学思维的敏捷性，以及发现关系的高超能力。

被遮住的 7 个字其实是“前线寄来的信儿”。请再仔细阅读歌词，理解体会答案。

小路的荆棘树刺破了裙角。

姑娘手舞足蹈往家跑。

她为什么扔掉了锄头这样跑，

姑娘的心事谁也不知道。

上了石桥，掉到河里，

她也不害臊，

只顾一个劲儿往家跑。

她手里拿着前线寄来的信儿

使劲摇。

如果在走班学习时，自己处于“自学为主”的层次，那么面对上述的学习材料时，你如何积极探索，深入钻研呢？也就是，如何做到聚焦思维？如何做到“用问题加速，用图像开路”呢？《有序思维》为你提供了解答思路。

你要先问自己一个问题：歌词中描绘了什么样的场景？像电影中一个什么样的定格画面？经过思索，你再问自己：场景中的主要人物是谁？你答：是一个朝鲜族姑娘。

解说：这一步的本质是思维开始聚焦，要用一系列问题启动右脑。

自问：她穿着怎样的服装？

自答：民族服装，估计是筒裙吧。

解说：其本质是把文字符号变成图形形象。

自问：这筒裙有什么特殊之处吗？

自答：裙角有个大口子，也许有一尺多长！

解说：其本质是，使头脑中的形象更加鲜明。

自问：这姑娘在画面中的姿势是怎样的呢？

自答：手舞足蹈，挥舞着那封来信。

自问：怎样知道那是前线寄来的信呢？

自答：除非看过这封来信。

解说：发现画面中存在的问题，其实，只看信封就知道是前线来信。那时有义务兵免费邮戳。

你终于发现问题了！继续问自己：这姑娘站在哪里呢？她脚下是什么地方？是草地、土地、公路、小路？

自答：啊？难道她是在河里吗？歌中唱到“掉到河里”，这是怎么回事呢？不易理解。

解说：只有出现了生动的画面，抱着积极探究的态度，才能发现这个问题的答案！这部电影在当时非常流行，大家反复去电影院看，很多人还会唱这首歌。但是，几乎所有人都不知道“掉到河里”是什么意思。笔者当时和很多师生谈论过这个问题，大家都不知道姑娘其实是站在河里。因此，要从这件事中得到启发，也就是：启动右脑的方法，就是要具有积极探究的态度，努力运用形象，这是提高思维水平的重要内容！

继续向自己发问：歌词中的“石桥”是什么样的呢？能有多低？

自答：水沟里的几块石头组成的桥，就叫石桥了。

解说：这种石桥，也叫“踏石”。这个词汇过于冷僻，只好翻译成“石桥”。

自问：歌词作者为什么要定格在这样的画面呢？

自答：为了突出歌曲的主题。小姑娘急切地要把收到来信的喜事，尽快告诉在村里的家里人，慌不择路了，才抄近道，踏过小河沟。

自问：她是不小心掉下去的，还是根本就不在乎趟河呢？

自答：应该是根本顾不上想，完全不在乎是否要趟过小河了。

解说：课文之中时常有隐含着的问题。老师以为你是知道的，你也误认为自己都懂得了。这样的情况时常发生，造成的后果就是，学习中存在漏洞。

自问：能具体说出掉到河里是怎么回事吗？

自答：姑娘高兴地往家跑，从小河河面的石头上跑过。因为慌不择路，脚踩进水里，却完全不在乎，一心想把喜讯尽快告诉妈妈。

解说：俗话说，“饥不择食，寒不择衣，慌不择路，贫不择妻”。

自问：“姑娘扔掉了锄头”是什么意思呢？

自答：姑娘把信送回家，交给妈妈以后，还要返回地里继续锄地，抓紧生产，支援前线。

解说：要积极思考材料中提供的一些因果关系，深入钻研，才能有所体会。

自问：画面中的主角是个姑娘，背景怎样呢？场景中还有其他人吗？

自答：歌词提到“不害臊”，那么，场景中应该还有其他人。都有谁呢？

解说：事物是相互联系的。请继续发挥想象的作用。

自问：小姑娘是一个人在锄地吗？

自答：还有几个锄地的人。因为年轻人都上前线了，地里就是几个老年妇女，还有一两个小姑娘。

自问：这些人，拿着什么工具？表情怎样？

自答：当然是锄头。地里还有姑娘刚扔下的一把锄头。地里的人朝着姑娘哈哈笑。

解说：要设身处地地理解人物的情感和心态。要充分调动想象力，把画面描述得更生动。

自问：他们会嘲笑姑娘掉到河里吗？在熟悉的村边河沟，居然还能掉到水里面。

自答：大家看到姑娘收到前线来信，替姑娘感到高兴，看到姑娘忘乎所以，淌水过河，更感觉欢乐。

自问：会有人嫉妒吗？心里在骂“看把你高兴的，我家那位怎么没信啊”。

自答：乡里乡亲的，不至于吧。画面中不要有这些不和谐的东西，免得冲淡主题。

解说：用问题加速，用图像开路，实现了思维聚焦。要进一步积极探究，深入钻研。

自问：这封信是怎样到了姑娘的手中呢？似乎画面中还应该有所补充。

自答：显然还要补充一个人物，就是邮递员。

自问：当时的前后经过如何呢？

自答：有个邮递员老头，骑着自行车，从大路经过，看到农田锄玉米地的农民，就高声询问：“有金顺姬家的人吗？你家小伙从前线来信啦！”金顺姬扔下锄头，飞跑前去。一看，二哥终于从前线来信了。她就不顾一切，往村里跑。她要把喜讯尽快告诉老妈妈。

解说：用想象把图像补充完整。很多细节能加深你对材料的理解，事情都要有发展过程。

自问：姑娘往家跑时，是喊着什么呢？

自答：为了让妈妈早些得知喜讯，肯定要高声大喊啊！

自问：这姑娘喊着什么呢？

自答：“妈，我二哥来信啦！”

解说:画面补充进声音元素,形象就更具体,画面就更生动。“僧推月下门”就不如“僧敲月下门”，因为敲有声音，描述的就更生动。

自问：这首歌的歌词，主要想反映怎样的主题呢？

自答：就是在战火纷飞的年代，一封家书非常珍贵。

自问：中国哪句古诗也反映了这种主题？

自答：杜甫的《春望》。

自问：想的起来那首诗吗？

自答：《春望》中的第 5、6 句吧，“烽火连三月，家书抵万金。”

解说：本节内容请看北京第五中学 1999 年的教学录像。

（http://www.tudou.com/programs/view/KBE5uWA3v9c/）

如果有学生在课堂上，表现出的思维水平比较差，请你猜猜看，这种同学会是什么样呢？根据笔者多年的教学实践，给你们说说低水平的表现。通过对比，你会有更显著的提高。

其一，节外生枝。想出很多与主题无关的细节。结果是喧宾夺主，淡化了主题。例如，谈到邮递员，就立刻想入非非。那邮递员也是个战士，头上包着纱布，污血从纱布渗透出来。一只胳膊上还缠着绷带。邮递员说自己也刚刚从前线赶回来。战友金顺圭委托他路过家乡时进村看看。金顺圭有个妹妹，很是漂亮呢……这种同学，绝对不是想象力发达，而是心浮气躁，难以专心。

其二，“走神”，就是思维逃离教学。感觉学习内容枯燥乏味，注意力不集中。一说起邮递员骑着自行车在大路边站立，目送着姑娘进村，就想到，我爸说要给我换辆自行车呢，我不想要路虎山地车了……

如此学习，效率就降低了很多。主观上没有战胜一切困难的决心。因此，面对枯燥的材料就学不进去，更是记不住！

在上述对比之后，请再次阅读这段歌词。因为你的辛勤投入，积极参与，努力思考，深入钻研，你会感觉，这歌词写得很美，就像在你面前呈现出一幅淡淡的田间油画。最左面有邮递员，站在大路边扶着自行车，目送着姑娘。远处有五个大娘和一个小姑娘，手里拄着锄头，脚下还横放着一把锄头。背景是绿油油齐膝高的玉米地，大家都在盯着姑娘看。所有人都嘻嘻地笑着为姑娘高兴。主角是姑娘，在姑娘和邮递员中间有条细细的小路，长满荆棘，小路连接的河沟里放着过河用的踏石，她正飞奔着趟水过河，水花飞溅，迎面跑来。姑娘狂喜地挥动双臂，大张着嘴，似乎在用力呼喊：二哥来信了。手里的信封上有个大大的三角形邮戳。

关于怎样在阅读中提问和思考，上面的练习给出了明确的回答。首先要聚焦思维，提问并发挥想象，用系列问题开启右脑描绘图像，在画面中加进了自己的许多想象，使画面生动起来。通过一系列的问题，迅速深入到这首歌词的意境中去。思维聚焦的过程也很美妙，深深体会到了思考的快乐。现在我们知道了，学习中的高手是怎样上课和学习材料的。要善于利用学习材料，要留给自己一些时间启动右脑，不断提问。学会这种方法，也能从欣赏小说、电影、绘画、音乐等艺术作品中得到很多乐趣！这样的人就会更加热爱生活，精神世界丰富多彩，感情世界非常富有，日子过得有滋有味。反之，不会挖掘信息的人对待蕴含深刻点的材料，就像不会喝洋酒的人一样，只能感到酒的差异，却不能感知酒的品质优劣，完全不能享受品酒的快乐。不会听课，不会学习的人，也是如此，难以享受学习中的趣味和快乐。

本练习小结：

我们在上课听讲或自学材料时，要对自己的思维过程，加强主观调控。要积极参与，大胆探究，深入钻研，追求真理。要不断积累和总结经验，为今后解决问题提供模式。要随时提醒自己聚焦思维。注意启动右脑，提出问题，不要走神。

2–3
怎样观察（编号 3）

首先，观察下面的图片。看看自己能提出怎样的问题，在观察中积极参与，设置问题，努力思考，大胆探究，深入钻研。李政道博士说："做学问，一定要先学'问'，自己能提出问题，再经过自己的思考想问题，求得答案，这才是一种创造性思维，才能真正掌握学问，增长学问。"

下面是一次课堂对话。

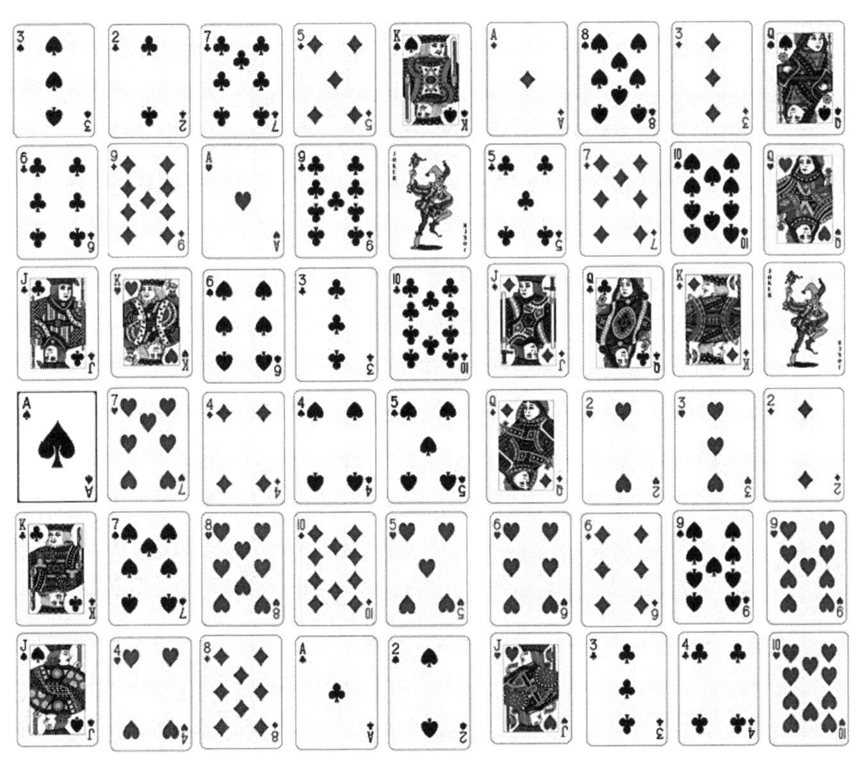

说明：这张扑克牌图是一次课上的作业。当时，发给每个学生一张纸，上面印好 54 张扑克。

生：一共有几张扑克牌?

师：54。这时思维聚焦了，血液开始增援补充进大脑。例如，脑电波频率已经从每秒 15 次进入每秒 25 次，贝塔波在加速。(脑电波每秒次数的对应名称是:0 到 0.5 属于 ε，0.5 到 3 属于 δ，4 到 7 属于 θ，8 到 13 属于 α，14 到 30 属于 β，31 到 100 属于 γ，100 以上属于 λ。ε 和 λ 需要练瑜伽，α 是气功状态。) 这类开始的问题在聚焦思维的过程中必不可少!

生：如果是 53 张或者 55 张，那就知道不是一副牌了。现在恰巧是 54 张。

师：你要问一个什么样的问题?要有点思考价值的。

生：这是一副完整的扑克牌吗?

师：面对一个问题，首先要进行准确地表述。在“心理学”中叫作重新表征问题。

生：这 54 张扑克是一副完整的扑克牌吗?

师：要明确问题。要把思维逐步聚焦!

生：有大小王吗?有从 A 到 K 一共 13 张红桃吗?同时还有从 A 到 K 各 13 张黑桃、方块、梅花吗?

师：要举例说明可能的情形。

表　脑波常见四种种类及波形

种类	频率范围	波形
δ	(0.5–3) Hz	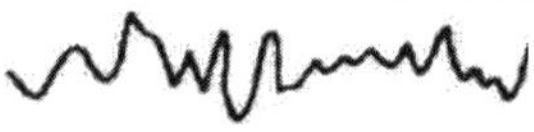
θ	(4–7) Hz	
α	(8–13) Hz	
β	(14–30) Hz	

生：例如缺少红桃 6。但是有两个黑桃 K，就不是完整一副牌。

师：你要具体解决怎样的问题?也就是，你要把问题表征得非常简单明了。

生：缺失的牌是什么，重复的牌是什么?

师：讲得好!问题表述得非常简明准确。到此为止。我们发现了问题。并且，已经准确地提出了问题。我们的表述要尽可能的简单。我们在解决别人提出来的问题时，也要经过这样详细的审题。启动思维，也就是聚焦思维，大体上都要经历上面的所有步骤。

师：你对问题的解决过程有怎样的设想？观察的一个重要环节就是先要有一个明确的计划。

生：把牌按点数分类。把这 54 张牌分成 14 堆，其中一堆是大小王。另外，所有的 A 分一堆，所有的 2 分一堆，以此类推，将剩下的牌分为 13 堆，再看哪堆牌多了或少了，或者缺梅花 6，多方块 6。

师：你为什么首先想到了这个办法？

生：我从小在家就这样核对扑克缺了什么。

师：可见，积累基本活动经验对问题解决有非常关键的作用。现在在教室用剪刀有点困难了。你有什么别的想法吗？

生 A：我先找俩王。再找 13 张红桃。然后……

师：请大家对 A 的设想进行评论。

生 B：你数过确实是 13 张红桃。但是，如果其中有 2 张红桃 6，缺红桃 9，就白忙了。

师：举例说明失败的原因，还能预见到可能发生的情况！ B 是高手！（为高手学生 B 鼓掌）

生 C：你找不到方块 2 就发现少了什么。但是你不能发现多了什么。（为高手学生 C 鼓掌）

生 A：对啊！

师：所以，解题之前，要好好审题（见书末附件：怎样审题）！制定解题策略时，要反复斟酌。也就是要对思维材料和思维过程进行审查、批判、改进。不然，你就很可能白忙一气！谁有更好的办法？

生 D：在纸上按一定顺序逐一划去找到的牌。不断缩小核查范围，很快就会有结果。

师：如果找不到黑桃 2，怎么办？

生 E：记录在纸的边上，继续找其他牌。如果发现黑桃 2，就在纸边划掉刚才的记录。如果到最后都没找到，那缺失的牌就是黑桃 2。

师：怎样知道重复的牌是几呢？

生：你最后剩下的、多出来的没划掉的就是那张重复的牌了。

师：请大家为学生 D、E 找到问题的解决方案，并准确叙述，鼓掌祝贺！（鼓掌）

师：制定完整的解决方案了，再开始动手做题，这样成功才有保证。很多人面对试卷，慌慌张张，急急忙忙地往卷子上写，以为这样是节省时间。其实，他很可能是在白忙！审查题目至关重要！

答案：重复的牌是梅花 3，缺失的牌是梅花 8。

本练习小结：

要善于观察。要善于发现有思考意义的问题，养成提出问题的习惯，并提高提问水平。要积极参与，大胆探究，深入钻研，追求真理。要不断积累和总结活动经验，为今后解决问题提供模式。

2–4

处理数量关系（编号 4）

大家在生活中都非常熟悉温度计。在幼儿园大班的科学课，在小学的科学课，在初中的物理课上，已经多次讲过温度计了。甚至在英语课上也讲到过温度计。现在，我们来看张温度计的图片，结合自己过去所学习的知识，看看大家能提出怎样的关于数量方面的问题。先不要考虑自己的问题是否有答案。只要积极参与，勇敢探索，深入钻研，思维就会得到发散，这就达到了本练习的首要目的。其次的目的就是，要从中比较学习高手观察问题、发现问题、提出问题和解决问题的表现，比一般人高在哪里？继续体会，怎样做才是积极探究，深入钻研。

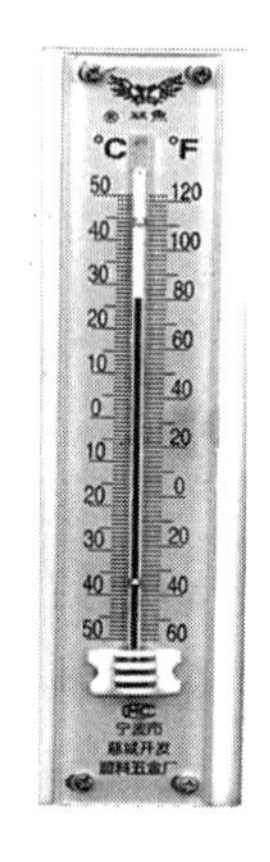

下面展示一下常见的提问，并继续钻研新问题。

问题 1：温度计上显示的是多少度？

师：将近 27 度。聚焦思维开始啦。

问题 2：这温度计测量的最低温度可以达到零下 50 摄氏度。比一般温度计都低，对吗？

师：能发现问题，非常好！继续提问。

问题 3：0 摄氏度时，华氏多少度？

师：华氏 32 度。

问题 4：有没有某个温度，摄氏和华氏的读数相同？

师：必定存在这样的温度。本书选的寒暑表上就有这样的温度。

问题 5：零下 40 摄氏度时，华氏多少度？

师：也是零下 40 度，此温度时摄氏和华氏的读数相同。

问题 6：也就是说，每提高摄氏 40 度，都要对应地提高华氏 72 度。对吗，老师？

师：想的非常好！结论正确，大家鼓掌祝贺！（学生掌声鼓励）

问题 7：什么时候，两个温度都是整数？

师：摄氏温度是 5 的整数倍。

问题 8：仪表的测量范围叫仪表的量程，这个温度计的量程是多少呢？每小格对应的温度叫分度值，分度值是 1 摄氏度吗？

师：摄氏量程是零下 50 度到零上 50 度，分度值 1 摄氏度。等一会大家再确定华氏的量程。

问题 9：温度计倒挂，测量的温度会改变吗？

师：大家可以讨论一下这个问题。

众议：温度计的读数变化的原理，是由于热胀冷缩引起体积的变化，因此倒挂温度计，其读数不变。

问题 10：最早是谁、在哪年发明温度计的？

师：伽利略在 1593 年发明了第一支空气温度计，1600 年改进为体温计。1659 年，法国天文学家布里奥，利用水银沸点较高的特性制成水银温度计。

问题 11：现在手机能测量温度吗？

师：有相应的手机软件代替寒暑表了。估计，不能测量高温。我建议咱们还是回到讨论和数量有关的问题。

问题 12：摄氏和华氏的温度怎样换算？

师：这问题也留下来，在讨论了华氏的量程以后解决。

问题 13：60 摄氏度时，华氏是多少度？就是说，对温度计量不到的温度，怎样办？

师：这个问题很好。可以作为第 3 个要解决的问题。

问题 14：华氏在负 100 度时，摄氏是多少度？

师：你的说法不符合规范！要纠正为“华氏在零下 100 度时”，如何如何。这个问题过一会儿大家再求解，下面继续提问。

问题 15：从精确性方面说，呼吸会影响体重。那么，擦汗，能影响体温吗？

师：人在发烧时，给他用凉水擦身就能降温。所以擦汗对体温也会有微弱影响。

提问到此结束，产生了 4 个有待回答的问题。

其一：华氏量程是多少？

生 A：华氏零下 60 度到零上 120 度。

生 B：不对！不止 120 度。

师：请大家一起确定华氏的量程。

众议：从零下 58 度到零上 122 度，华氏的量度值是每小格 2 度。

师：国家科研部门敢不敢委托各位参加航天试验的数据测量？

众议：（齐答）不敢。我们科学素质太低。

师：所以要对科学研究保持严谨的态度。下面继续讨论。

其二：摄氏 60 度时华氏是多少度？

其三：华氏零下 100 度时，摄氏是多少度？

其四：设摄氏为 x 度时，对应的华氏温度为 y 度。它们有怎样的对应关系？

这些问题，解答其中之一，就可以融会贯通，举一反三。

生 A：摄氏每提高 40 度，华氏相应地提高 72 度。题目条件是摄氏 60 度，那就转化为比 60 度低 40 度的问题了。先求摄氏 20 度时华氏是多少，然后加 72 度。

师：这方法非常巧妙！大家听懂了没有？

生 A：我来完整解答吧。因为当摄氏 20 度时，华氏 68 度。那么，当 60 摄氏度时，华氏要加 72 度就是 140 度了。

生 B：摄氏每提高 40 度时，华氏都要对应的提高 72 度。那么，摄氏每提高 5 度时，华氏就要相应提高 9 度。当初摄氏零下 40 度时，华氏也是零下 40 度。到摄氏 60 度时，提高了 100 度，那华氏要提高 180 度，就从零下 40 度变成零上 140 度了。（大家鼓掌）

师：大家要不断提高分析问题和解决问题的能力。最初全世界都用华氏计量单位，现在的科研资料很多只保留着华氏温度。例如，北极熊冬天生活在零下 100 华氏度的环境中，换算成摄氏温度是多少？用类似学生 A，或者 B 的方法，加以解决。

生：不是整数了吧？近似值可以吗？

师：只能如此啊。

师：有个同学提出，用铅笔和尺子，把温度计的测量范围延长扩大！这个办法好吗？

生：好。

师：你们能完成吗？

生：肯定没问题。

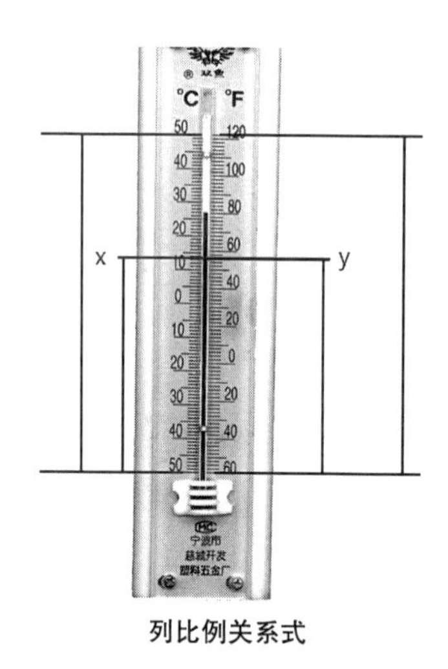

列比例关系式

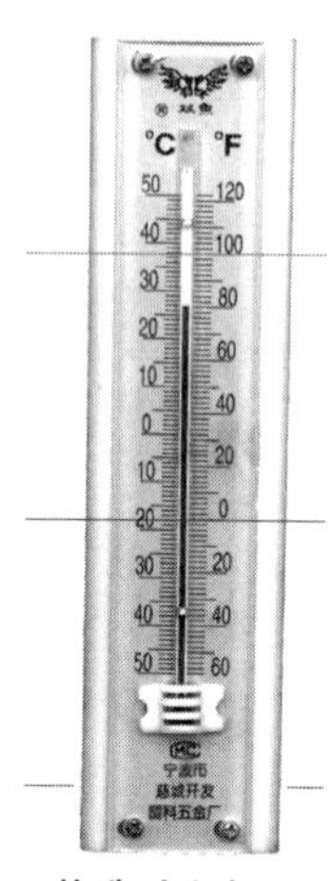

构造对称中心

师：那就先用这个办法，求出华氏零下 100 度时对应的摄氏温度。要精确到 1 度！请大家抓紧时间完成。

（结果是大量的学生，误差很大！只能说明学生的科学素质有待提高。）

生 A：我坚持用自己的方法。每提高 40 摄氏度时，华氏都相应地提高 72 度。一百减七十二等于 28，我看温度计上华氏零下 28 度时对应的摄氏温度是零下 33 度多点。再相差 40 度就成零下 73 度多。

生 B：从零下 40 摄氏度开始向下到零下 100 摄氏度相差 60 度。取零下 60 摄氏度的 5/9，即零下 33.3 摄氏度连同零下 40 摄氏度，就是零下 73.3 度。

生 C：华氏的 0 度是其正负 100 度的对称中心。华氏 0 度对应的摄氏温度是零下 18 摄氏度。华氏 100 度对应的摄氏温度是 37 度，相差了 55 度。只要把零下 18 摄氏度减去 55 度，就得到零下 73 摄氏度了。

生 D：把书上的温度计图片中的温度计延长。在计算机上用复制粘贴得到答案标示出，华氏温度为零下 100 度时，对应的摄氏温度是多少。

生 E：列出比例式。设摄氏 x 度时对应着华氏 y 度。y 到零下 58 度的距离，比上 122 度到零下 58 度的距离，就等于 x 度到零下 50 度的距离，比上，50 度到零下 50 度的距离。当 y 等于零下 100 度时，就可以求出 x。

生 F：因为温度的增长与温度计表示的长度是成正比例关系的，所以可以列成一次函数 $y=kx+b$。设摄氏温度为 x 度，对应的华氏温度为 y 度。摄氏 0 度时华氏 32 度，那么 $y=kx+32$。当 $x=-40$，$y=-40$ 时，代入求出 $k=9/5$。所以 $y=(9/5)x+32$，当 $y=-100$ 时，就求出 x 了。

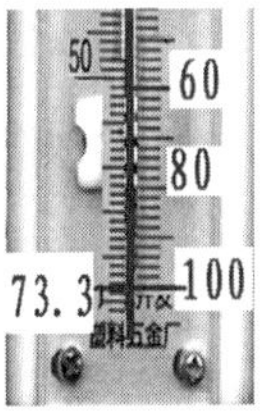

延长度量范围

本练习小结：

通过观察提出问题，并进行自主学习。积极参与，大胆探究，深入钻研，追求真理。若能套用原来模式解决新问题，就是巨大成功。发现灵活的方法，就能使学习效率得以飞跃式提高。我们就是要在一米宽的知识范围内挖掘出十米深的能力！有些高学历的人，知识虽宽，但是学习能力不够，所以难有成就。能否积极探究、深入钻研，决定学习收获的多少！

高考数学《考试说明》中指出：数学能力是指空间想象能力、抽象概括能力、推理论证能力、运算求解能力、数据处理能力以及应用意识和创新意识。其中的创新意识，就是要求学生能发现问题、提出问题，综合与灵活地应用所学的数学知识、思想方法，选择有效的方法和手段分析信息，进行独立的思考、探索和研究，提出解决问题的思路，创造性地解决问题。创新意识是理性思维的高层次表现，对数学问题的“观察、猜测、抽象、概括、证明”是发现问题和解决问题的重要途径。对数学知识的迁移、组合、融会的程度越高，显示出的创新意识也就越强。显然，本练习对提高数学能力，尤其是开发学生的创新意识非常有意义。

2–5 怎样质疑（编号 5）

对于小学语文课文《地平线》，你能做出怎样的质疑？本练习就是要提供一个大胆质疑的榜样，发挥“字帖”和“棋谱”的标杆作用。希望你能从此养成质疑的思维习惯，提高自己的思维批判性！

《地平线》

小时候，我从秦岭来到渭（wèi）北大平原，最喜欢骑上自行车在路上无拘无束地跑。庄稼收割完了，又没有多少行人，空旷的原野上散落着一些树丛和矮矮的房屋。差不多一抬头，就看见远远的地方，那里天地相接了。天和地不再平行，而是形成一个三角形，在交叉处是一道很亮的灰白色的线，有树丛在那里伏着。

“啊，天到尽头了！”

我拼命向那树丛奔去。骑了好长时间，赶到树下时，发现天地依然平行。在远远的地方，又有一片矮屋，天地相接了，又出现那道很亮的灰白色的线。

一位老人迎面走来，胡子飘在胸前，悠悠然如仙翁。

“老爷子，你是从天边来的吗？”我问。

“天边？”

“就是那有一道很亮的灰白线的地方。去那儿还远吗？”

“孩子，那是永远走不到的地平线。”

“地平线是什么？”

“是个谜吧。”

我有些不大懂了，以为他在骗我，就又对准那一道很亮的灰白色线上的矮屋奔去。然而我失败了，矮屋那里也是天地平行，又在远远的地方出现了那一道地平线。

我坐在地上，咀嚼着老人的话，出神地想：这地平线，真是个谜了。也正因为是个谜，我才要去解，所以跑了一程又一程。它为了永远吸引着我和与我有一样兴趣的人去解，才永远是个谜吧？

从那以后，我一天天长大起来，踏上社会，生命之舟驶进了生活的大海。但我却记住了这个地平线，没有在生活中沉沦下去，虽然时有艰辛、苦楚、寂寞。命运和理想是天和地的平行，但又总有交叉的时候。那个高度融合统一的很亮的灰白色的线，总是在前边吸引着你。永远去追求地平线，去解这个谜，人生就充满了新鲜、乐趣和奋斗的无穷无尽的精力。

（课文完）

下面展示的是师生对话。

师：提问开始。

生：我想知道，我们距离地平线到底有多远。这个距离和“天”的高低有关系吗？晴空万里时，地平线就离我们更远了吗？

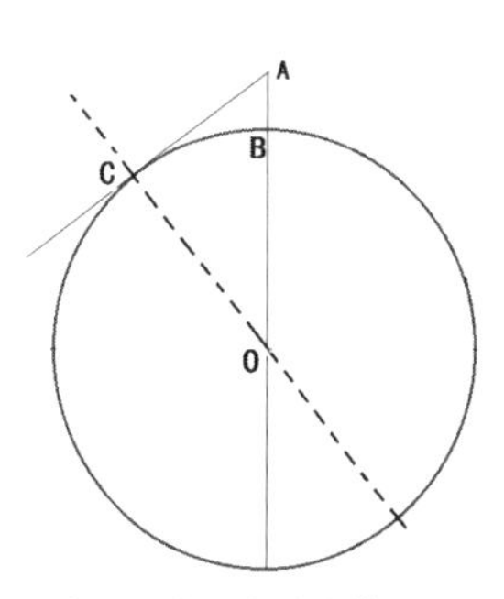

地平线的距离的计算方法

师：假设某人身高 1.62m，眼睛 A 到地面 1.5m，脚站的位置 B 到地平线 C 的距离，近似地算成线段 AC 的长度。地球的半径 OB=OC=6370km，由圆的对称性可以知道，∠ ACO 是直角。下面就可以用勾股定理列算式计算了。$AC^2=AO^2-CO^2$（此处还可以用平方差公式简化运算）。注意把 1.5 米换算成 0.0015km，所以 $AC^2=19.11$。用计算器得到，$AC \approx 4.37$km。

本题的算术难度等同于小学水平。《地平线》的作者不知道能算，编写小学语文课本的人也不知道能算。小学语文老师，就更不知道需要算，更是可以算。于是，上上下下的一群“昏昏然”的老师长辈们，就把地平线当成“谜”，留给小学生了。

观测点提高后的情形

生：姚明看到的地平线和我们一样吗？

师：姚明身高 2.28m，眼睛的高度取为 0.0021km，那么，$MN=BN \approx 5.16$km。姚明比普通人多看将近 800m。

生：作者说的那个谜其实根本就不算是谜。眼睛距离地面取 1.5m 时，地平线离脚下不过是 4.37km。地平线的存在与天无关，只与观测点的高度有关。

师：如果继续深入钻研，还有很多内容可以考虑。我们把眼睛到地平线的距离，近似地当作脚到地平线的距离，这是在简化问题。M 点继续升高，就看到地平面变成了帽子形状（球冠）。到了哪种高度，就不再适合把 MN 的长度近似地看成 BN 了呢？这实质是由量变引起质变的关节点的问题。另外当 M 点高到理论上的无穷远点，就能看到半个球面。这实质是由有限到无限的飞跃。与此相似，把乒乓球放多远就能看到半个乒乓球？只要是乒乓球直径的几十倍，就相当于无穷远了。这确实很神奇！再远就可以把球抽象成一个点了。要用运动变化的观点，要按事物发展具有不同的阶段去具体研究问题，要辩证地看待世界。这些就是积极探究，深入钻研。

师：我们破解了作者所说的谜之后，对作者昏昏然的态度，必须给予批判！也许你们过去从来没想到过，对教材上的错误、不足，甚至谬论进行抗争！今天就是一个新的开始。

生：作者说地平线是个谜，他先说天地平行，又说天地相交，明显的前后矛盾。他就不懂平行的含义。难道是故意制造混乱吗？

生：我感觉作者根本就没把地平线介绍清楚，以其昏昏，使人昭昭。“天”就不是平面！哪有天与地的平行？说什么三角形？哪来的顶点和直线啊！

师：大家继续用批判的眼光看待教材。要用科学精神，对教材和老师进行大胆质疑。

生1：所谓“目标”，必须具有“确定性”。它可以是静止的。也可以是运动的，但是，必须具有“确定性”。地平线附近的树或房子，都可以成为前进的“目标”，因为它们是“确定的”。而硬说“地平线”是前进目标，就是自欺欺人。

生2：地平线是个圆，自己在圆心，在什么方向确定目标？没有方向，只有盲目的前进，这有意义吗？选择比努力更重要，方向比速度更重要！

生3：我蹲着看到的地平线和我站立在凳子上看到的地平线，相差很大。为什么要以我普通站立时看到的地平线为前进目标？

生4：向老者请教的理由是什么呢？也许他有种土豆的经验，怎样保证他有关于地平线的经验呢？我们的行为应该从实际出发，不应该从自己的印象出发，应该去问数学老师，而不是随便找人瞎问。一切行动的出发点，都应该有相应的事实作为依据！

生5：作者“把天空想象成人生的理想，把大地想象成生存的实际，向着地平线前进就有了乐趣和意义”，我们应该把想象当成行为的根据吗？不同的想象会对应不同的结论，例如，把地平线想象成死亡的边界，出界就面临死亡。于是结论就变成，在原地不动就是最好的状态了。向任何方向前进都将更加接近死亡，不动才会远离死亡，这种推论就不可取，所以以空想为依据不可取。

本练习小结

不要盲目迷信课本，要相信自己心底的声音。要有勇气坚持自己认为正确的事情，要养成提出问题的习惯，要提高思维的批判性，要向练习中大胆提出批判的同学们学习，要对学习材料大胆提出质疑！在人生道路上也同样要勇于探索！不要怕出错，不要怕被别人讥笑。一般人往往认为，遭到指责，经营不善等都是重大失败，一辈子都小心翼翼、步步为营。岂不知，一味地躲避失败，才是人生最大的失败。所以要大胆突破现成的体系，积极探究，深入钻研，勇于进取，使人生更为精彩！

积极探究，深入钻研的意义非常重大。我就曾在 1972 年在 24 岁时大胆质疑过当时流行全国的“优选法”。详细情况参见本书附录《一点花絮》。

2–6 小结

内因是事物发展变化的依据，“破茧成蝶”靠的是自己的艰苦努力。在“听说读写”活动中，“听”投入的精力最少，效率也就最低，所以要加大精力的投入，要写写画画，做思维导图，或者整理出详细笔记。

还记得本节练习之前，本章节所要讲的主要观念吗？脑袋不是装知识的口袋。用问题加速，用图像开路！积极参与，大胆探究，深入钻研，追求真理。

第三章　学习辩证法，全面看问题

有位老人，感冒咳嗽，去了医院。医生说:“老人家，回去吧，多喝点白开水就好了。”老人不满意医生的建议，找院领导，非要打针输液，办理住院手续，医院就按照老人的意愿给他安排治疗。不就是咳嗽吗？吃大量止咳药就不咳了，但是痰咳不出来，转成了肺炎；为了消炎，大量输液，炎症很快消了，但是火毒出不来，变成了急发性肺源性心脏病。住到了呼吸科，插管子，上呼吸机，将近两个星期，花了十几万元，最后老人驾鹤西归了。本来属于小病小治，调理一下就能治愈的小毛病，先被老人过度重视，后又经医生“头疼医头，脚疼医脚”的片面看病治疗，造成了悲剧。

2008 年 5 月 10 日，在都江堰周边来钓鱼的人密密麻麻。因为此时钓鱼非常简单，鱼易上钩，连乌龟都争先恐后向外奔逃。5 月 12 日 14 点 28 分，汶川发生了 8 级地震。都江堰浊浪滔天，掀起海啸般的大浪，把钓鱼的人们卷进水里，难以生还。

所以说，全面看问题，至关重要。

3-1

什么叫全面

《盲人摸象》是千古流传的益智故事。表述了，从局部看问题并不能了解事物的真相。因此我们要尽量地全面看问题。也就是，要尽量避免孤立地、静止地、片面地看问题。从实际出发，了解事物之间的外部联系，看清事物内部各个方面的关系，再具有抓住事物主要矛盾的意识，在运动中把握问题。这就是比较全面地看问题了。在走班选课，

盲人摸象

分层教学的模式下，学生以自学为主，要加强对自己思维过程的监控，也就是前面说的“思维四重奏”中的“第三旋律”，发挥中提琴的作用，要不时考问自己“现在这样看问题，是否属于全面看问题了呢”？

中国人俗话常说：“如此办事良心何在？”一个人的良心真的在哪呢？2014 年 8 月 31 日，美国一项新研究发现了“良心何在”。大脑中的“前额叶背外侧皮层”有监控人们诚实与否的区域。一旦这个脑区受损，人们便倾向于因为私利而说谎。这个发现，彻底颠覆了很多人对于物质和意识的关系的基本理念。一旦“良心”受损，对应的物质和意识就没了，人就见利忘义。有这点物质，也未必就一定有良心，但是没这点物质就肯定没良心。平时把“没良心”归属于意识问题，其根源首先在于脑组织，意识来源于物质。实验结果并不否认，当人品出了问题，才会丧失天良。现在，人们对大脑的了解越来越具体。左前额叶中确实存在一个庞大的监控思维策略的区域。本书认为这个区域提供了“四重奏”中的“第三旋律”。例如,办事要凭良心之类的指导原则。这个区域也可以监控反思考问自己是否能全面看问题，构建起指导我们思想的理论基础，奏响“四重奏”里面的“第三旋律”。

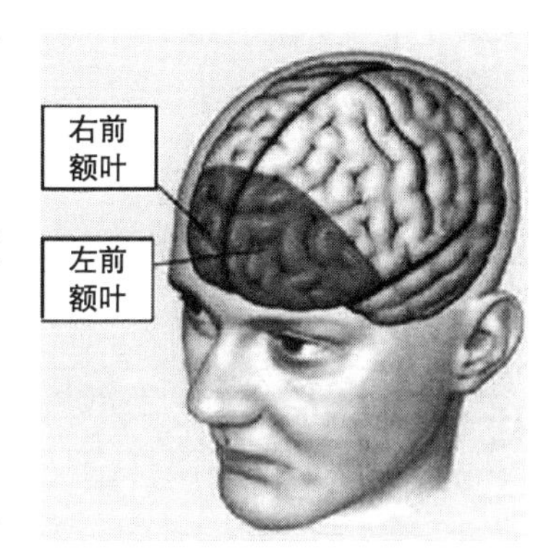

前额叶

下面的 10 个练习都比较简单。有几个问题，早就在社会上广泛流传。尽管有些人已经知道答案了。但是，细心领会这些练习的深刻含义，就像是再次体会“盲人摸象”，也还是非常有意义的。

3–2 全面看问题的十个练习

3–2–1　老人买西红柿（编号 6）

一位老大爷去买西红柿。他挑了三个,摊主秤了一下说,“快二斤半啦。一块五一斤。您给三块七。”老大爷摇摇头说:“有点多。”然后从秤盘上拿下一个最大的西红柿,说“你给看看，这俩多少钱？”摊主瞧了一眼秤，说:“算二斤吧。您给三元。”老大爷点点头，说：“好好好……”

本练习续写故事。

每当上课讲到这个练习时。一般要猜两次才中。因为大家都有“全面看问题”的思想准备。

本练习答案:老大爷从容地掏出七毛钱，立即拿起刚刚拿下的那个大西红柿，走了。

讲评：老大爷就是会全面地看问题，先假装承认对方说的都是对的。然后采取“照你所说”去做。这样的批判策略，就是从对方错误的前提出发，经过正确的推理，得到了新的错误结论。从而做到“以子之矛攻子之盾”。

下面的小故事，也发人深省。中国有个老戏法流传了几千年——三仙归洞。表演者用三个小碗扣三个小球，一指一点，小球陆续进到同一个碗里。小球就代表“福、禄、寿”三仙，表演给观众带来了祝福和欢乐。后来，戏法被用来骗人。表演者用三个小碗和一个小球，似乎把小球扣在一个碗下面了却又好像拿了出来。又扣了其他俩碗，却看不出小球放在哪个碗下面了。于是，赌博开始。请下注猜小球在哪个碗下面？

想一想：表演者是如何操控赌博骗局的呢？

显而易见，小球留在表演者手里！三个碗下面都没有小球。当参加赌博的人全神贯注地验看前面两个空碗，大失所望之后，注意力就会完全涣散！此时，表演者用抓着小球的手掀开最后一个碗，在掀起的同时把小球放在碗的下沿，于是预料之中的结果就出现了，小球果然在第三个碗下面。如果有人连赌连输，气急败坏，要求自己掀看第三个碗。一般人若用右手掀开，就是左面的碗的下沿最先被掀起，反之亦然。表演者利用了这个规律，就在掀起的一瞬间，已经把小球投进小碗下面了。这就是表演者作弊赌博的秘密。

如果要全面看问题，什么样的策略可以避免参赌必输呢？把赌注确定之后，宣布说，要找没有小球的碗，然后立刻掀起俩碗，让表演者措手不及！根据逻辑，这样就是猜对了有小球的碗，迫使表演者在赌博中遭遇失败。不过你别高兴得太早。离开赌博场地不到20米，你就很可能会被一群大汉围住，把刚刚赢来的钱都要回去，可能还要挨一顿暴揍。

讲评：全面看问题，不难、也不遥远。同学们要远离赌博啊，逢赌必输！

3-2-2 丢丢炸馒头片（编号7）

问题：丢丢同学给自己做早点“鸡蛋煎馒头片”。他用一个鸡蛋煎一个馒头，应该用什么器皿搅拌鸡蛋？在锅、碗、盆、水勺和碟五样之中选择哪一样呢？

本练习就是要选出正确答案，并且陈述理由。选好以后，可以看下面答案了。

锅太大了，碟子太浅，水勺太深。下面就是要全面地比较碗和盆的优劣了。正确选项是：盆。盆是平底，馒头片能充分沾上鸡蛋。而碗底是圆弧形状，馒头片的平面够不到，所以不能物尽其用（本质是曲率半径的大小比较）。同学们在陈述选碗的理由时说：自己虽然没有实际操作经验，但妈妈就是用碗搅拌鸡蛋的。现在教

锅碗盆勺碟

学强调，要积累基本活动经验。如果你积累的经验是别人的错误经验而不自知，那么，这就比没有这些经验更加糟糕！回家以后要告诉妈妈，煎馒头片时要用小盆搅拌鸡蛋。学着全面看问题。

老师们错误的思维习惯和错误做法，都将留下隐患，误人子弟！

讲评：只要留意，生活中时常存在简单的选择题，要求我们全面地看问题。

3-2-3　侦察兵看数字（编号 8）

这个的练习流传很广。

请设想，你是侦查兵，来到了敌人指挥中心，敌军核心官员的汽车已经停靠在了停车场。上级首长命令你马上报告三轮车和汽车的停车位置编号。

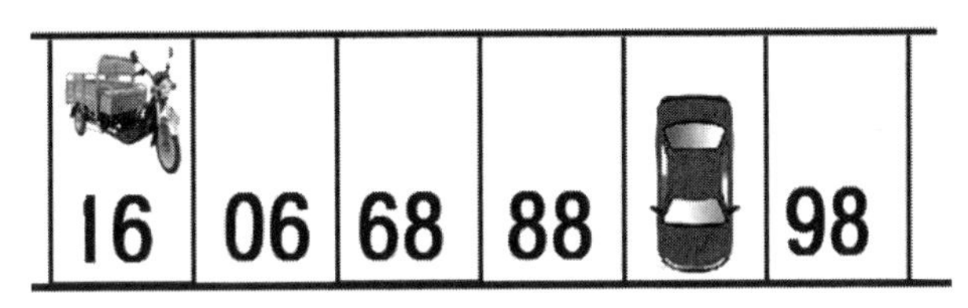

侦察兵看停车位

很有可能，你想都不用想就报告出，三轮车停车位置是 16 号。但是，你很快就卡住了，因为你看不出，汽车的停车位置的编号。

你要提醒自己，要全面地看问题。也许是你的思维习惯一直停留在等待老师编写程序的阶段，也可能是你思维的灵活性长期受到压制，在思想自由的环境中，一时半会也难有作为。

一言惊醒梦中人：你难道不能到马路对面看一看吗？

记住：用图像开路，用问题加速！不要把图形只抽象成一系列的数字。

还记得，三轮车在哪里停放吗？不加思索就武断认为在 16 号，这就叫只看局部，不看全局！属于现代版《盲人摸象》。这类错误，要引以为戒。

3-2-4　麻将九连宝灯（编号 9）

问题：如果在麻将游戏中，手里的牌是 3 张一万，3 张九万，二、三、四、五、六、七、八万各一张，和什么？

师：手中有如图 13 张牌。当抓起第 14 张牌以后，能组合成 4 幅牌（3 张数字连续或 3 张一样都叫一幅牌）和两张相同的牌，就称为“和牌”。现在看看，来几万，就可以和牌了。

打麻将

生:首先，一万可以。来了一万，就有 3 张一万,一到九万的龙（一、二、三,四、五、六,七、八、九），对九万。

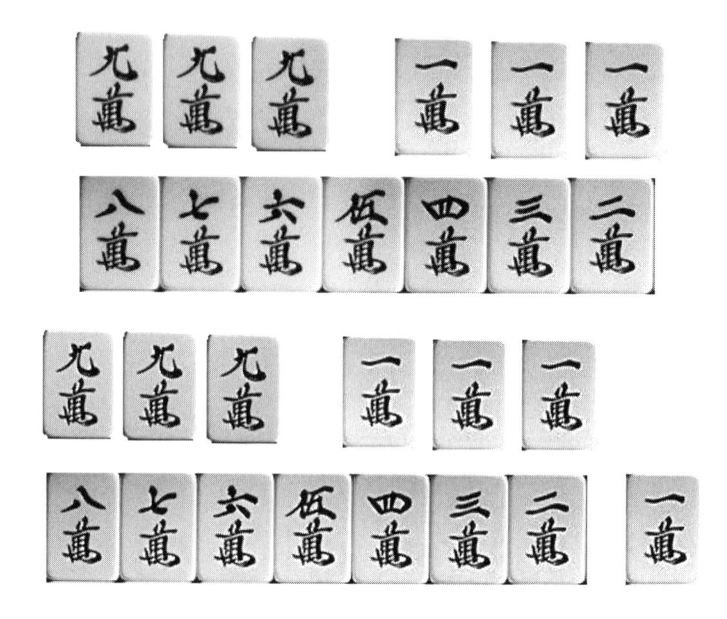

师：开始聚焦思维了。首先进行了有益的尝试，请继续，要更加全面地看问题。

生：我可以把问题说完整吗？由于对称性，一万与九万的结构是一样的。二万与八万、三万与七万、四万与六万，都有相同的结构。

师：数学上管这种关系叫“同构”，就是来一万和来九万，属于同构。那么，只要考虑几种情况？

生：一、二、三、四、五这 5 种。刚才解决了一万，再解决其他的所有情况。

师：这位同学，能全面看问题，大家鼓掌祝贺！大家听懂没？听懂了，就找四个同学分别解答。

生：我解决，来了二万。就是一、一、一,二、二,三、四、五,六、七、八,九、九、九。

生：来了三万，就一、一,一、二、三,三、四、五,六、七、八,九、九、九。

生：来了四万，就一、一、一,二、三、四,四、五、六,七、八、九,九、九。

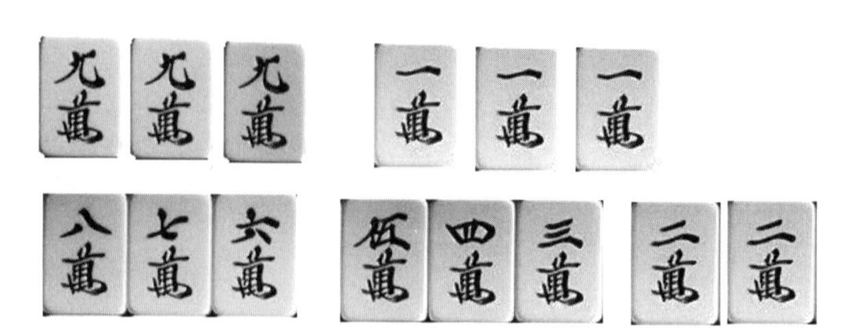

生：来了五万，就一、一、一，二、三、四，五、五，六、七、八，九、九、九。

师：麻将是中国传统益智游戏。把数字逻辑关系和图形、创造力很完美地结合起来。能沟通左右脑的联系，增强了胼胝体。同时问题解决的难度比较低，所以麻将游戏流传至今。作为学生，要适可而止，不要沉迷于麻将，更不能赌博。切记玩物丧志！

3-2-5　勇于质疑作文题（编号 10）

先看一下 2015 年湖北高考作文题《地下泉水与地上喷泉》，体会现在高考对考生的思辨能力的要求。

泉水在地下蓄积。一旦有机会，它便骄傲地涌出地面，成为众人瞩目的喷泉，继而汇成溪流，奔向远方。但人们对地下的泉水鲜有关注，其实，正是因为有地下那些默默不语的泉水的不断聚集，才有地上那一股股清泉的不停奔涌。

要求自选角度，不少于 800 字，标题自拟。

请你自己先尝试。你要怎样写呢？

分析：这是一篇材料作文，要求考生能够紧密结合形象思维和逻辑思维，有具体形象的同时还要充满哲理。提取出两个相关的概念，地下泉水和地上喷泉。从空间上，前者在地下，后者在地上；从形态上，前者是默默集聚，后者是奔涌；从关注度上，前者“鲜有关注”，后者则是“引人瞩目”。这两组概念环环相扣，如果考生只看到了其中一部分，则肯定会在立意和逻辑关系上出现漏洞，站立不稳。

另外，尽管是两组概念，但是“地下泉水和地上喷泉”是同一个事物的不同发展阶段，而不是两个事物。如果考生写成两个事物，则可能和原题旨意相违背。那个“但”字值得注意。因为有了这个“但”字，材料更强调的是不受关注的地下泉水，更强调的是喷发前的“聚”，也就是成功前的积累。如果没有突出这一点，而是平均用力，甚至更加强调了后面的成功，都可能导致立意平庸。

高考非常重视考察全面看问题的能力，同时，还要求学生学会辩证法，用运动变化、联系的观点认识事物。如果把同一个事物，割裂成互不关联的两个事物了，作文立意就失败了。

下面简要介绍一篇别出心裁的作文。这样立意尽管容易得到高分，但是也存在很大的风险。在考场上，时间紧迫，从全新的角度提出质疑，自己是否真的是全面看问题了呢？语文老师一般反对这样指导学生，但是，《有序思维》就可以反其道而行之。

题目：《农民工谈“蓄积”》

有人说，泉水在地下蓄积。要是让我们农民工说，这就是“别有用心”，让人们面对不公平时，首先要反省自己。

雪山之巅，常有泉水，骄傲地涌出地面，飞流直下，众人瞩目。继而汇成溪流，奔向远方。这一切都是地势造就，凭借其先天优势，是冰山雪水源源不断，与蓄积毫无关系！常识告诉人们，地上泉水的喷涌，只与地势有关，与蓄积毫无关系。

至于地下泉水，由地表水渗透，左突右奔，终于在河底砂石缝隙中悄然冒出。此后，总算见到了天日，与河水交融，也同样是顺流直下。地下泉水，经历千百万年的流淌，也就是这么个结局，和在地下蓄积与否并无关联。

（结尾）说“地上喷泉”之所以辉煌，是因为自己善于蓄积。这就让人不禁想起，个别官二代、富二代大言不惭，说自己的一切成就都是来自个人的蓄积和奋斗。这让人嗤之以鼻。

（文中论及具体实例，批判“别有用心”。从略）

讲评：本练习的编写是希望能打开眼界，甚至使你思维突然开窍！

3-2-6 形式逻辑的局限性——白晨理论（编号 11）

白晨同学是 1997 年北京市第五中学的高中毕业生。1996 年 9 月马老师接手该班级的数学课。高考复习课初期，白晨就不交数学作业。在班上，白晨曾为自己做出争辩，他说：“您留的作业，基本上可以划分成两类，一类是我会做的，另一类是我不会做的。这次的作业，1、2、4 题是我会做的，3、5、6 题是我不会做的。对于我会做的作业，没必要写，对那些我不会的作业，我也写不出来！所以，我就没完成作业。”

想一想，白晨理论究竟错在哪了？

白晨理论

分析：白晨理论，乍一听符合逻辑。把集合“数学某日作业{1，2，3，4，5，6}”，根据自己对知识的掌握情况，似乎可以划分为一个子集{1，2，4}和它的补集{3，5，6}。对已经掌握的{1，2，4}似乎可以不再复习巩固，而对于自己未掌握的{3，5，6}只有在老师和同学的帮助下才能完成。因此，这次作业没有完成就有充足理由。上述的论断错误的原因，就是白晨没能全面地看问题。

白晨说1、2、4题，是自己会的，会的就不用写。然而，“会”只是达到某种程度的“会”，“不会”也只是某种程度上的“不会”。它们都不是绝对的。看着会，不见得是真会。一旦动手，就会发现问题。经常有学生“看着会，做不对，不得分，白受累”。学生考试丢分，最主要的不是不会的题目太多，而是会做的题目中做错的太多。其原因就在于眼高手低，看似会的题，就因自己基础不牢固，缺乏经验等出错。解出会做的题目，自己积累了成功的经验，提高了解题的熟练程度，也为将来熟能生巧、提高速度打下基础。同时，完成对会做题目的解答，还能把“会做”的时间保持得更长而不忘记。学习中，“会做”的题目，经常很快就能转化成“不会做”的题目，会做而不做就可能更快转化成以后不会的题目了。所以，当前会做并不代表永远会做。把会做的题目写出来作为复习总结的一个资料，也是举一反三的起点。努力把会做的题目做好、总结好，并能融会贯通，比多做难题效果更好。

白晨说，3、5、6题是自己不会的。因为不会，就写不出来。这话也不对。“不会”也只是某种程度的不会。看着不会，不等于一点都不会，要会一点写一点。而且很有可能写着写着就豁然开朗了！把“不会”转化成了“会”。而一旦能有所突破，那么就会给自己带来无与伦比的快乐！挑战难题，通过克服困难，努力思考，还可以培养自己顽强的意志，培养自信，让自己有成就感。

现在，在走班选课，分层教学中，学生在作业方面的自主权也增多了。如果放弃解答难题的磨砺机会，不停地问别人，尽管一时也能达到掌握了所有作业题的高度。但是，坐缆车登山的和徒步登山的，意义大不相同！记忆短暂，理解粗浅，难以迁移，而且对自信心的打击，更是得不偿失！做作业时，老问别人，是纵容自己。一般应该给自己定下规矩，独立思考多久仍得不到答案之后，才能请同学给自己提示。

讲一个我曾经教的一个学生的例子，他反反复复地问同一道题目。后来，他高考时真考了很类似的一道题。高考结束后，我很高兴地找到这个学生问这道题他答得如何。没想到，这学生几乎泪流满面地说，当他在考场上见到这个题目时，脑子一片空白！这题目和老师讲过的完全类似！但是，在平时清醒时都难以想明白的问题，头脑混乱后，又怎能想清楚呢？因此，他绕过这题，直接解下面的题目了。这道题，成了他心中的病根，心情太糟糕，后面的试题，一而再、再而三地出错。数学没考好，后面科目也都因情绪太坏，大受影响。后来，他高考失常，以致落榜！他说他自己就失败在自己反复地问了这道题。其实，早就能猜测得到，考试中真的见到这题，他肯定还是不会！

如何面对不会的窘境呢？也有过一个真实的例子。有一次在物理实验室上课，目标是按图装配三灯收音机。学生 A 经 9 分钟就完成了，于是申请测试，取得成功，第一个回班级教室了。其他同学，也都纷纷完成，陆陆续续回班级教室了。40 分钟时，实验室只有学生 B 了，老师开始催促。这学生至少申请测试了 10 次，但是都失败了，收音机就是不响。到 45 分钟下课铃响前，测试终于成功了。后来，班里选 1 人代表班级参加组装比赛，结果是，选 B 的人，比选 A 的人还多，老师让他俩 PK，B 竟然又快又好地组装完毕，优势明显地战胜了 A。这里的道理是什么？不会可以转化成会，失败是成功之母。

讲评：做作业是学习中的重要环节，一定要认真看待。对做作业要有个全面的认识，深刻体会到“会”与“不会”的关系。不要得过且过，浅尝辄止。以为自己能向家长、老师和自己交代了事。心里要有更高的目标。

3-2-7 尽量面面俱到——教授遇到为难事（编号 12）

众所周知，1984 年在洛杉矶举办的第 23 届夏季奥运会，是首次以民间的方式举办成功的。过去的历届奥运会，国家都要承担很重的负担，唯独这届奥运会，在奥运会筹委会主席彼得・尤伯罗思 (Peter Victor Ueberroth) 的规划下，收支平衡还略有盈利。其中的秘密是什么呢？奥运会结束后，尤伯罗思竟然在全世界面前，首先向他的老师爱德华・德・波诺（Edward de Bono）表示了感谢。他称自己接受过老师《六顶思考帽》全面看问题的训练，受到自己老师的许多启发。

下面介绍的就是爱德华・德・波诺教授曾说过的一道测验题。有一次波诺教授讲完讲座《全面看问题》之后开车回家，发现路边的公交车站，有一位美女，似乎很眼熟。仔细一看，让他大喜过望。这人正是自己心仪已久的一位女士，可惜很多年没有联系了。他马上停车与之寒暄，感觉自己生命中新的一章就要开始了。恰在此时，他的一位要紧朋友突然出现了。此人在他的事业中可能会发挥很大作用。他不得不停下与女友的交谈，想三言两语，定下将来与这位朋友如何联系。无巧不成书，此时此刻，一个老太太在他们身边突然晕倒，需要马上送医院救治。这位著有《全面看问题》的专家，如何应对眼前这一尴尬时刻呢？

分析：很多人马上计算出来，这辆车正好载 4 个人，教授叫上漂亮女孩和自己的老朋友，让他们帮忙一起把老太太扶上车，四人一起去医院。可问题是，老太太上车后，漂亮女孩会表示自己还有事，就抽身离去了。

也有人会说，请老朋友打电话叫救护车。教授此时抓紧和女孩交流。等叫完救护车，教授就和老朋友交流。但是，打电话叫救护车的用时似乎不够和女孩交流。

继续想：都走不行，都不走也不行。怎样才算是全面呢？

教授和女孩帮忙把老太太弄上车。同时，朋友联系医院用担架在医院门口接车。由朋友开车送老太太去医院。送走后，教授和女孩交流。等朋友开车回来后，教授再和朋友交流。

讲评：交出自己现有的权力——汽车或者说是驾驶权力，就这一点点障碍，就能使人陷入桎梏，其实只需要突破这一点。

3-2-8　整体平衡不等于处处平衡——和尚分核桃（编号13）

共有三个少年和尚，每晚都要分吃供奉在佛前的核桃。他们每次抓出3个核桃，每人分一个。然后再继续分。分到最后，如果只剩下一个核桃，他们就把它留给最小的和尚。请回答：两位师兄为什么不争了呢？

也许，你没有感觉到这个问题存在的理由。你会想：可能他们三个本来就没想绝对的平均，处于基本上的平均状态就可以了。难道剩下最后一个核桃还要打碎了，再平均分吗？出家人，本来就不计较物质享受。何况，对最小的和尚，应该礼让的。

上述想法，也有一些道理。但是，看问题的层次，还有待提高。怎样继续用全面的观点看问题？

分核桃，每次抓三个，一直如此。坚持到最后，有几种可能呢？

首先，是最后还有三个。那么，三个和尚，每人分得一个。

其次，是最后还有一个。那么，留给最小的和尚，两位师兄不要去争。

还有，是最后还有两个。那么，小和尚就不再分到，把这俩核桃分给两位师兄。

也就是说，题目中，还有一种情形没叙述。只要能全面地考察分核桃的方案，就会知道：三个和尚的利益都是平等的，并没有谁要被人照顾。

讲评：本练习的设计意图是，探寻和尚分核桃时的规定是什么样的？规定是否合理？从局部的了解，推测事物的整体信息。后来发现，运动中的平衡，有别于僵死的平衡，是一种更高层次的平衡。此种智慧，就存在于生活之中，不论自己是否意识和理解。很多人说起平等，就是每时每刻每个人的权益都要绝对的相同。其实，能从程序的角度取得均衡，就是平等。

3-2-9　敬业精神是做好工作的根本——打电话（编号14）

先看看问题：

有个好单位招聘业务员，进公司后从话务员开始干起，今后可能有很广阔的发展前途。假设，你交了简历，他们公司人事部主任面试你时，要求你打一个电话（座机）。电话内容已经写在纸上了。你想在众多的应聘者中脱颖而出，应该怎样打电话呢？

请电话通知马献时先生，9 月 17 日的 8 点至 9 点到细管胡同 13 号的北楼 303 房间，找李欣校长签订车棚翻建合同。

下面是常见的对话情景。

生 A（拨号）

师 :（叮铃铃）喂！

生 A：你是马先生吗？

师：是啊。您有什么事吗？

生 A：我说得慢一点啊，你记好了。9 月 17 日的 8 点至 9 点到细管胡同 13 号的北楼 303 房间。找李欣校长签订车棚翻建合同。再见。

打电话

下面请评价这样打电话能在众多的应聘者中脱颖而出吗？请尽量给他提点改进意见。

常见的学生发言，大体如下。

生 B：他口齿清楚，语速比较慢。是个优点。另外。称对方为先生，也还算比较有礼貌。用“您”称呼陌生成年人，可能会更好。

生 C：我认为叫人家马先生。不对！也可能是，马献时的兄弟，甚至是老父亲接的电话呢？有可能误事啊。但是直呼其名，也不恰当。

生 A：那就称呼对方是马献时先生。

生 D：补充说明 9 月 17 日是星期四比较好，能加深对方的印象。

生 E：最好让对方用笔做记录。信息太多，很可能记不住。

生 F：最好，让对方重复一遍电话内容，进行核对，尤其把日期再重复一遍。

生 G：我感觉身份不太对。又不是法院发传票，语言居高临下，不容商量。应该用商量的口气。问问对方，9 月 17 号上午，有没有时间？是否尽量能在这个时间来签合同。

客客气气，表示很高兴能合作。

师:这就是全面看问题的表现。为人处世要低调。从点点滴滴能看出人品。我提议，为学生 G 鼓掌祝贺。（学生鼓掌）

生 H：在应聘竞争中要有点想象力，制造闪光点，才能脱颖而出。

生 I：天气预报说，17 日有雨。请您早上出门时带好雨具。

师：说得好！主动关心别人，像个有模有样的业务员了。给她掌声。

生 J:细管胡同西口正在修路。您来的时候，请走东口，以免到了西口还要走回头路。

生 K：应该告诉人家，我是谁。我的电话号码，万一他临时有事可以再和我联系另约时间。

师：只要大家有为人民服务的心，就能想到好多服务的内容。思维开阔了，待人接物的方式也就改善了。还有要补充的吗？整理如下啦。

礼貌热情，口齿清楚，语速要慢。

1. 直接说名字，避免找成他家其他人。

2. 要平等待人，协商办事。

3. 要提醒对方做记录。

4. 要补充介绍那天是星期几，加深印象。

5. 要告知自己的姓名和电话，便于联系。

6. 要请对方复述电话内容。

请看着通知材料，写出你打电话时的述说要点。然后再对照同学发言，看看你还有补充吗？

讲评：这个练习，让学生记忆深刻！学生反映不但从中学会了打电话的合理方式，对于做人也深受启发！为人做事要低调。要多为对方着想。突破时要凭借想象力，制造闪光点。爱岗敬业是搞好本职工作的根基。学历和文凭真没想象的那样重要。能力才是金牌。再次是敬业精神，这样的人就是企业要找的人才。

3-2-10　综合练习——AA 制结账难题（编号 15）

先用一个具体事例解释什么是“AA 制”。

有 A、B、C、D、E 五人一起吃饭，说好用 AA 制结算。开始时，A 出资 100 元，B 出资 200 元，C 出资 300 元，D 出资 400 元。

饭后 E 应该如何结算？

答案:因为总共开销 1000 元，共 5 人，所以每人平均消费 200 元。E 应补交 200 元，D 应得到这 200 元。而 A 也应补交 100 元，C 应该得到这 100 元。

AA 制结账难题：

这题显然要求，必须全面看问题。具体解题方法，将在第六章讲“转化”时再详细解答。

饭店开张搞“满 100 送 50”的优惠活动。就是说，消费 100 元后可以得到 100 元饭菜和 50 元的餐券。下次消费可凭 50 元餐券提供 50 元饭菜。A、B、C、D、E 五人去吃饭,AA 制平摊费用。A 出了 300 元餐券,B 出了 150 元餐券，C 出了 150 元现金，D 出了 150 元现金。

一共交了 450 元餐券和 300 元现金。饭店提供了 750 元饭菜和 150 元餐券。

吃 100 返 50

问题：E 要怎样进行结算？本练习答案在第六章，讲转化时宣布。

讲评：这是在生活中发生的算数问题，就需要全面看问题的能力。这样的算术题不难，要对自己有信心，要有序思维！

3-3

小结

本章介绍，要学习用辩证法，全面地看问题，不要用孤立的、静止的、片面的方法去看问题，从而加深对于全面看问题的理解。通过 10 个练习，学会全面看问题，这是科学思维的第一步。

编号 12 的练习是爱德华·德·波诺教授编写的。他对全面看问题,有专门的著述《六顶思考帽》。例如，探讨“期中考试成绩，如何公布”才能使大多数同学受益，就要从 6 个方面探讨：先统筹规划如何讨论，再一一展开下列 5 部分内容，1. 事实 ——多数人有压力；2. 有利——鼓励和鞭策；3. 有害——失去尊严；4. 情感直觉——明知有利，但是感情上难以接受；5. 如何改进——设置两类三项的表扬体系。两类是指：各个单科成绩，总成绩。三项是指：①名次居前 1/3 的；②名次提升显著的；③分数提升显著的。在两类三项中成绩优秀的同学，在班级内公开表彰，鼓舞士气。对最优秀的同学，每人只挑选最突出的两三项指标进行表扬。在两类三项上乏善可陈的，把成绩单卷成一卷，钉钉封闭，只露名字，直接交本人。其他人不得刺探他人隐私。同学们关于公布期中考试成绩的讨论，集思广益，效率很高。这比两军对垒，开辩论会，争辩“考试成绩是个人隐私吗”显然更有效率。

本书是系统介绍《有序思维》的相关知识。截至本章节，已经阐述了下面的观念。

面对学习任务,首先要聚焦思维,让自己由懈怠状态迅速进入激活状态。要“用问题加速,用图像开路”,并且要树立“奏响四重奏”的理念,除了左右半脑分别担当思考的责任之外,也就是担当起提琴四重奏中第一小提琴和第二小提琴的作用，此外，指导我们思想的理论基础要发挥这“第三旋律”的作用，也就是中提琴的作用，制定出相应的策略，而其基本要点就是要全面看问题。在此方针指引下，辛勤投入，积极参与，努力思考，深入钻研，发挥主观能动作用，实现高效率的学习。

第四章　工欲善其事，必先利其器

当代认知心理学认为，认知过程就是信息加工的过程，就是信息输入、编码（由生理形式的信息转化为心理形式的信息）、储存、提取、输出的过程。加工必然需要“工具”——分析与综合、抽象与概括、归纳与比较等。从本质上说，各个学科殊途同归，都在努力去提高学生的分析与综合、抽象与概括、归纳与比较等“工具”的使用能力。在走班选课、分层教学中，学生这些工具的使用水平普遍偏低。过去，归纳活动轻而易举，教参上有现成结论，归纳过程由老师一手包办，所以学生能否系统归纳，并深刻理解，这不会成为学习的焦点。现在不同了，由学生自己对学习内容进行梳理总结，还要上升到应有的高度。结果，学生做出的归纳，常常是不完善的规律总结，不严谨的结构，经不起实践检验。究其原因，就在于对上述“工具”的运用很不到位。本章节将系统介绍如何使用上述“工具”。

在走班选课、分层教学中，很多学生用在学习新课的时间太少。通常是大致浏览之后，就一头扎进题海，进行大量的重复练习，认为在读书和思考上花费的时间越多，花费在做题训练上的时间就越少。因此，在学习总时间既定的情况下，学生的选择当然是不读书只做题。其实这样做的后果十分危险。浅尝辄止的直接后果就是难以融会贯通。要知道，学习钢琴、提琴或者学习足球、乒乓球等，都要进行大量的重复性练习，这是苦练基本功。训练动物，更是离不开重复性练习。用马戏团的驯兽程序对付学生，即便一时有效，学生在将来也肯定不受用。而文化学习，毕竟和学琴、学球、训练动物大不一样。回想一下《西游记》故事中，师徒四人求取真经，靠的是什么？光有决心、恒心还是寸步难行。必须靠“悟”！依靠悟空、悟能和悟净。按照吴承恩的说法，求取真经必须靠“悟”！学习也是如此。

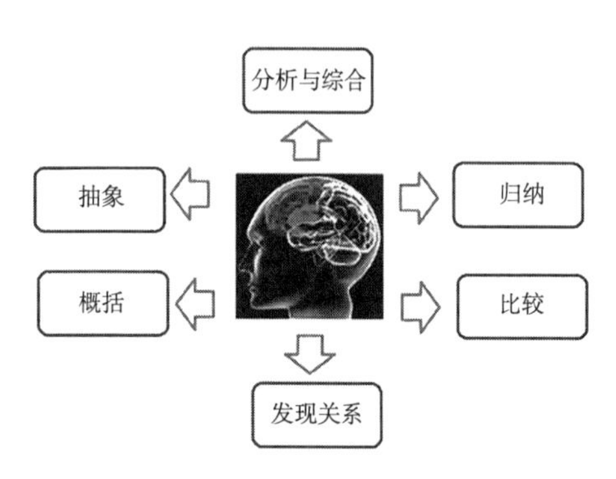

不能吸取教验教训的人的思维类型就是，只顾前进，从不回头，重复错误，难以进步。重复练习是耗时的无底洞。只有通过“反思内省”，才能逐级提高，事半功倍。

“工欲善其事，必先利其器。”下面系统介绍如何对知识进行梳理，方法就是要通过分析与综合、抽象与概括、归纳与比较等思维过程，在大脑中构建起良好的知识网络系统，做到“知识能成片，习题能成串”。从而为大脑高效运行奠定基础。

4-1 分析与综合

对于陈述性知识的学习过程，有人做过一个比喻：众多的学科在大脑中就像是一座座大楼，如高中开设了数学、物理、语文等 9 个科目，对应着的就是 9 座大楼。比方说，高中数学有 10 个教学模块，就像是高中的数学大楼一共有 10 层。每个模块中的章节，就像是每个楼层中的不同房间。章节中的一系列概念，就像是房间中一系列的陈设。所谓学习新的知识，就是在房间添置新的陈设。要把它放置到相应的高楼的相应的楼层，在相应的房屋中找到自己相应的位置。这与计算机的信息输入非常类似。不同的是，新陈设除了要占据新的空间之外，还常常要修订新旧陈设的边界，重新构建新旧陈设的联系。这样一来，陈述性知识在头脑中就构成了许多层级的网络系统。当我们要解决，“是什么”或者“是否知道”类型的问题时，就要聚焦思维，把血液泵到大脑中，进行激活和扩散。如果学生非常熟悉自己头脑中的知识网络系统，信息的提取就会非常顺利。反之，就可能想不起来，或者记忆错误。治学水平本质上就是输入整理信息的水平。水平高的，就像煮好一锅饺子，清清爽爽，一个不破。反之，水平低的，糊里糊涂，煮成一锅糊糊，饺子都分不出个来。构建自己头脑中的知识网络就是学好知识的关键。在信息输入和信息梳理这两个过程中，都要不断对所学知识进行分析与综合。提高治学能力就是要提高知识网络的构建水平，尤其是提高学习笔记的整理水平，要搞好其中的分析与综合。知识要成片，问题要成串，一方面要有全局观念，浑然一体，珠联璧合；另一方面要有局部意识，条块清晰，纲举目张。

4-1-1 把握“分析与综合”的概念，树立“综合—分析—综合”的模式

分析，就是把客观事物的整体分解为各个部分、方面、要素，逐个加以研究；综合是把事物的各个部分、各种属性结合起来，形成一个整体，加以研究。分析与综合的定义，其实就是“分解为局部”，“合并成整体”。分析与综合的关系属于同一思维过程中彼此相反而又紧密联系的过程，是相互依赖、互为条件的。例如，我们评价一个小孩很精神（这是说他的整体容貌，属于综合），尤其是眼睛很可爱（这是说局部，属于分析），眼睛很大，很有神，睫毛很长（这是局部特点，也属于分析）。上述“眼睛很可爱”对前面的整体——“精神”，就属于分析；同时，“可爱”对于后面的细节“很大”“有神”“很长”，就是眼

睛的整体形象，属于综合了。所以说：综合与分析，相互依赖。分析中时常有小结，即含有综合。综合中也时常有分类述说，含有分析。

我们在论说陈述过程中，时常采用的模式是：综合—分析—综合。例如材料作文：先综合——亮明观点，再分析——细说根据，最后综合——结尾点题。

在画思维导图时，“对开始的中心主题内涵的评价与定位”的思维过程属于综合。想一想“紧靠中心主题，要有哪几个关键词呢”这一思维过程就是分析。写完所有关键词，再“对每个关键词进行评价与定位”，这一思维过程就转化为小综合。而对“关键词如何继续拆分”的思维过程就属于分析。对拆分后的各个部分重新概括，再“推敲关键词”又可以算作小综合。所以，我们说分析与综合是同一思维过程中彼此相反而又紧密联系的过程，是相互依赖、互为条件的，时常交替进行。

比如，看运动会开幕式的团体操表演，是看全局还是看局部？肯定要交替进行。看表演要关注全场活动画面——综合，也要时常观察局部——分析，要不时变换注意的范围——局部与全局不断切换，还要关注局部中的整体——分析中有综合，有时要把全局分割成几大部分——综合中有分析。

同样，我们在学习某一章节的内容时，先要整体把握，知道总的内容，概括出核心理念。然后，把所学内容拆解成一系列的局部，分别钻研、认识，体会出各自的内涵。最后，再总结概括，形成整体概念。对文章主题的理解，对全文结构的把握，对文笔修辞写作技巧的体会，都要下一番综合与分析的功夫。

4-1-2 四个练习

对本书封面的阅读理解（编号 16）

要理解封面照片，要在头脑中下一番综合—分析—综合的功夫。只有遵循这一认识模式，才能对照片做出深刻准确的理解。

生：《有序思维》是作者马献时为走班选课的学生编写的书。封面上的照片是一男一女两个学生，分别考上北大、清华以后，前来看望老师，并且赠送给老师一幅题词。

师：好。这句话属于综合，概括了整个封面的内容。下面要进行具体分析了。

生：男孩精神焕发，考上了清华大学，很可能是题词的作者齐鹏。女孩也很清秀，她考上了北京大学，

本书封面

可能还是个班级干部。两个学生都很快乐，刚刚接到了理想大学的录取通知书，满怀感恩，和老师一起分享幸福时刻。

生：题词内容非常有趣！题词说《有序思维》是侃学正宗。可见马老师，讲课一定天马行空，非常风趣，侃侃而谈是这门课程的最大特点。

生：评价一个特别能侃的人水平的高低，应该用什么样的标准呢？应该从6个方面进行测评，即①学问好。读的书多，基础知识扎实，学问底子厚。②见识新。讲授的内容，要有自己独到的见解，要能与时俱进。③催人振奋。就是讲解的内容，要充满正能量，使学生能够积极向上，充满自信。④有理论。《有序思维》中的所有观点，都有理论基础，不是凭空构想的。⑤重实际。能够理论联系实际，能经受时间检验，能使学生学习后有真实效果。⑥妙趣横生。讲课风格风趣幽默，学生爱听。课堂上，笑声不断。学生都盼望老师来上课。

师：好了。最后的环节就是，再进行综合——对整个封面进行总结。

生：师生感情融洽，恋恋不舍，他们一起合影留念，彼此鼓励，决心将来继续创造辉煌。

讲评：要认真观察，积极思考，要交替进行分析与综合。这样对封面的理解才能深刻、生动。不然，就会忽略其中的很多很有趣的内容。

英语数学题（编号 17）

英语数学题—SAT 数学的考题有多难？

If j, k and n are continuous integers, $0<j<k<n$ and the last digit (for example, the last digit of 47 is 7) of the product $j*n$ is 9, what is the last digit of k?

先请尝试理解题目。改用汉语重新叙述一下问题。

连续整数 j、k、n 满足 $0<j<k<n$。若 $j\times n$ 的末位数字是 9，那么 k 的末位数字是几？

不要一下子就去收集几种可能，然后就去猜结论，验证结论。应该从问题的整体考虑，列出一个表格后再想。

所谓末位数字，无非就是从 0 到 9 的数。这样连续起来的三个末位数，两边的数的乘积，有哪些可能呢？把所有情况都列出来，题目中的那种情形就会出现了。也就是说，先从整体上把握问题的来龙去脉，一举击破。

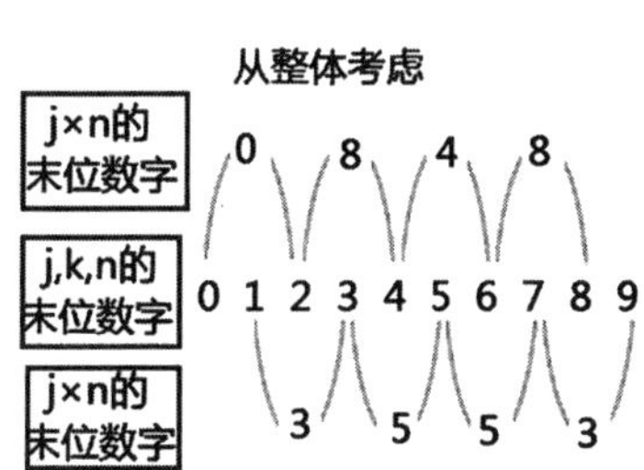

结果，竟然没出现题目中说的那个“9”。

细想其中的错误原因，是把末位数字“9”，列成了末尾数字的最后一个。其实要继续排列，一直到再次出现“0”“1”，才能把乘积的末位数，列入表中。

如下图，列出乘积的末位数是“9”以后，就分析出问题存在的位置了。当 j 的末位数是 9 时，n 的末位就必须是 1，此时 k 的末位数字就是“0”。

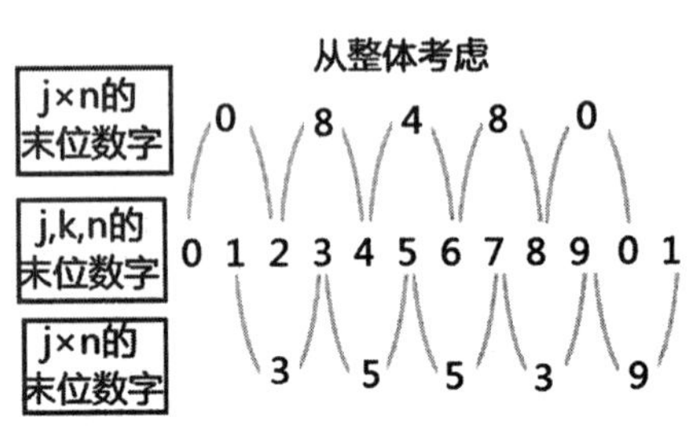

英语数学问题的解答过程

先从整体出发，综合考虑，列出所有的情况，然后再分析局部，哪里是符合题目要求的地方。问题也就解决了。本题目的解答过程，是典型的“综合与分析”相结合的方法。

本题答案为 0。

至此，还要继续钻研问题。要尽量做到举一反三。首先就是调整题目中的数字，看看能否继续做出回答。能把题目中的“9”换成其他数字吗?

若把 9 改成 4,则改动后的答案为 5。若把 9 改为 2,则改动后没有解。若把 9 改成 8，则改动后的答案为 3 或是 7，竟然有两个答案了。

把“9”改为“8”之后，怎样继续改动仍然只有唯一解?

改成问:k 的平方的末位数字是几? 答案为 9,且是唯一答案。也就是说,把题改述为:

If j, k and n are continuous integers, $0<j<k<n$ and the last digit (for example, the last digit of 47 is 7) of the product $j*n$ is 8, what is the last digit of $k*k$?

解答过程：尝试用字母表示数以后，题目的解答有什么变化吗?

设 k 的末位数是 x，则 j 的末位数是 $x-1$，n 的末位数为 $x+1$，j 与 n 的乘积的末位数就是 $(x-1)(x+1)=x^2-1$ 的末位数。x^2-1 末位数为 8 时，x^2 的末尾数就是 9，即 k 的平方的末尾数字是 9（本题叙述欠缺严谨的地方是，$x-1$ 要有个绝对值符号，别出现负数）。

通过对问题的钻研，下一番综合—分析—综合的思考，举一反三，你经常可以有意外的收获。

洞的由来（编号 18）

仔细观察右图，也许你能发现有个奇异的矛盾现象，无法得到解释。

把上面的三角形,划分成四个部分。然后移动,成为下面的图形。但是，移动之后，出现了一个洞。原来能填满大三角形的四个部分，移动之后，竟然有洞，“洞”从何而来?

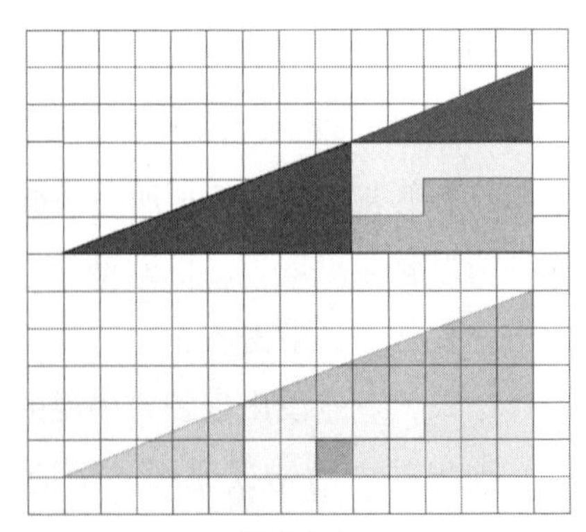
洞的由来

这个变化，可以由 Flash 文件制作出动画。亲自操作，更感觉被人欺骗，受到愚弄！莫名其妙啊！这个洞是怎么来的呢？

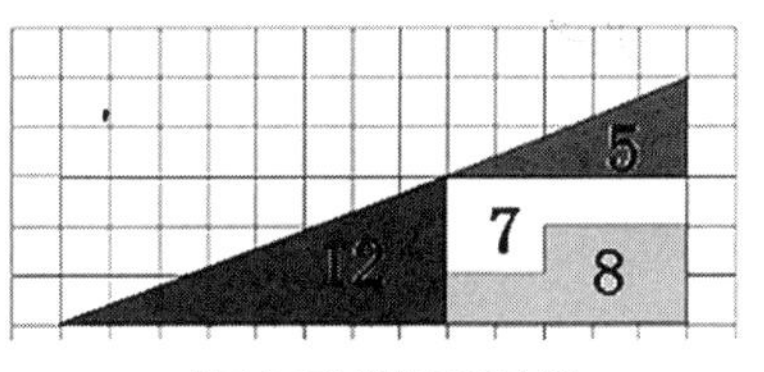

对四个区域的面积计算

面对这样的难题，也许会束手无策。反复检查题目的条件和自己的操作经过，都不存在问题。那么，如何使问题得到突破？

从全局上整体考虑，也就是综合看，移动前的面积是多少？大三角形的面积是多少？再来分析一下：它的四部分图形的面积分别是多少？这二者之间，是否一致呢？

综合：总面积由上面的 65/2，变成了下面图形中的总面积：(65/2)–1。

分析：原来的四块面积的和只是 5+12+7+8=32。

结论：图中的三角形的斜边不是一条直线。看看局部夸张的示意图。

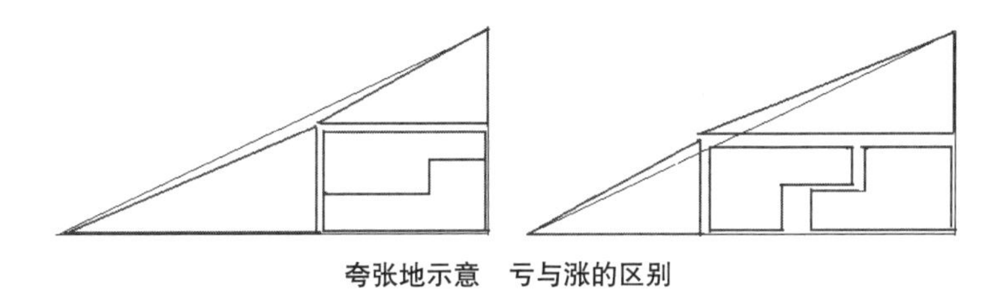

夸张地示意　亏与涨的区别

也就是说，从综合与分析的关系上，很容易发现问题的矛盾出现在哪里。

综合与分析，的确是非常有力的思维工具。

《牛泪》(编号 19)

语文考试，时常要考察现代文学的阅读理解，叫“文学类文本阅读”。例如，高三语文试卷就可能有这样的阅读题目。

请你认真阅读这道试题，回答问题时，体会命题人在怎样考察你的分析和综合能力。

牛　泪

刘川北

牛老了，那么大的骨架，有了突起的棱角，走起路来，一步一探，好像前面埋着地雷，犹疑着，脚步子是虚的。人也老了，头发花白了，着了霜雪的荒草般，乱成一团，脸上的皱纹一道压着一道，一脸的沟沟坎坎。老人走在前面，牛跟在后面，走出逼仄的小巷，眼前展现出春天的原野。老人拔掉嫩嫩生生的青草，双手捧到牛跟前，牛看一眼老人，然后深埋着头，把青草绞到嘴里，老人的手濡湿了，出神地等着牛衔完最后一根青草。对面的山，一座连着一座，逶迤如牛群。

儿子搬到城里去了，他说不动老人，老人说，还有牛呢，进了城，牛住哪儿？儿子舍不下老人，丢下老人一个人，万一出了什么意外，老人身边连个照应的人都没有。老人说，怎么没有？还有牛呢。儿子哭笑不得，牛能变成了老人的儿子？早几年，村子里遍地都是牛，开春时，吆着牛，犁开一片一片土地，掀开了庄稼地盖着的棉被窝，地就醒了，草就醒了，庄稼也醒了。现在，这头牛，是村子里唯一的牛，也是村子里最后一头牛。

儿子琢磨着把牛卖了。老人听到后，把儿子训了一顿，说，卖牛，不如把爹卖了。儿子是孝子，只那一句话，儿子再不敢提卖牛的事。后来，儿子渐渐想明白了，老人对牛有感情，就像闲来没事的城里人，养个狗抱个猫，成天宝呀贝呀儿子孙子地挂在口头上，那猫狗的还有像模像样的名字，什么爱米、威廉、埃德拉……儿子就当老人养了一头宠物，不需要专门的猫粮狗食，缺点就是个头大了点。

老人把牛鼻绳早就扔了，牛也用不着干活了。村里的地没人种，都荒着，年轻人都跑到外面闯世界去了，再说种地靠着老天爷的几星眼泪能有多大收成？不如出去打工来钱多，来钱快。牛更加的沉稳安详，年轻时的犟脾气全没了，也拉不动那沉重的犁铧了。儿子一般十天半个月来一次，香肠蜂蜜，老吉祥的糕点，旺老财的酱肘子，包装齐整道不出名字的水果……儿子从小没了娘，儿子对娘的记忆来自老人，老人说，你娘有一双大大的眼，水灵灵，你德山大爷老是开玩笑地说那是双牛眼。儿子懂得老人一辈子不容易，一手把他拉扯大，可谓吃尽了苦头。儿子来了，把东西放下，然后把上次拿过来的过了期的东西一样一样地扔掉。老人和牛住在一间土屋里，屋子里弥漫了土腥气和牛身上的汗腥气。儿子跟老人扯了几句天气好好坏坏的话，就急匆匆地开着车，走了。

儿媳不满意儿子的做法，老人吃不了那么多东西，再者说，老人吃什么还给牛吃什么，牛不吃也摆在那儿，纯属糟蹋。儿子有自己的主意，老人不随他到城里享福，恋着老屋和牛，相对而言，这点吃食又算得了什么。

几天不见老人和他的牛出来转悠。那天傍晚，牛独个出来了，在杏花婶的木栅门前徘徊，还用头顶撞木栅门。杏花婶赶它也不走，牛用一双铜铃般的大眼睛盯着她，眼睛湿漉漉的。花婶想到了什么，围着围裙往老人的院落里跑，果不然，老人病在炕上，起不来了。打电话给老人的儿子，儿子风风火火地来了。

老人明白自己的处境，强睁开眼，对儿子说，牛养着……别动它的心思……这头牛有人情味哩……那双牛眼睛里，能瞅见你娘……老人的说话声越来越微弱。儿子听老人说过，娘是饿死的，她把自己那份菜团子，留给老人和儿子，自己吃了后山的观音土。娘的眼睛最漂亮，杏核眼，眼眸常常润湿着，像深深的湖水。老人没了老伴后，没有续弦，只有一次，媒人说和柳庄的那个拖带着两个孩子的女人，儿子吵着闹着，他不想来两个野孩子跟他争食，事也就黄了。柳庄的那个女人，跟他娘一样有一双大大的眼，汪着一片湖水的亮光。

老人闭上了眼……牛把木门撞开，哞的叫了一声，出神的望着他，望着睡着了的老人。大大的眼睛淌出混浊的牛泪，一颗一颗，砸在泥地上。

（选自《小小说大世界》，2012 年第 12 期）

（一）小说第一段的划线部分在文中起什么作用？请简要分析。

【命题立意】本题着重考查考生对把握小说在情节设置与结构安排方面的分析鉴赏能力，具体考查考生联系作品的具体内容，认识小说情节的作用，从整体上对小说艺术进行深入解读的能力。能力层级为 D 级。

【参考答案】

①展现了老人与牛的生活环境，这是偏远落后的一个山村（或为人物提供了活动的背景）。

②春天原野蓬勃的生命力反衬出老人和牛的衰老（或给文章带上了忧伤的色彩和基调）。

③老人拔嫩草喂牛和牛吃青草的细节，写出老人对牛的细心照料和牛对人的感激，表现人与牛之间深厚的感情。

④为下文儿子因为牛的事情而与父亲产生分歧的情节埋下伏笔，也为小说的结局做铺垫。

（二）作者把牛塑造成有灵性的形象有什么作用？请结合文章内容谈谈你的看法。

【命题立意】本题重点考查考生对作品塑造的形象的分析和评价能力。具体考查考生对小说形象的作用进行深入解读的能力。能力层级为 D 级。

【参考答案】

①牛的灵性增添小说的温情，激发读者的阅读兴趣和触动读者柔软的情感。

②烘托人物形象，牛的灵性烘托出老人质朴真挚的情感，对农耕文明的依恋，对相濡以沫的妻子的怀念，衬托出老人的重情重义。

③推动故事情节发展，牛串联着故事，引出老人与儿子之间的故事，推动情节的发展，牛也见证着老人的逝去，是小说的线索。

④更好体现小说主题，在儿子进城后，老人和牛成为了生活中最亲密的“亲人”，牛身上有农耕文明人的那份质朴深厚的情感。

（三）小说的“泪”有牛的“泪”，更有人的“泪”，这泪中包含了哪些丰富的情感？请结合小说内容进行具体分析。

【命题立意】本题主要考查考生对文学作品进行综合探究的能力。能力层级为F级。

【参考答案】包含的情感有以下几种。

①亲人中深厚的关爱之情，这里有父亲对儿子的爱，有父亲对妻子的爱，有儿子对父亲的爱，还有父亲对已经如同亲人般的老牛的爱。

②作者浓浓的乡土情怀，作者对农耕文明里那份亲人之间、邻里之间质朴的人情的怀念和依恋。

③城市化过程中，传统的农耕文明渐渐衰落，人与自然渐渐疏离，空巢老人的孤独，父辈和后辈的情感差异，体现了作者对社会发展的人文关怀。

在我们学习文史材料时，也应该尽量向自己提出这样的类似问题，用来加深对文章的理解。提出问题，钻研问题，从而提高学习的效果。

思维离不开从局部入手，就是分析的过程，也离不开从整体考虑，就是综合的过程。只有把两者结合起来才能深刻地认识问题。基本模式是：综合—分析—综合。

各个学科都在努力提高学生的分析与综合的能力。其实，什么是分析？什么是综合？二者关系如何？如何运用分析与综合的方法，才能更深刻地了解事物？本节就是进行了有益的尝试。各个学科都在讲分析与综合，故意制造着一系列的碎片化的知识，学生云里雾里的，看不清“分析与综合”的整体面目。而开设专门的课程，系统讲授有关这些工具的知识，就能使学生的学习能力得到提高！

4-2 抽象与概括

4-2-1 “抽象”的概念与练习（编号20）

什么是抽象？例如我们说“妈妈”对应“女”，相当于“爸爸”对于（　　）。

有A高，B胖，C男，D小4个答案供选择，但显然应该选C。本题，其实就是在考察，是否抽象出了“性别”的概念。

“抽象”的概念：所有的妈妈，都是成年人或基本是成年人，是生育过的人，是女的，具有母爱，只取其中一条本质属性“女性”。抽象出的概念叫：性别。至于什么叫“女性”？其本质究竟如何？不必考虑。妈妈的性别是女，但是女性不一定都是妈妈。妈妈具有“女性”这个本质属性。

抽象出来的概念具有层级关系。把哺乳动物的性别概念抽象为“公、母”（以生殖器官为划分依据），把哺乳动物上升到生物，其性别概念更高了一个级别，具有层次上的差异，例如，进一步可以抽象为“雌、雄”（提供较大的生殖细胞的一方是雌性）。小学阶段，数学抽象的是数字间的运算“1”“2”；初中抽象的是字母间的运算“a”“2a”；高中抽象的是函数运算“y=f（x）”“y=f（$2x$）”；“京津两市”（或“两人”）相距120km，是把两地、两人抽象为点。点属于抽象的概念，点就没有大小，两个城市就没有大小的属性了。概念的层级关系有上推、平移、下切三类。抽象具有系列的特征：前进一步叫“上推”，后退一步叫“下切”。在平行的概念中进行移动，叫平移。例如，把“苹果”上推，抽象成“水果”，进而抽象成“食物”。下切就是“锦州苹果”“苹果酱”“苹果皮”。由“苹果”到“梨”，叫平移。

化学老师比较胖，大家叫他“化肥”，这不叫抽象。因为不反映共同属性、共同的特点，本课程称这样的思维过程为“发现关系”。把姓名、年龄、住址、QQ号称作个人基本信息，这也不叫抽象。这类浓缩为关键词的思维过程叫“概括”。你不可能在关键词“性别”下面罗列的分支中出现“妈妈”。只可能在“女性”这个关键词下面出现“妈妈”。对于“抽象”的理解，直接关系到笔记的整理水平，应该引起走班学生的高度重视。

在思想上把事物的共同属性和本质特征抽取出来，并舍弃其他的属性和特征的思维过程，就叫作抽象。

“抽象”的系列练习

给出事物的一个属性，比照同等关系，回答另一个事物对应的属性。此练习用到的思维过程就是抽象思维。回答“知不知道”是考知识，回答“会还是不会”是考技能，类比是在考查抽象能力。

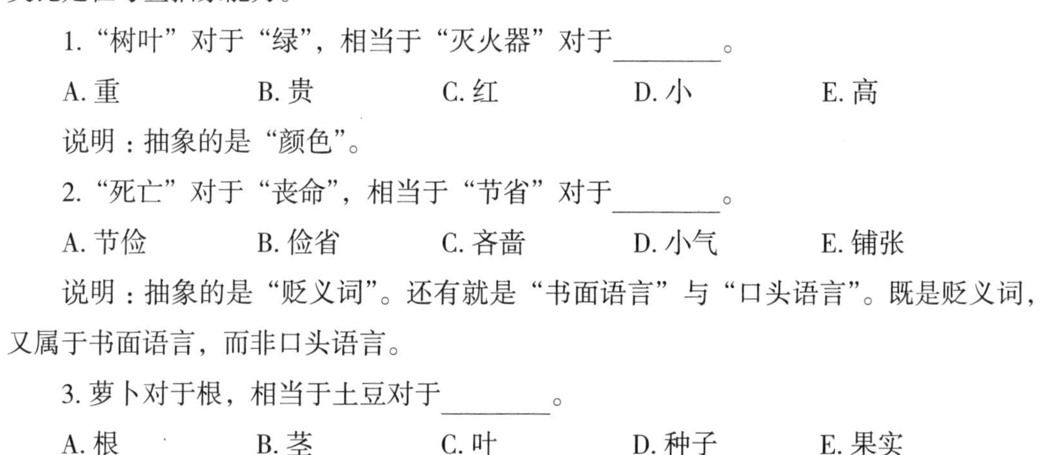

1.“树叶”对于“绿”，相当于“灭火器”对于________。

A. 重　　B. 贵　　C. 红　　D. 小　　E. 高

说明：抽象的是“颜色”。

2.“死亡”对于“丧命”，相当于“节省”对于________。

A. 节俭　　B. 俭省　　C. 吝啬　　D. 小气　　E. 铺张

说明：抽象的是“贬义词”。还有就是“书面语言”与“口头语言”。既是贬义词，又属于书面语言，而非口头语言。

3. 萝卜对于根，相当于土豆对于________。

A. 根　　B. 茎　　C. 叶　　D. 种子　　E. 果实

说明：对植物的器官根、茎、叶、花、果实、种子，有严格的定义。

4. 李娜对于女子网球，相当于侯逸凡对于________。

A. 游泳　　B. 体操　　C. 国际象棋　　E. 台球　　F. 柔道

说明：运动员及其对应的运动项目。侯逸凡为全体中国人争了气，是中国妇女的好榜样！她是继女射击运动员张山 200 发 200 中战胜男选手之后的又一奇人！

5. “柳暗花明又一村”对于陆游，相当于“只缘身在此山中”对于________。

A. 鲁迅　　B. 白居易　　C. 苏轼　　D. 杜甫　　E. 李白

说明：作品与作者。

6. “已知一个数以及它增加了几分之几，求增加后是多少”，这种表达称作“乘 1 加”“已知一个数减少几分之几以后是多少，求原数”称作？

A. 乘 1 减　　B. 除 1 加　　C. 除 1 减　　D. 乘 1 加

说明：分数应用问题有四个类型。对上述类型要进行抽象，会叙述，也要会判定。这种抽象能力是学生的短板。往往是会做而不会总结，不会说，更不会主动进行背诵。

7. 6 分长的蟋蟀对于 9 寸长的住宅，相当于 1.7 米的人对于（　　）米长的住宅。

A. 5　　B. 10　　C. 15　　D. 20　　E. 25

说明：《昆虫记》中的长度单位课本是用“分寸”而不是“厘米”，6 分长是 2 厘米，9 寸长是 30 厘米。如此感知，就会钦佩蟋蟀的顽强，也会更钦佩法布尔的敏锐。

8. 对于，相当于对于________。

A.　　B.　　C.　　D.　　E.

说明：抽象的内容已经难以言表了。但是，抽象的思维过程仍然清晰。

9. “卧倒”对于“五体投地”，相当于“齐唱”对于________。

A. 震耳欲聋　　B. 异口同声　　C. 绕梁三日　　D. 众志成城　　E. 脱口而出

说明：这是在猜谜语吗？猜四字成语。

10. 这是在做运算吗？

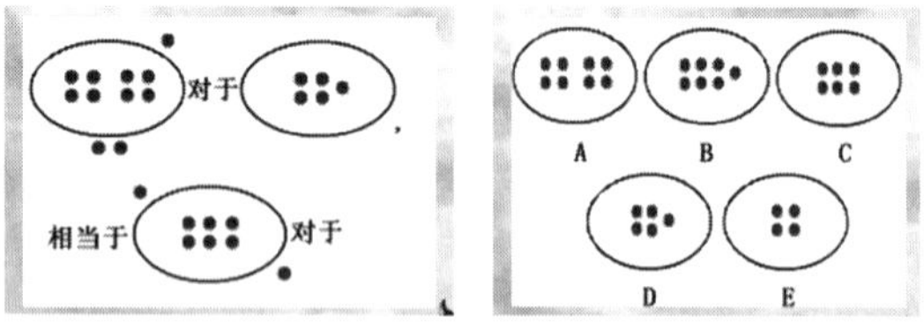

说明：在算数运算符号“+、−、×、÷”出现之前，人们就能完成运算！

11. “有禁不止”对于“无计可施”，相当于“开花结果”对于________。

A. 破茧成蝶　　B. 破釜沉舟　　C. 出口成章　　D. 化友为敌　　E. 点石成金

说明：这是对对联。那么，对出的下联是哪个呢？

12. “禾口壬”对于“程”，相当于“廾曰大夕口共二女少”对于________。

说明：这属于“拼拆”组合练习。

13.“南”对“西北”，相当于“西”对________。

A. 东南　　B. 东北　　C. 西南　　D. 西北　　E. 东

说明：对于方位，角度变化的方向和大小都要相同。

练习答案：1. C，2. C，3. B，4. C，5. C，6. C，7. E，8. B，9. B，10. E，11. A，12. 莫名其妙，13. B（顺转 135°）

“抽象”的小结：

通过系列练习，要体验“抽象”是怎样的一个思维加工过程，也就是思维深化的过程！

做题有三个层次：做不完、做不对、做不出。做不完，主要是没学懂，效率太低。做不对，是疏于防范，不知道可能的疏漏在哪，主要是熟练程度不够。到了第三阶段，做不出，就要在“抽象”的体系层次上狠下功夫。开始，对于“问题的类型及其解答方法”进行抽象和总结时，可能不太适应。坚持下去，就会感觉事半功倍。如果你抽象出现在做的题目都是属于“基本量运算”的问题。那么，以后就要减少类似问题的练习数量了。重复练习是耗时的无底洞。例如，从物理中的“初速度、末速度、加速度、距离、时间”计算题，就抽象出“知三求二基本量运算”的题目类型。要一边做题，一边抽象总结题目，尤其要总结好题目究竟“好”在哪里？你是否要把这题目推荐给别人？或者专门整理到《经典习题册》。抽象总结的功夫下到了，成绩就自然而然上去了。“内省与反思，效率超实战。”这是先贤留下的至理名言！

毕加索画牛

要如同毕加索画“公牛”那样，不断提高抽象层次。抽象层次越高，解题本领越大！

4-2-2 “概括”的概念与练习（编号 21）

“概括”，就是抽取出多个元素的共同属性和特征的思维过程。

例如，思维导图中分支线上的关键词，就是对紧随其后的若干子分支内容的概括。

马中时摄影

我们进行知识梳理时，要把做过的主要的练习题编织成一串串的问题，并给每串问题概括出一个关键词，使得知识成片，问题成串。

下面通过一个“物以类聚，异类出局”的具体例子，说明什么是“概括”。

比较照片中 5 个人，哪位与众不同？

说起照片，其中每一位都肯定与众不同。要抓住主要矛盾，是按性别分成两类吗？显然不是。照片中有 2 男 3 女，不具有唯一性。只有一个人是闭着嘴的。闭着嘴的那位就是显著不同吗？这不是他们的主要区别。照片中有更突出的不同点。前面的长者是坐着的，后面的四位是站着的。真实的情况是，身份不同，她是客人，其余都是一母同胞的兄弟姐妹。

下面进行“概括”的系列练习，物以类聚，异类出局。

1. 下面的哪个数字与众不同？

A. 18　　B. 36　　C. 48　　D. 72　　E. 90

2. 下面哪个图形与众不同？

A.　　B.　　C.　　D.　　E.

3. 下面哪个图形与众不同？

A.　　B.　　C.　　D.　　E.

4. 下面的哪位家长与众不同？

A. 叔　　B. 婶　　C. 舅　　D. 姨　　E. 姑

5. 下面的哪种方法与众不同？

A. 比喻　　B. 拟人　　C. 类比　　D. 排比　　E. 夸张

6. 下面的哪位历史人物与众不同？

A. 李白　　B. 苏轼　　C. 王维　　D. 杜甫　　E. 白居易

7. 下面的哪种动物不同？

A. 鸡　　B. 鸭　　C. 猫　　D. 羊　　E. 猪

8. 下面植物的根系哪个与众不同？

A. 水仙　　B. 玉米　　C. 蒜　　D. 葱　　E. 向日葵

9. 下面的哪颗星与众不同？

A. 织女星　　B. 天王星　　C. 海王星　　D. 土星　　E. 金星

10. 下面的菜哪种与众不同？

A. 芹菜　B. 白菜　C. 土豆　D. 萝卜　E. 豆芽

11. 下面哪种树与众不同？

A. 松　B. 槐　C. 柳　D. 榆　E. 杨

12. 下面哪个图形与众不同？

A. 多边形　B. 长方形　C. 正方形　D. 梯形　E. 菱形

13. 下面的哪一个字母的读音与众不同？

A. b　B. c　C. d　D. e　E. g

14. 下面的哪一个字母的外形与众不同（忽略字体不同造成的差异）？

A. **A**　B. B　C. C　D. D　E. E

练习答案：1. C，2. D，3. E，4. B 没血缘关系，5. C 论证方法，6. B，7. C，8. E 直根系，9.A 恒星与行星不同，10. E 不用种植，11. A 常绿，12. A 其余都属于四边形，13. D 元音或韵母，14. A 对称轴是垂直的。

在日常考试与练习中，不同科目都在考查概括和抽象的能力。其实，只要学习能力水平比较高，学科知识就显得很简单。因此，考能力是命题人首要的考试目标！

下面是补充练习（10 题）。

1. 与乘坐公交车相比，选择地铁出行更________。

A. 廉价　B. 安全　C. 快捷　D. 灵活　E. 舒适

答案：C。

说明：对主要优点进行概括。

2. 磨盘冰柿远销东南亚，主要依赖于________。

①种植面积扩大 ②交通运输改善 ③市场需求变化 ④冷藏技术进步

A. ①③　B. ①④　C. ②③　D. ②④

答案：D。

说明：对主要原因进行概括。

3. “城市无车日”活动有利于________。

① 减少居民外出 ②缓解公交压力 ③减轻大气污染 ④缓解交通拥堵

A. ①②　B. ①③　C. ②④　D. ③④

答案：D。

说明：对主要目的进行概括。

4. 俗话说：“大树底下好乘凉”，“千里之堤，溃于蚁穴”都体现了________。

A. 生物能影响环境　　　　　　B. 生物能适应一定的环境

C. 环境能影响生物的生存　　　D. 生物与环境可以相互影响

答案：A。

5. 探究“光照对黄粉蝶幼虫生活的影响”过程中，主要采用________。

A. 观察法　　B. 实验法　　C. 测量法　　D. 调查法　　E. 归纳法

答案：C。

6. 某班设计了“抗战板报”，其中包括“抗战爆发”“正面战场”“敌后战场”“抗战胜利”四部分。如果增加新的部分，最恰当的是________。

A. 卢沟桥事变　　B. 淞沪会战　　C. 日寇暴行　　D. 日本投降

答案：C。

7. 每个人生活在世界上，都要和周围的事物发生千丝万缕的关系。学生要处理好学习计划和学习实际之间的关系，教师要处理好教学理念和学生情况之间的关系，医生要考虑处方和病情之间的关系。从哲学上概括，就是要处理好（　　）的关系。

A. 整体和部分　　B. 主观和客观　　C. 必然和偶然　　D. 真理和谬误

答案：B。

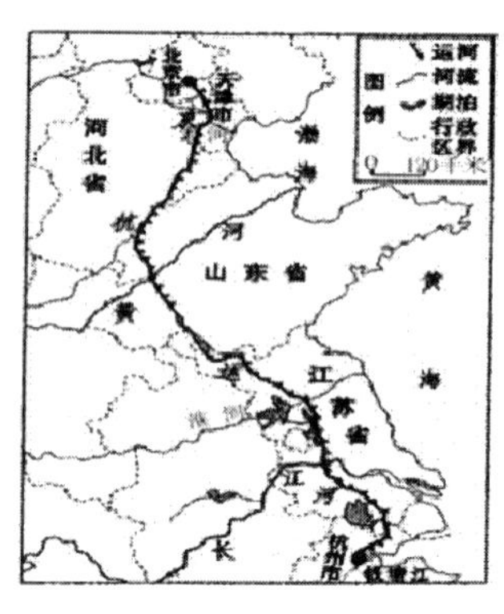

8. 2015年北京高中语文会考第12题，结合右图说明大运河具有水道长和流经范围广的特点。

答案如下。

①北京至杭州1700多千米。

②流经北京和天津两个直辖市，河北、山东、江苏、浙江四个省，连接海河、黄河、淮河、长江、钱塘江五大水系。

9. 阅读下面两首唐诗，然后回答问题。

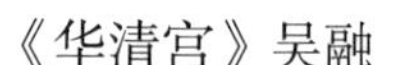
《华清宫》吴融

四郊飞雪暗云端，惟此宫中落便干。绿树碧帘相掩映，无人知道外边寒。

《过清宫》李约

君王游乐万机轻，一曲霓裳四海兵。玉辇升天人已尽，故宫惟有树长生。

两首诗描写了不同时期的华清宫，请指出二者主要运用了哪种相同的表现手法，并作简要说明。两首诗各表达了作者什么样的思想感情？

答案如下。

第一问：

两首诗都运用了对比（或对照、映衬）手法。

第一首诗运用宫内宫外（或空间）对比：宫外飞雪阴云，分外寒冷；宫内绿树掩映，温暖如春。

第二首诗今昔（或时间）对比：昔日霓裳羽衣，歌舞升平；今朝杂树丛生，宫殿荒凉。

第二问：

第一首诗通过写景状物，鞭挞无视人民疾苦、沉湎于享乐的统治者。

第二首诗通过咏史抒怀，讽刺统治者荒淫误国，感叹王朝兴衰。

10. 下面是一幅公益广告图片“祖辈的井、父辈的井、子孙的井”，请写出构图要素，并说明构图所包含的寓意，要求语意简明，句子通顺。（6 分）（2015 广东中山高三语文期末卷）

答案如下。

祖辈的井　父辈的井　子孙的井

（1）构图要素：图片以三口井为主体，每口井都配有一个木桶，而打水的绳子从“祖辈的井、父辈的井、子孙的井”顺序大幅增长。（2 分）

（2）寓意：图片巧妙地运用对比手法，随时间的推移，绳子越变越长。（1 分）

没有人物的出现，没有响亮的口号，却给人以强烈的视觉冲击力，生动形象地点出了人们对地下水资源的过度利用，导致地下水位下降，地下水资源日渐匮乏的现实。（2 分）

呼吁人们要合理开发、利用和珍惜水资源。（1 分）

“概括”的小结：

进行知识梳理时，要对平行的分支图进行概括，得到关键词，构建出知识的结构系统和问题的类型系统。“物以类聚，异类出局”是我们进行概括的基本原则。要抓住主要矛盾，提炼好关键词。

4-3 归纳、比较与发现关系

4-3-1 “归纳”的概念与练习

归纳是科学思维中由个别到一般的推理形式和研究方法，它通过对有限数量的事物的考察，得出关于无限事物的规律性认识。

归纳是一种推理方法，由一系列具体的事实概括出一般原理。一般指从许多个别的事物中概括出一般性概念、原则或结论的思维方法。归纳的对象一般是按一定顺序出现。归纳出来的结论，只是有限的几种。考查归纳能力的问题，常常是“选择一个轮换图”的形式。

概括的对象之间次序常常可以调换。例如，下列哪位长辈与众不同：叔、婶、姑、姨、舅。五选项没次序差别，属于概括。概括出来的内容，例如关键词，可以有很多种。考查概括能力的问题，常常是“物以类聚，异类排除”的形式。而归纳的对象，一般是按一定顺序呈现的。本质是找到运动变化的共同规律。

大家要小心，归纳有时并不靠谱。假如，有个外星人，每天记录归纳美国人如何对待自家的火鸡。这家人每天都要悉心照料火鸡，非常友善。由此归纳出结论说：这家人无私地善待火鸡？只有看到感恩节那天晚上的情景，外星人才能明白真相！

又如，小猴子在瓜地采摘了一个西瓜。它啃了一口西瓜皮，感觉味道并不好。它不能确定，瓜熟了没有，也不能确定瓜好不好吃？它整理归纳了一下：南瓜是吃瓜皮的，冬瓜也是吃瓜皮的，甜瓜也是吃瓜皮的，黄瓜太细了，所以才连皮带瓤都吃了。所有的瓜，瓜皮是必须要吃的！竟然无一例外！那么，今天摘的这个西瓜，究竟是吃皮呢？还是吃它的瓤？结论是：因为所有的瓜都是吃瓜皮的，所以，西瓜也不例外，坚持要吃皮！

下面进行归纳的一组练习（编号 22）

1. 下一个是什么图形？

?

2.

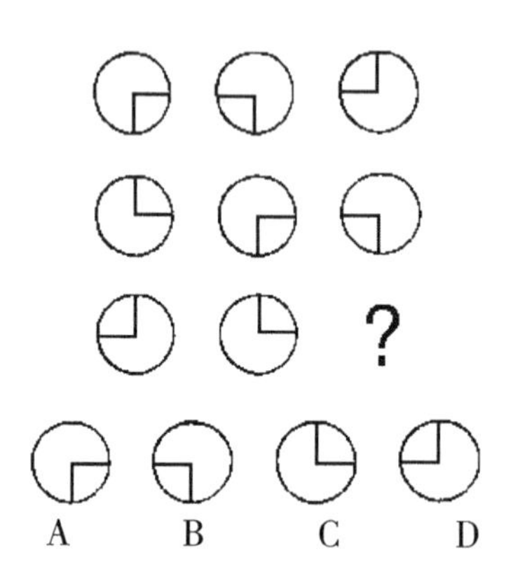

3.

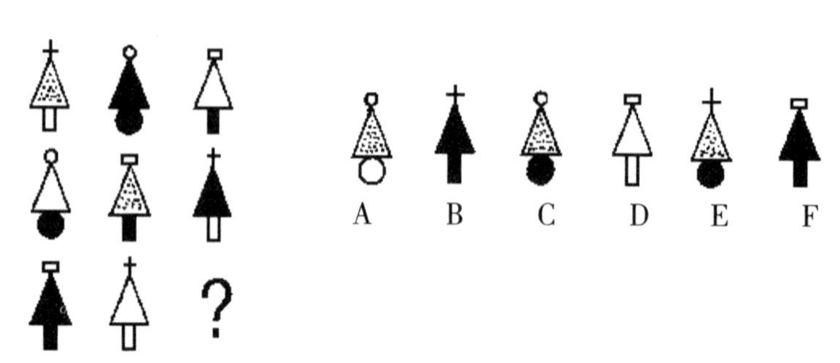

4. 从给出的 6 个图形中，选出 1 个合适的填入空格。

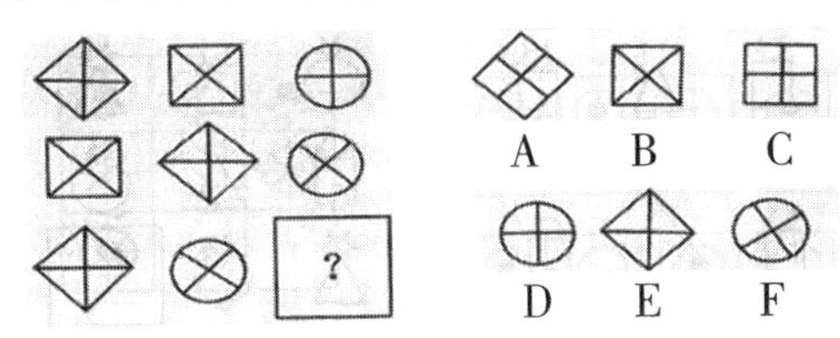

5.

6.

? 3 6 18 72

A. 1　B. 2　C. 3　D. 4　E. 5

7.

? 4 6 10 18 34 66

A. 1　B. 2　C. 3　D. 4　E. 5

8.

A. 鸡　B. 狗　C. 龙　D. 鱼

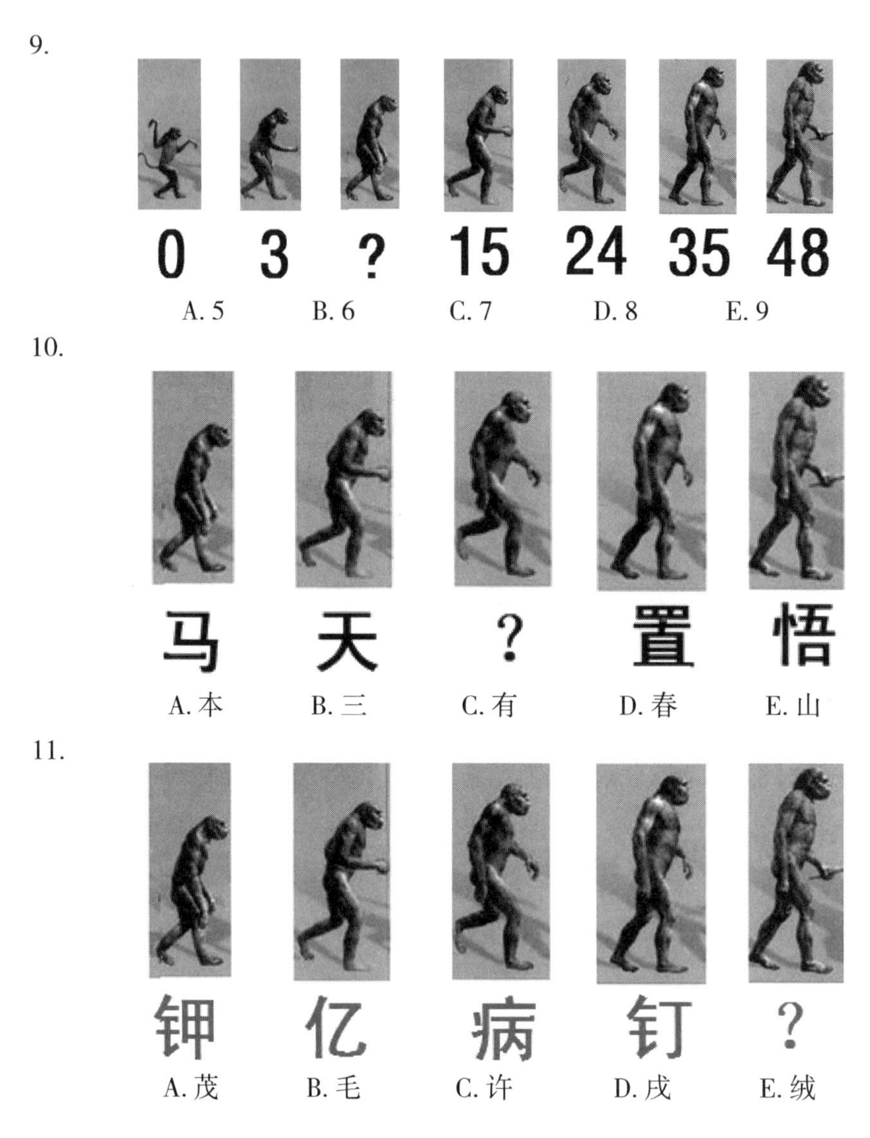

答案：

1. 是背靠背的两个 6，∂6。
2. A，一般横向观察，三行的规律性。1/4 圆，按顺时针方向，每格前进圆的 1/4。
3. C，图形轮换，顶，方十圆中缺圆;身，黑白点中缺点;腿，黑圆还是白圆？黑圆。
4. C，外：方菱圆中缺方，内：左右相同中间变。
5. G，图形两两叠加，去掉相同部分之后即为剩下的图形。
6. C，观察相邻两数的倍数关系，1、2、3、4。
7. C，观察相邻两数的差成倍数关系，1、2、4、8，16、32。
8. C，笔画在逐步增加，分别是 3、4、5、6 笔。
9. D，观察相邻两数的差具有规律性，3，？，？，9，11，13。

10. D，包含一二三四五 5 个字。

11. A，包含甲乙丙丁戊。

要观察相邻两数的差(或者比)有什么变化规律。“归纳”练习的关键,就是寻找规律。找到规律，其实都很简单。自己发现的，才有乐趣。

4–3–2　“比较”的概念与练习

比较是指辨别事物同类属性的异同或高低，如两件红色衣服，一件的红色亮一些，一件的红色暗一些，其本质是寻找差异。必须是具有可比性的相同属性的事物。要全面观察共同特点和主要区别，要注意背景引起的错觉，“比较”时常与分类相关联。“比较”是各种思维过程中都要运用的基础工具！下面介绍 3 个“比较”的练习。

下联比较（编号 23）

以一条成语作为上联，比较下面提供的下联，其中哪条最好?

上联为：瓜熟蒂落

下联为：

A. 头重脚轻　B. 水到渠成　C. 手到病除　D. 水落石出　E. 根深蒂固

评说：“比较”，时常没有正确与错误的区别。而是哪个结论更加适合。作为上联，已经出现了“蒂”。下联当然就不能再见到相同的字，E 是错误选项。

答案：B。

汉字“一”的发音（编号 24）

也许，汉字中最难发音的字是“一”，外国人极难掌握。如果，你是小组学习，或者家庭中几个人在同时学习这本书。请分组完成。

请你先收集事实，发现问题。“一”字的声调有一声、二声和四声共三类，再总结规律。请用“一”组词，看看“一”读几声?

生:“一天”读四声，“一生”也读四声，“一旦”读二声了，“三七二十一”读一声。

生:我把练习中的例子,都标出几声了。“唯一”读一声,“一一对应”也读一声,“一个”读二声，“一条”读四声，“一件”读二声，“一买一卖”先读四声，后读二声。

师：如果感觉，你收集到的事实材料比较充分了，那就到此为止吧。好！事实收集完毕请总结规律。

下面是课堂教学实录。

生:好像和“一”后面的字的发声有关系。当“一”读二声的时候,“一件”中的“件”

是四声；“一个”中的“个”也是四声；“一旦”，也是这规律，“旦”是四声。

生：我们看到，“一”的声调共有三类，一声、二声和四声。“三类”怎能对应着后面有“四种”声调呢？

师：继续从事实中找规律。进行比较，加以分类。

生：我把“一”读四声的几个词找出来，比较一下。“一条”、“一天”、“一买”、“一生”，其中“条”是二声，“天”是一声，“买”是三声，“生”是一声。“一”读四声时，后面的还真没有四声的字呢。

师：什么时候“一”就读一声呢？

生：后面没字，如“唯一”“三七二十一”。

师：那“一一对应”“一无是处”呢？

生 C：后面没有量词。（实词分“名动形数量代”）“一”后面没有量词，就读一声。

师：这点不好想呢！为学生 C 鼓掌祝贺。我归纳一下大家说的：1. 如果“一”后面的字是四声，它就念二声，一问三不知、一道。2. 如果“一”后面的字是一、二、三声，它就念四声，一天、一层、一两。3. 后面没有量词的，只表示数字，读本音一声，唯一、一无是处。

练习（编号 25）

讨论：中国姓什么的人最多？请写出最多的前十名。

大家先在头脑中筛选一下，你印象中，姓什么的人最多？也许你平时不注意。但是，我们大脑仍然可以提取相关信息。计算机如果没有事先设计好的程序，那就什么都干不了。但咱们的大脑在没有事先准备的情况下，仍能调取任何信息。思考“是姓陈的人多，还是姓马的人多”，这是大脑的哪个部位在思考斟酌这个问题？没有逻辑结构，没有图形，这种思维叫直觉思维。

直觉的特点如下。

① 发生的即时性和完成的瞬时性。

② 思维过程的非逻辑性。

③ 对经验知识的依赖性。

④ 结论的或然性（这一阵得到的结论和过一阵得到的结论，有时不一样）。

直觉的进行过程就是在本人无意识的情况下，大脑通过熟练（或习惯）自动完成了接受、分析、回忆、联想、推理、判断等一系列的智力活动的全过程。因为活动是自动化的，这一系列过程就能一下子完成，马上得出结论。由于在整个活动过程中不需要意识为之安排活动步骤，活动的过程也不要向意识汇报，活动出现问题也不要意识出面解决，所以意识对活动情况毫无所知。这便是直觉得出结论快和意识不知道其过程的原因。

人们在看见、接触某件事情、某个人、某种环境后，就立刻产生一种看法，得出一种结论，做出一种判断。但是你无法说清你的看法、结论、判断有什么依据，无法说出得出看法、结论、判断的过程。大多数情况下，你的看法、结论、判断都会被证明是正确的。这种思维类型属于直觉。因此，直觉就是一种立刻得出结论而意识不知道其过程依据的智力活动。在记忆的存储中努力搜索，用到的是大脑的左额叶前区。直觉思维是指不受某种固定的逻辑规则约束而直接领悟事物本质的一种思维形式。新手下棋，常常企图计算清楚，左脑负责逻辑，右脑负责形象，演奏出美妙的二重奏，人也感觉很快乐。一旦算不清了，就信手抉择。高手时常是大致一算，就凭直觉认定了，叫“棋感”。打桥牌的叫“牌感”。用左额叶前区思考的水平越高就越能取得胜利。提高直觉思维的水平，就是大家梦寐以求的事，直觉思维依据的是大脑从前的积累。

下面继续思考本练习：中国人姓什么的最多?

请先斟酌提出 15 个左右的姓备选。再从中依次把人最多的姓排成一列。把思维可视化，就能提高思维的效率。例如，列出的是张、李、王、刘、陈、赵、吴、黄、周、杨……完成后怎样比较列出的顺序的优秀程度呢？选十佳时，就要和评选结果进行比较，哪张选票与评选结果差别最小，就是最佳选票。当公布人口统计的结果时，再与你们自己写的，求出名次的差的绝对值，最后求出平均值。例如刚才的例子，把“张”列为第一，实际排第 3，相差两名。如果你选的超出本名单了，按 15 计算。

国家统计结果中国姓最多的前 20 名。

1. 李　2. 王　3. 张　4. 刘　5. 陈　6. 杨　7. 赵　8. 黄　9. 周　10. 吴

11. 徐　12. 孙　13. 胡　14. 朱　15. 高　16. 林　17. 何　18. 郭　19. 马　20. 罗

请计算出，你选出的平均偏差是多少。

例如，你选出的是前面所说的那十个，张、李、王、刘、陈、赵、吴、黄、周、杨。

前面的序号是选出来的，后面括号内的数字是国家公布的该姓序号。

1. 张（3）2. 李（1）　3. 王（2）4. 刘（4）5. 陈（5）

6. 赵（7）7. 吴（10）8. 黄（8）9. 周（9）10. 杨（6）

算出两个数字差的绝对值，得到 10 个数，即 2+1+1+0+0+1+3+0+0+4=12，平均就是相差了 12 ÷ 10=1.2 个名次。属于相当成功的。

回顾练习中运用过的“比较”活动主要有：

①从一般姓中比较哪些是最常见的？（直觉思维）

②把找出的常见姓排序比较。（直觉思维）

③把自己的排序和官方的结论比较。（逻辑思维）

④把算出的平均值进行比较，看看谁的猜想距离官方结论最近。（逻辑思维）

这次对列举水平的测评，让我们学会了比较的一般过程，以及怎样评价比较的优劣。

小结：比较是分类的基础。比较是“分析与综合”“抽象”“概括”“归纳”时，都离不开的思维过程。

4-3-3 “发现关系”的概念与练习

类似“起外号”“编谜语”等创造性活动的思维过程，都离不开发现关系。“发现关系的能力”和“智力超群”是高度正相关的。比“抽象”“概括”“归纳”等能力与“智商”的相关度更高。所以，要特别重视“发现关系”能力的提高。这也是我对心理学应用的一点创新之处。国家考试中心数学科目负责人任子朝老师在开列的初等数学的基本能力 12 条中，就把“发现关系的能力”列入其中，并有深刻阐述。在此我们不进行有关的理论学习。本书附录中《在北海公园上课》、相声《北京欢迎你》都是发现关系的典范。它们就像学写字时的字帖，学下棋时的棋谱。相信你读过之后，能受到启发。下面进行发现关系的 5 个练习。

谜语猜人名（编号 26）

在猜人名的谜语游戏时，经常允许出现同音字。例如，谜面为“炸豆腐”，谜目为猜古代诗人名。谜格为白头格，允许有错别字，此类谜语有很多类型，本练习就不一一表述了。谜底为“李白”。炸豆腐的表面是黄颜色的，而“里”面是白色。李白的姓是“李”，取了同音字。理解后，完成后面的练习。找出谜面与谜底的对应关系。

谜面：1. 臭豆腐　　对应的谜底为（　　）

2. 陕西人宣布 50 米纪录　　对应的谜底为（　　）

3. 白洋淀的鸭蛋　　对应的谜底为（　　）

4. 解答全错，成绩如何？　　对应的谜底为（　　）

5. 捞面　　对应的谜底为（　　）

谜底：A. 赵立成　　B. 黎迎芬　　C. 柳妙怡　　D. 莫文蔚　　E. 黄宏

谜底讲评：

1. D。不要闻那个味道。莫闻味 = 莫文蔚。

2. C。50 米的纪录是 6.1 秒。陕西人有口音，说 6 秒 1 听起来像柳妙怡。

3. E。与其他地方出产的鸭蛋的区别在于蛋黄的颜色。黄红 = 黄宏。

4. B。成绩应该是最低的分数，多少分？ 0 分 = 黎迎芬。

5. A。捞面用的工具叫笊篱，把面捞到笊篱中。笊篱盛 = 赵立成。

猜谜语很好玩，成功越多就越快乐。有人感觉猜谜很吃力了，更要体会谜语创作者的功力，他们具有超强的发现关系的能力。你只要想到要提高这个能力，坚持下去，不用很久，发现关系的能力就能有明显突破。一旦开窍，马上就可以提高你的创新才能。

下面继续完成练习。要树立运动变化的观念。

发现对应关系（编号 27）

问号对应的数字是几呢？

答案：6。

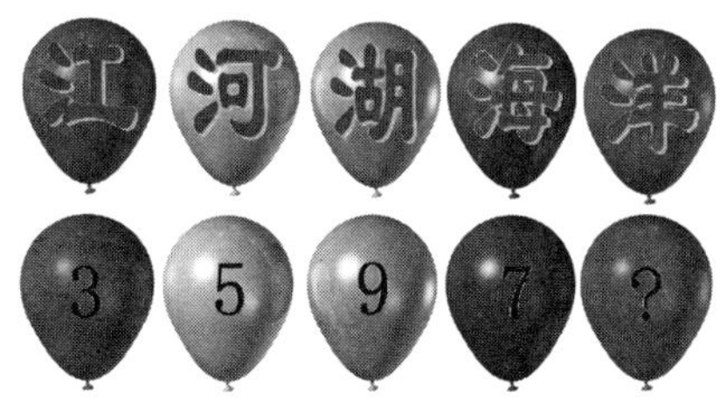

气球与编号

讲评：首先要体会发现关系的过程。观察之后，发现这些字都有相同的偏旁部首，都是三点水。而且，继续观察，它们对应的数字和笔画多少似乎有关系。验证的结果发现，3 是“工”的笔画数；5 是“可”的笔画数；9 是“胡”的笔画数；7 是“每”的笔画数，所以，问号里要填的数应该是“羊”的笔画数，即为 6。

发现关系的能力的高低，是一个人聪明与否的重要标志！要努力去提高。而且，发现关系非常有利于生存和繁衍。所以，大脑对于发现关系要给予丰厚奖励，就是分泌多巴胺和内啡肽，让你无比快乐。

8 在哪一排（编号 28）

有人，把“1”“3”“7”排在第一排，把“0”排在第二排，把“5”“9”排在第三排，把“2”“4”“6”排在第四排。他对自己的排序法则有着清醒和准确的认识。请你想一想，照他的排序法则，“8”应该在哪一排呢？

有人说，双数都在第四排啊。而 0 也是双数，却在第 2 排。1、3、7 和 5、9 是根据什么规律排列的呢？这就需要磨练你发现关系的能力。这题目曾被选做“叶圣陶杯”比赛试题，难住了很多小学生。

分类原则是什么

汉字的发声，有 4 个声调。例如吗、麻、马、骂，分别为一、二、三、四声。由此看待上面图画中，小朋友的分类有什么标准了吗？

答案：8 在第一排。因为 8 属于一声字。

求灰色四边形的面积（编号 29）

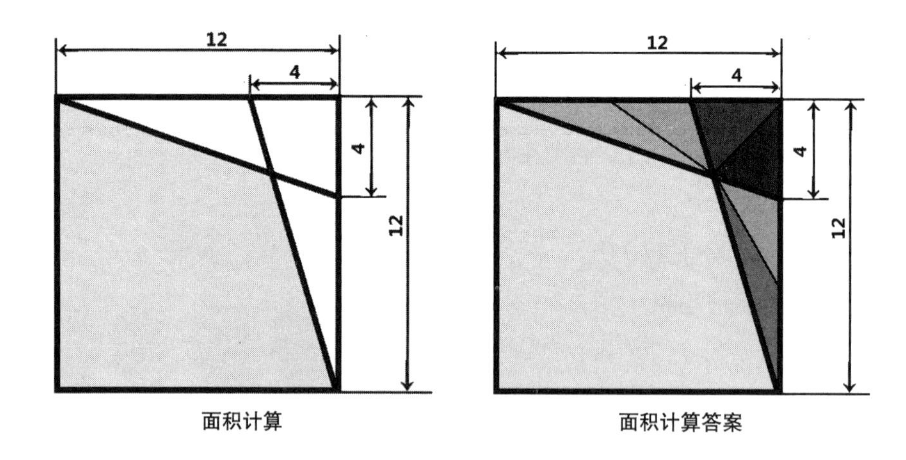

面积计算　　面积计算答案

答案：108。

讲评：这个问题，有很多种解决方法。关键是如何做，方法比较简明。

本练习采用的是构造方法。利用条件①等底同高的三角形面积相等。②全等三角形的面积相等。构造出 6 个面积相等的彩色区域。其中的 4 个区域构成直角三角形，其面积为（4×12）÷2=24。构成整体的 4 个三角形面积都相等，所以它们的面积都是 6。所以彩色区域，每块面积是 6，6 块区域的总面积是 36。原来的正方形的总面积是 144，所以所求灰色面积为 108。

发现上述 6 个彩色区域，彼此面积相等，这是解决问题的关键点，也就是问题解决的突破口。

练习（编号 30）

请仔细观察上面的图形,并请回答“？”代表几?

答案：6。

讲评：内、外圆周上的数字的和分别相等，计算的难度很小。主要考察，能否发现这 6 个数字是分别属于内、外两个不同的圆。它们相互之间还要受到什么共同的约束。

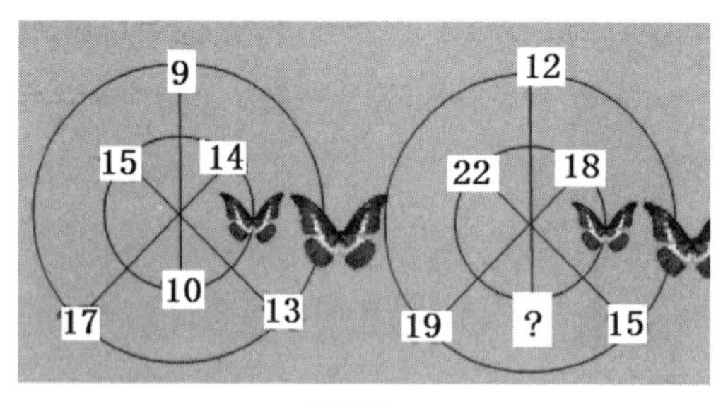

彩蝶纷飞

发现关系，标志着新的系统的建立。这是一切发明创造的开始。所以，要努力提高自己发现关系的能力。

4-4

思维过程的综合练习

发现概括规律（编号 31）

2012 年北京中考数学第 12 题。

在平面直角坐标系 xOy 中，我们把横、纵坐标都是整数的点叫做整点。已知点 $A(0,4)$，点 B 是 x 轴正半轴上的整点，记 $\triangle AOB$ 内部（不包括边界）的整点个数为 m，当 $m=3$ 时，点 B 的横坐标的所有可能值是______；当点 B 的横坐标为 $4n$（n 为正整数）时，$m=$ ______（用含 n 的代数式表示）。

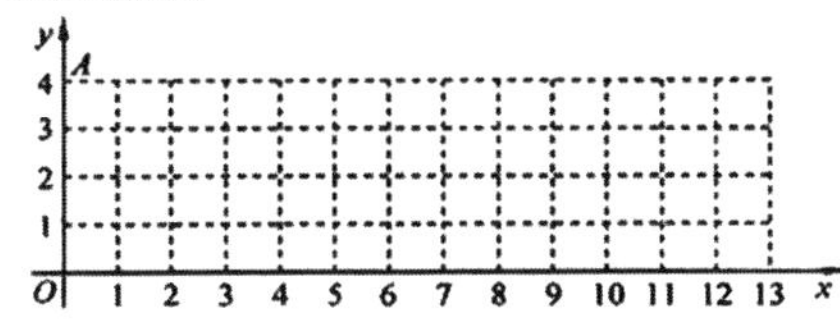

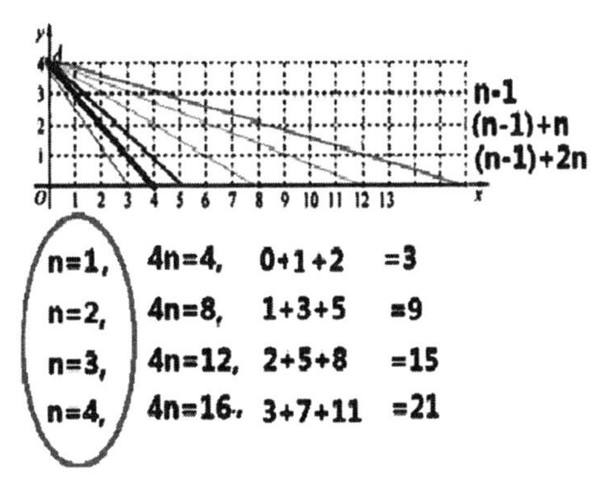

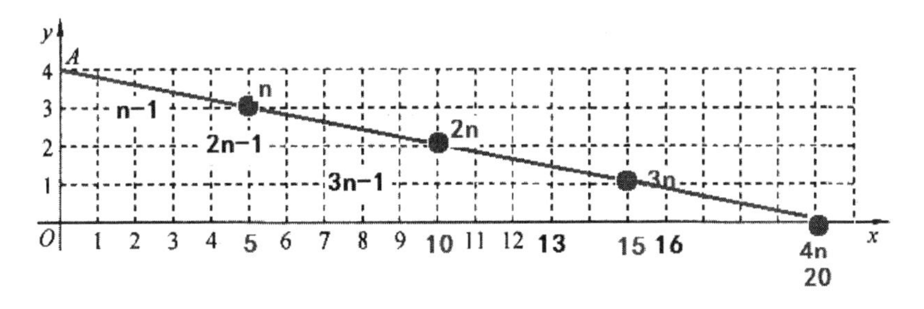

抽象过程：

（n−1）+［（n−1）+n］+［（n−1）+2n］=6n−3。

答案：6n−3。

回顾本题的解题过程，经历了哪些思维过程？

1. 局部分解（分析）。

2. 全局统筹（综合）。

3. 每个 m，都是由三个数的和构成的，这三个数分别遵从着各自的变化规律（比较）。

4. 找出共同属性（概括）。

5. 把数字改写成字母（抽象），如图所示，在线段 AB 上，标示 n、2n、3n、4n，在其左面的点的个数就是 n−1、2n−1、3n−1。

6. 在运动变化中找出规律（归纳）。

也就是说：稍微复杂一点的，探究规律的问题，就要把所有的思维工具都要用遍！

分数的性质（编号 32）

在小学算术中我们学习过分数的性质，即$\frac{a}{b}=\frac{am}{bm}$（$a>0$，$b>0$，$m>0$）。你可能想过比较$\frac{a}{b}$与$\frac{a+m}{b+m}$的大小。

学生的办法，就是选取几个特殊的分数，列出表来进行归纳猜想和概括总结。

$\frac{2}{5}<\frac{3}{6}<\frac{4}{7}<\frac{5}{8}<\frac{6}{9}$……结论，逐渐增大。$\frac{4}{5}<\frac{5}{6}<\frac{6}{7}<\frac{7}{8}<\frac{8}{9}$……结论，逐渐增大。

$\frac{6}{5}>\frac{7}{6}>\frac{8}{7}>\frac{9}{8}>\frac{10}{9}$……结论，逐渐减小。$\frac{9}{5}>\frac{10}{6}>\frac{11}{7}>\frac{12}{8}>\frac{13}{9}$……结论，逐渐减小。

概括归纳完毕。应该进行抽象，得出结论。

当 $a<b$ 时，$\frac{a+m}{b+m}$逐渐变大。反之，当 $a>b$ 时，$\frac{a+m}{b+m}$逐渐变小。

把上述结论具体化，便于理解。

假设糖是 a 克，水是（$b-a$）克。糖水的百分比浓度就是$\frac{糖}{水+糖}=\frac{a}{b}$。在糖水里面再放上 m 克的糖，糖水的百分比浓度就变成了$\frac{a+m}{b+m}$，也就是说，$\frac{a}{b}<\frac{a+m}{b+m}$。糖水加糖，糖水更甜。

把上述结论，更进一步提高抽象层次。$a>0$，$b>0$，$m>0$，当 $a=b$ 时，显然$\frac{a}{b}=\frac{a+m}{b+m}=1$。当 $a\neq b$ 时，$\frac{a+m}{b+m}\neq 1$，它可能比 1 大，也可能比 1 小，但二者有一个共同的趋势，即趋近于 1。

抽象的层次越高，认识问题就越深刻，解决难题的本领也就越大。

4–5 小结

思维的过程，包含分析与综合、抽象、概括、比较、归纳、发现关系等共 6 种。今后要运用这 6 种工具学习新知识，使新知识较顺利地纳入已有的认知结构中，注重知识的“生长点”和“延伸点”。发现关系是提出问题的前奏！提出正确的问题是创新的开始，要提高自主学习的能力。不要像海绵吸水那样盲目吸收老师讲过的每一句话，也不要脱离老师另起炉灶，要把事物当作系统来认识，进行类别划分。

很多人以为多做题就是提高成绩的灵丹妙药，其实不然，例如，用扑克算 24 的游戏，随机练习再多也无济于事，要梳理出：①全部的必须用分数才能成功的题目；②解法独特的题目；③常见算不出的题目。

由此才能成为游戏高手。要牢记：只有通过整理笔记进行归纳总结，才能事半功倍。学习中的内省与反思，要比反复练习，效率高出很多倍！而分散复习随时整理，又比集中复习效果要好很多！有个试验可以例证，找两个班的学生，A 班的学生老师每天加一节课复习当天的知识，这种方法叫“分散式”。B 班的学生每周末进行集中复习，这种方式叫“整体复习”。实验前两个班的成绩是相同的，经过三个月后在期末考试时统计成绩，A 班不及格率是 0，B 班 6.4%；A 班良好率是 36.6%，B 班是 36.6%；优秀率 A 班 31.6%，B 班是 9.6%。结果说明分散复习好于整体复习。

要从示范材料中体会思维过程的 6 个部分，各自发挥怎样的作用，同时，也要体会如何做到“知识成片，问题成串”，这是梳理笔记的核心，也是自主学习成败的试金石。

梳理反思，事半功倍。知识成片，习题成串。

例如，对章节内容复习梳理。

要从整体把握——综合。

要分解出各个局部——分析。

要找出共同的特点——概括。

要提高对某些问题的理解层次——抽象。

要在运动变化中寻求规律——归纳。

要在分类过程中认识相互关系——比较。

要在构建学习内容的结构上思考——发现关系。

从而建立知识的结构系统和解题的方法系统。

知识要成片，构成概念群。问题要成串，把具有逻辑联系的问题构成问题系列，要体现出对知识的层层深入的理解，构建出彼此密切关联，并形成整体的系列问题。基础知识和基本技能都能层次清晰，纲举目张。阅读课本笔记和作业练习，就像女孩洗头发，清洗疏理，然后分开中缝。中缝两侧，一侧按“基础知识”梳理概念，另一侧按“基本技能”梳理习题，然后就相当于编两条小辫了。最好能按序号进行编排并记忆，相当于编辫后的捆扎。特殊的要补充，就相当于辫梢梳理。

下面做一个笔记整理的示范：以《排列组合》章节为例，进行归纳总结。《排列组合》编辫后的捆扎结论是“四个二，一个九”。请体会梳理的方法。

基础知识：概念构成“四个二”。建议学生在整理笔记的时候，将课文中的相关文字抄写下来。说三遍不如写一遍。

1. 两个原理。

2. 两个定义。

3. 两个公式。

4. 组合式的两个性质。

例如：对性质 2 的文字抽象。

条件：两式，脚码相同肩码差 1，$C_n^m+C_n^{m-1}=C_{n+1}^m$

结论：合并，脚码加 1 肩码取大。

理解：从 n 个学生和 1 个老师中选取 m 个人参加合唱。一类是不含老师，有 C_n^m 种，另一类是必须含老师，有 C_n^{m-1} 种，所以一共有 C_{n+1}^m 种。

1:两个原理
2: 序号问题
3:“在”与“不在”
4:“邻”与“不邻”
5:“含”与“不含”
6: 剔除法
7: 分配
8: 用定义解题
9: 先组合后排列

基本技能：常见应用问题一共 9 串。

对每一类问题，都要配置一串从易到难的练习。

例如第 3 串：“在”与“不在”的题目和小结。

例题：把 1 到 8 这 8 个数字排一排。要求 1、2 不在两边，中间两处必须是 3、4 或 5，共几种排法？

先处理“在”，后处理“不在”，把“不在”转化为“在”。

转化途径有两条：“他不在这他在哪？”或者“他不在这谁在这？”

例如第 4 串：“邻”与“不邻”的题目和小结。

例题：把 1 到 7 这 7 个数字排一排，要求 3、5、7 相邻，且 2 与 4 不邻，共几种排法？

题型小结：

相邻问题，把相邻元素捆起来，当成一个元素。

不相邻问题，把其他元素排列好，不邻元素去插空。

全章总结：

在学习的过程中，尤其是整理学习内容、梳理学习笔记的时候，要牢记分析与综合、抽象与概括、归纳与比较、发现关系等，并不是彼此孤立的环节。要加强对自己的思维的主观调控，把各个环节，紧密凝结在一起，在穿插交替中取得进展。“知识要成片，问题要成串！”真正做到心中系统清晰，纲举目张。

第五章　提高思维品质，造就强大头脑

我们评论一个人是否聪明，要从哪些方面考查他呢？有 5 个方面，即敏捷性、灵活性、深刻性，批判性和创造性。综合这 5 个方面就构成了思维的品质，学生在学习中要努力提高自己的思维水平，就要自觉地从这 5 个方面要求自己，发挥自己的强项，弥补自己的短板；提高思维品质，造就强大头脑。

5-1 敏捷性

5-1-1 “敏捷性”的概念

敏捷性是针对思维的速度提出的概念。思维快不快，主要取决于遗传因素，但是，勤能补拙，经常练习能提高熟练性，也就提高了思维的速度。敏捷性是思维品质中作用最小的一个方面。例如，背诵 200 字的短文，敏捷的人只要几分钟，慢的人也许要 10 多分钟。但是，这对学习成绩几乎不构成影响。就好像游泳池的救护，他是 2 级运动员，还是 3 级运动员，都无关紧要，更重要的是他的救护知识和责任心，速度不是最关键的因素！我们必须承认先天的差异，要明确地告诉自己，“尺有所短，寸有所长”，我们并不需要玫瑰花散发出和紫罗兰一样的芳香。

我有个农村学生名叫贾宝良，他的思维品质中的敏捷性就比城镇学生要差，表现为听课反应比较慢，在班里做作业顶多算是中等速度，但是做难题的成绩就比较好。在全县的数学竞赛中他取得过第 4 名的好成绩，前三名都是城里的学生。贾宝良高考落榜后，还和我们这些北京知青老师有联系，尤其得到化学老师张天东的很多指导。贾宝良研究元素周期表中元素的电离能和元素序号之间的函数关系，牵涉数列、函数等很多数学知识。他虽然只是高中毕业，但他经过自己的努力，在 1986 年发现了周期系相邻元素电离势相关方程，该方程于次年被鉴定达国际水平居世界领先；1987 年 7 月受邀参

贾宝良

加了国际 31 届 IUPAC 化学大会交流，其论文在《潜科学》1986 年第 5 期 10 月版、《光谱学与光谱学分析》发表；1987 年至 1994 年于北大深造。文凭没那么重要啊！只要学习开窍，有序思维，思维能力强，高中生也能搞科研。贾宝良尽管敏捷性不够，但是凭借勤奋顽强，凭着思维的灵活性、深刻性、尤其是创造性，仍然取得了成功的人生，得到了人们的敬佩。

5-1-2 敏捷性练习："口"字加两笔（编号 33）

练习："口"字加两笔，可以组成哪些字呢？一共给 4 分钟。比一比，看看谁写的字多。现在，你可以努力写 4 分钟。然后再看下面的讲评。

师：我们面临一个陌生的问题，要寻求解决的办法。应该有怎样的过程呢？怎样做到有序思维，提高思考的效率呢？首先，就是要理解问题。最好用具体的例证，用某个答案、某个结果，来解释所问的问题。要用具体的例子，说明这个问题的要求到底是什么？怎样的结果就能满足全部条件了呢？对于本题，可以问问自己，题目中有符合条件的字吗？

生：有。有符合条件的字。是"加""可"。

师：由此聚焦思维。然后就是要用系列问题使思维加速，同时用右脑想出形象，开辟思维的路径。接着就是要界定问题，找出问题的边界，例如"尺"字可以吗？

生：不可以，因为字典上不承认"尺"字是"口"字增加了笔画。

师："巴"可以吗？"户"可以吗？

生："巴"也不可以。

生："户"也不可以。凡是字典上不承认是"口"字的，都不可以。

师：那么，把台湾的"台"字的上面部分，放到"口"内，组成"囜"字，这样的字可以吗？

生：这不是字吧？

师：也许 500 年前有这字？算还是不算？

生：我没见过这字！所以不算。

师：能够以自己的见识，作为评判是非的标准吗？

生：如果自己不认识，但是有人认识，这样的字就符合要求。

师：在此，要以什么作为标准呢？

生：应该以字典为标准！字典上承认的，就成立，否则就不成立。

师："同"可以吗？我平时写，可以是"口"字加三笔，但是，我也可以用"加两笔"写出来啊！

生：当然，也不可以。因为字典上认定的是加了三笔。

师：经过以上的思维聚焦过程，就可以重新叙述问题了，这就叫明确地提出问题。

师：回想，当初我们观察 54 张扑克后，明确了怎样的问题吗？问这 54 张牌中，重复的牌是什么？缺失的牌是什么？仅当问题简明之后，问题的解决才更加明朗。

师：现在，请把本问题重新明确地进行叙述。

生：一个字共 5 笔，要包含“口”字。这样的字，字典上存在的，有哪些字呢？

师：好！

师：在明确问题之后，继续想一想。有哪些策略可以选择呢？本问题，可以用的策略就是，分类解决。符合条件的字，可以分成几类呢？根据两笔的位置，可以分成：两笔都在“口”外。还有呢？

生：两笔都在“口”内，一里一外。

师：还有吗？

生：已经全面了。

生：不对！还可能出现有里有外的穿越类型。

师：如果按四个类型考虑，就能提高解决问题的效率。

练习讲评之后，增加两分钟练习时间，按照分类的策略，继续完成练习。结果，你会惊奇地发现，分类之后，每分钟写出的字，比分类之前，写得还要多。说明，好的策略可以提高思维的效率。

常见字有 38 个：

叮、旧、白、旦、叨、另、田、甲、由、申、电、四、兄、目、叶、叵、司、古、可、右、句、加、叹、只、召、叼、叱、叫、叽、叭、占、叶、石、台、囚、叩、史、号。

冷僻字有 10 个：冋（jiōng）、囙（yīn）、叴（qiú）、叻（lè）、囜（nín）、㕣、甴、甲、叺、另。

本练习的目的，并非要显示这 48 个字的结果，重点在于展示思维的过程。思维敏捷的人，不要因此沾沾自喜，思维迟钝的人也不要为此沮丧。根据本人多年的教学经验，班级中，常常有考试成绩处于中下层次的学生在做此题时表现出色。也就是说，思维的敏捷性，的确是思维水平优秀的一个标志，但真的不很重要！老师表扬学生时不要用概括性的语言“你真聪明！”表扬学生，因为这样他很可能会总想保持“聪明”的评价，因此就尽量避免失败，不再碰具有挑战性质的难题。老师称赞学生，主要是因为勤奋、努力、思维方法和策略，这些才是将来取得成功的要素！

要记住，贾宝良同学的事迹！坚定、坚持才是成功的保障！

5–2 灵活性

5–2–1 “灵活性”的概念

什么是灵活性？就是方法、过程都很灵活，办法多、点子多、路子多。表现为：一是思维起点灵活，即从不同角度、方向、方面，用多种方法来解决问题；二是思维过程灵活，从分析到综合，从综合到分析，全面而灵活地做“综合的分析”；三是概括迁移能力强，运用规律的自觉性高；四是善于组合分析，伸缩性大；五是思维中能考虑多种合理的结果，结论灵活。思维的灵活性是区分一个人是否聪明的最重要的指标。要说能力，思维的抽象能力，是思维过程中的最重要的能力。要说思维品质，灵活性是思维品质中最重要的方面。

5–2–2 猜谜语

练习（编号 34）

通过猜谜语，可以充分锻炼、展示一个人思维的灵活性。

1. 谜面：76

谜目：猜一国名。

提示：参加足球世界杯，世界 24 强之一。

2. 谜面：一手拿针，一手拿线。

谜目：4 字成语。

有人把谜面“一手拿针，一手拿线”猜成“穿针引线”。谜面上有的字，谜底不能再有，行话叫“不能露”。所以猜得不对。

3. 谜面：身骨瘦如柴，出门雨雪来。把柄留人手，提起泪满腮。

谜目：日常用品。

4. 谜面：刮脸。

谜目：主食。

5. 谜面：再三接过吻，装作没发生。

谜目：四字成语。

6. 谜面：总是出工没报酬。

谜目：三字酒名。

7. 谜面：容易。

谜目：打二字四川戏曲表演形式。

8. 谜面：四代人，接力跑，幼者先，谁撞线？

谜目：中国古代数学家。

谜底：

1. 这是音乐老师编写的谜语——希腊。

2. 望眼欲穿。此处的眼是缝衣针的针眼。

3. 伞。不能猜雨伞，因为谜面上有“雨“字了。

4. 刀削面。此处的面是一语双关。脸面与面团,名词“面”,竟含有多种解释,很灵活。

5. 六亲不认。再三，是6次了，还是不能承认。

6. 老白干。没报酬 = 白干，也属于灵活变换。

7. 谜目的指向性，降低了谜语难度。变脸，容貌 = 脸，易 = 变。

8. 也是用谜目的指向性降低了谜语的难度，祖冲之，祖辈人冲刺撞线。

最后一个谜语是我的原创作品。当我刚上初中3年级的时候，数学老师要求，一周之内编写出一则数学谜语。我冥思苦想几天，终于有此原创，从而实现了这一生中创造性活动为零的突破。我当年能做到的事情，深信多数同学也能做到。我还曾以我的名字“马献时”为谜底编写过谜语：“午年奉送寸草心。”用“寸草心”表示“时”也很巧妙。而我的学生黄未为“马献时”编写的是：“曲云霞每圈70秒。”曲云霞是女子中长跑运动员，教练是马俊仁，70秒是马俊仁给曲云霞限制的时间。这个“马献时”更为高妙，真是青出于蓝而胜于蓝！另一学生马欲洁，为自己的名字编写了谜语：“障泥未解玉骢骄。”孙达同学让他爸猜谜，说谜底是个熟人名字：“三代人，完成接力。长者先，谁到终点？”他爸说：“孙达。编得好！”

爱因斯坦说：“不是因为我比别人聪明，而是因为我与问题相处的时间长了一些。”

多想，就能出智慧。多参加谜语的编写和猜射，对提高思维的灵活性，有很大的好处。很多好谜语，编排得十分精巧，非常有趣。所以，古今中外都有很多好谜语。现在尤其要提倡自己创作谜语，也许从此就能树立自信，打开创新的大门。创造，能给人们带来很高的精神享受；成功的作品，能使作者无比的快乐！

下面还有36则谜语，供大家猜射。

1. 飞起玉龙三百万。　　谜目：24节气之一。

2. 裹上脑袋。　　谜目：城市。

3. 十三点。　　谜目：字。

4. 内中有人。　　谜目：字。

5. 两土两点两个口，不论穷富家家有。　　谜目：字。

6. 产科会诊。　　谜目：学历称谓，3字。

7. 枯柴遇火烧得快。　　谜目：俗语，3字。

8. 木兰之子。 谜目：农产品。
9. 哑人对话。 谜目：日用品。
10. 骑兵踩地雷。 谜目：四字成语。
11. 枕头。 谜目：四字成语。
12. 不考虑中间。 谜目：四字成语。
13. 一斤多一点。 谜目：字，5 笔。
14. 牡丹欲抗武皇旨。 谜目：三字口语。
15. 首尔降温。 谜目：当代作家，2 字。
16. 一万零一撇。 谜目：字，5 笔。
17. 破邮筒。 谜目：4 字成语。
18. 脸上何来“五指山”。 谜目：交通行为，2 字。
19. 临终不忘挺脊梁。 谜目：成语，4 字。
20. 闹钟不闹。 谜目：健身用品。
21. 一入宅下心发慌。 谜目：4 笔字。
22. 一块豆腐切四块，放进锅里盖上盖。 谜目：字，8 笔。
23. 接力赛打前锋。 谜目：成语，4 字。
24. 夫妻俩都赖床。 谜目：日常用语，3 字。
25. 无人驾驶。 谜目：交通工具，3 字。
26. 不要耽搁见面。 谜目：口语，3 字。
27. 几岁算成年。 谜目：热点政治词，3 字。
28. 兄弟两个一般高，一天三餐不长膘。 谜目：日用品，2 字。
29. “人间四月芳菲尽，山寺桃花始盛开。” 谜目：央视节目，2 字。
30. 金钩吊银圈，姐妹隔座山，若想来相会，要等睡觉前。谜目：首饰，2 字。
31. 弯弯像弹簧，花花袋中装，要吃很简单，开水烫一烫。谜目：食物，3 字。
32. 丈夫的外祖母。 谜目：4 字成语。
33. 大山小山横竖排，山口朝哪你来猜。 谜目：医学用品，3 字。
34. 主动一点。 谜目：字，5 笔。
35. 赞扬“老谋子”。 谜目：修辞手法，2 字。
36. 好吃好吃。 谜目：网络热词，2 字。

谜底：

1. 大雪　2. 包头　3. 汁　4. 肉　5. 墙　6. 研究生
7. 干着急　8. 花生　9. 手表　10. 人仰马翻　11. 置之脑后　12. 思前想后

13. 斥	14. 想不开	15. 韩寒	16. 厉	17. 难以置信	18. 打的
19. 死记硬背	20. 哑铃	21. 毛	22. 画	23. 当头一棒	24. 对不起
25. 自行车	26. 别误会	27. 十八大	28. 筷子	29. 春晚	30. 耳环
31. 方便面	32. 婆婆妈妈	33. 视力表	34. 玉	35. 夸张	36. 呵呵

5-2-3　祖先的画像（编号 35）

据说啊！有人在南美洲购买了一张当地人祭奠祖先时供奉的图像。有人看到上面的祖先的像了，你能看到吗？

祖先的像

讲评：其实只要把画，顺时针转 90°。就可以看到图中的头像了。

有人在四川乐山，发现了山的轮廓就是仰面的大佛。还有人在山西云冈石窟看到的山包，立起来看，外形就是云冈一尊最著名的佛像的侧面像。这说明人们思维中的灵活性能让人发现令人震惊的联系。古人，当初也许就是依据山区的实际景象创作出了我们现在看到的佛像！但是，我们只是刚刚发现了这种关系。

5-2-4　灵活解题——特值法（编号 36）

有 11 个数字排成一列，依次为 a_1，a_2，a_3……a_{11}。满足 $a_2-a_1=a_3-a_2=a_4-a_3=\cdots\cdots=a_{11}-a_{10}$。若 $a_3+a_7+a_8=24$，求这 11 个数的和。

分析：

一般解法如下。

设 $d=a_2-a_1$，

则 $a_3=a_1+2d$，$a_7=a_1+6d$，$a_8=a_1+7d$。

所以 $a_3+a_7+a_8=3a_1+15d=24$，

即 $a_1+5d=8$。

所　以，$a_1+a_2+a_3+\cdots\cdots+a_{11}=a_1+(a_1+d)+(a_1+2d)+\cdots\cdots+(a_1+10d)=11a_1+55d=11\times(a_1+5d)=11\times8=88$。

思路：

发展已知。这是均匀增加的一列数。

转化结论。如果能知道平均数就可以算出总和。

比照典型。中间数如果不变，差异的大小与总和无关。

沟通联系。可按 11 个数差异为 0 计算。

特值解法：因为本题对于 d 取任何值都能成立。根据辩证逻辑，对于 d=0，题目中的数量关系仍保持不变，属于逻辑关系相一致。为简化思路，不妨设 d=0。所以，这 11 个数就都是同样大小，其中 3 个数的和是 24，那么平均数就是 8。所以 11 个数的和就是 88。

讲评：已经涉及高中数学“数列”的内容，但是并不难理解。灵活方面的高手，艺无止境！

5-3 深刻性

5-3-1 “深刻性”的概念

思维的深刻性是指能抓住事物的本质和内在联系以认识事物的规律。

例说，“有 3 只狗，各有 4 条腿，一共有几条腿？”对此问题，如何构建计算式？有人说，只能列式为 4×3=12（条）。这就叫，认识不深刻。反之，列成每只狗都有 4 条腿，连加就有：4 条腿 +4 条腿 +4 条腿 =4 条腿 ×3=12 条腿，或者说，3 条左后腿 +3 条右后腿 +3 条左前腿 +3 条右前腿 =3 条 ×4=12 条腿。因此，有两种列式方法。这就叫认识深刻。由此交换律可以顺利迁移，迁移到所有的用乘法列式的应用问题。

思维的深刻性一般不是针对难题，而是把简单的问题拔高，拔高到很高的理解深度！明确这点，非常重要！现在很多老师，追求学生解决难题的水平，没抓住学生的要害！学生的要害是抽象能力不够！思维的灵活性欠缺！

5-3-2 深刻性评选（编号 37）

在生活中，我们经常感觉，某言论、某观点表述得非常深刻，让人无比钦佩。其实，不是这些表述表明的内容有多艰深，而是这些表述抓住了本质的东西，认识上显得特别深刻。

从下面 10 句话中，评选出你最喜欢的两句话，试着从本质上去理解它们，以便在你今后的学习中，也能表述出自己对问题的深刻认识，展示出自己思维的深刻性。

1. 成功的人生，不是赢在起点，而是赢在转折点。

2. 你若不想做，总会找到借口；你若想做，总会找到方法。

3. 德国谚语："一个家庭没有书籍，好比一间房屋没有窗户。"

4. 头等人，有本事没脾气；二等人，有本事有脾气；末等人，没本事大脾气。

5. 看着会，做不对。不得分，白受累。

6. 最小的善行，胜过最大的善念。

7. 成功并不在于，别人走你也走，而是在于，别人停下来，你仍然在走。

8. 吵架需要两个人，而停止吵架只需要一个人。

9. 总是仰着头的人容易跌跤。

10. 把朋友变成敌人是一种愚蠢，把敌人化为朋友是一种智慧。

深刻性并不表现在会解难题上。你如果会别人都不会的问题，并不意味着你思维的深刻性比较好，而是说你的思维具有很好的灵活性和创造性。思维的深刻性是探寻表现出来的看似简单的现象背后的规律，它要做到的是更深层次的理解！

下面举 3 个实例继续说明什么是思维的深刻性，并指导你在哪些细节上加强努力有助于提高思维的深刻性。

5-3-3　孙乐义讲切土豆丝（编号 38）

1964 年孙乐义在北京中山公园的音乐堂，介绍他当司务长的经验时提到：首长看到半拳大的土豆，切出的土豆丝竟然比较长，就请孙乐义讲讲他怎样切的。孙在介绍时要用到下面的词汇：土豆的中心、最长线段、最大截面、垂直、平行、一组截面，先，然后……

问题是：怎样切出最长的土豆丝？

关键是：切土豆的第一刀怎样切？怎样描述？

下面看看上这节课时的师生对话。

师：小学就讲过了，在同一个平面内，直线之间有平行与垂直的位置关系。现在要问，平面之间在空间也有平行与垂直吗？切菜过程中，运用过平行与垂直的概念吗？

（在发言中要不断完善学生的说法，师生共同切磋，纠正错误的说法，使学生的叙述水平得以提高。）

生：在空间肯定也有平面之间的平行、垂直的位置关系。切菜或者切面时，刀要和案板垂直。执刀时，刀面要平行于人的正前方。连续操作时，截面之间是相互平行的。

师：你先说说看，怎样切出短的土豆丝？然后再从相反的方向，进行思考和叙述。先说第一刀，切出短的土豆丝。你要怎样切？

生：不好想呢。更不好说。

生：给我个土豆，我能指出来。但是说，我不会描述。

师：说不出来就是因为对问题认识不深刻。现在有体会了吗？

生：老师发的图片中的土豆，按垂直方向的最小截面先来一刀。把截面按倒在案板上。再切出来的土豆片和土豆丝，得到的土豆丝就是短的了。

师：这样思考之后，思路清晰点了吗？从对立面，开始启动思维，有意义吗？

生：有！我马上就想到了怎样切长的土豆丝了。

师：（拿出一个半拳大的土豆）请同学上台表演。第一刀切在哪？以后呢？要会切，也要会说。

土豆的截面

上台后表演。很多学生提出不同意见。对于第一刀，因为想不出措施，就换了其他方法，效率因此降低。有措施的第一刀能提高效率。切第一刀时，先找出过土豆中心的最长线段，把它水平放置，再把过中心的最大截面，垂直于案板。切出最大截面后，把截面水平放置在案板上。做出与土豆中心的最长线段平行的截面，且与案板垂直，切出土豆片。然后，过这些平行截面，做与案板垂直的平行截面，且要平行于过土豆中心的最长线段，切出土豆丝。

师：好了，现在把刚才的过程，进行叙述（师生反复切磋改进，提高叙述水平）。

师：在刚才我们叙述提高的过程中，思维品质中的哪个方面得到提高了？

生：对平行与垂直的理解，更深刻了。原来的理解是孤立的。现在能相互联系地看问题了。每一刀中既有平行，又有垂直。我们在学习中，主动应用太少，所以学得不深。

在 1964 年我 16 岁的时候，听过这位解放军基层的好司务长孙乐义介绍学习毛泽东思想，改善部队炊事工作的优秀事迹。他对切土豆丝的描述，从数学的角度评价，有可以改进的地方。我和当时的老师、同学讨论后，感觉自己很有提高。当时曾和教数学的王燕生老师聊完切土豆，还聊了其他几个问题。王老师鼓励说："你今后要能把这类问题系统整理，就能写出一本好书。"这是研发《有序思维》课程的第一次启动。切土豆丝就是第一道入选的练习题。其实 1963 年，教我生物的王士芬老师，见我上课时打开课本听课、划书，就问过："你这套方法跟谁学的？"我说："听过张厚灿老师的心理学讲座。"王老师说："整理出来！给全国的学生都讲一讲！"那就是更早的事了，当时是当笑话说的。但是两位王老师的话，后来真的都生根发芽了。于是，有了现在这本《有序思维》。北京五中不但是笔者成长的地方，也是后来工作的地方。五中老师们开阔的眼界，对学生的极高期许，真让人感激零涕，现在大家也要继承发扬！

5-3-4　怎样才能做到"太阳从西边出来"（编号 39）

过去的人，形容不可能发生的事情就说："除非太阳从西边出来。"现在请你想一想：太阳能从西边升起吗？

下面是课堂教学时的师生对话。

师：地球围着太阳公转，同时地球也在自转。我们在地球上，也可以用很高的速度移动，例如坐飞机。当然，我们运动的速度如果比较低，那相对于太阳来说，相互位置就不会发生太大变化。在怎样的条件下，我们才可以看到，太阳从西边冉冉升起？完成这个练习需要对地球自转与时差关系有深刻的理解。

生：当你面对太阳，以低于地球自转的速度，向西运动，就会看到日落。若你乘坐飞机向西飞行的速度（角速度）大于地球自转的角速度，就可以看见太阳正在升起。在高纬度地区，比较容易实现。

师：请具体说出两个地名，以及飞行的始末时间。这让大家能更容易理解。

生：例如，15 点从北京，向西飞行，是超音速飞机啊！ 4 小时后到达英国伦敦（师生共同计算，北京和伦敦对应的时间关系）。英国伦敦正从早 7 点到 11 点。你可以看太阳从北京下午 3 点的位置，4 小时后，升到早上 11 点的位置了。也就是说，太阳正从西边升起。

5-3-5　面积巧算

这是面积巧算综合问题。需要思维敏捷、灵活、深刻，是比较困难的算术题。

练习（编号 40）

如图所示，直角三角形中左下方的正方形的其他 3 个顶点，分别在两条直角边和斜边上。在斜边上的正方形的顶点，把斜边分成了长度分别是 15 和 20 的两部分，求两灰色区域的三角形的面积之和。

生：感觉条件太少，正方形没办法利用。

师：感觉有哪些方法可以尝试？

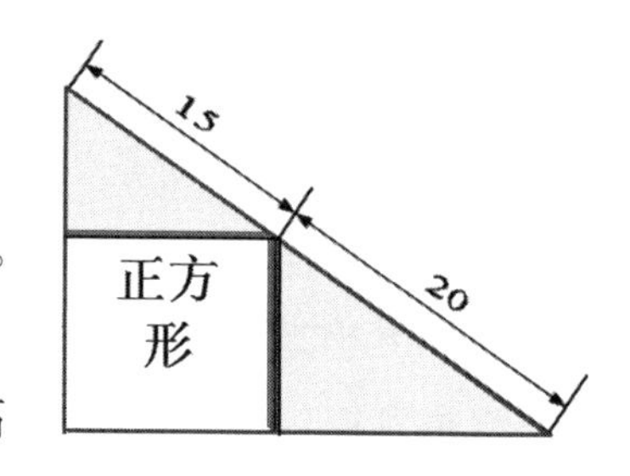

生：分别计算两个灰色三角形面积再相加。

条件相差太多了，这种方法不行。

生：想算大直角三角形的面积，再减去正方形面积。条件相差太多，没办法。

生：想找出替换的方法，利用平行线，找出同底等高的面积相等的三角形。行不通。

生：用勾股定理和比例，构造方程。设正方形边长为x，要碰到无理数吗？

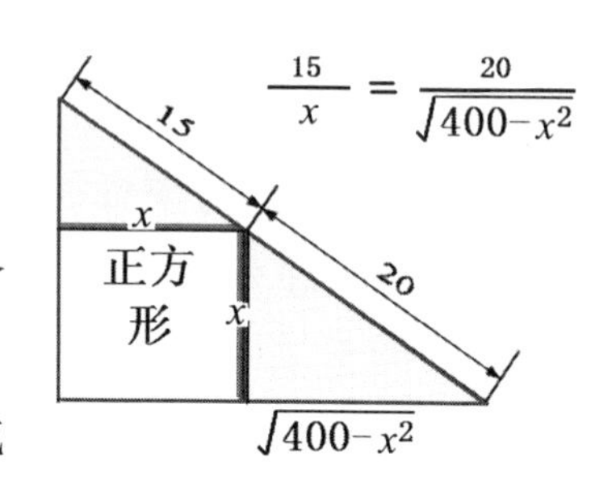

师：下定决心，两边平方。硬解！实现突破！

生：x=12 吗？啊！能解决啦。

师：有巧妙解决的办法吗？能把俩三角形拼接成一个三角形吗？

生：一个不动。另一个，紧挨着放。要拼接起来，成为一个整体？

师：继续想。

生：哈！想到了。把上面的转下来！！（全体掌声）

师:显然，转动右下面的三角形也应该同样可以啊？

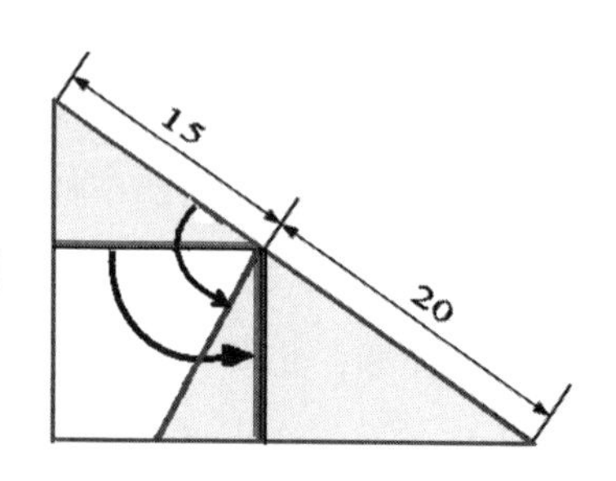

生：嗯！真的可以。

师：这样才能用到正方形的特点。利用邻边相等，利用直角。计算非常简单了。

生：（15×20）÷2=150。

师：解决本练习的突破点在哪？

生：要全面看问题。

生：要用运动变化的观点，要用转化的策略思想。

生：要想到，有两条路径。既然小三角形向下转走得通，那么稍大点的三角形也能向上转。

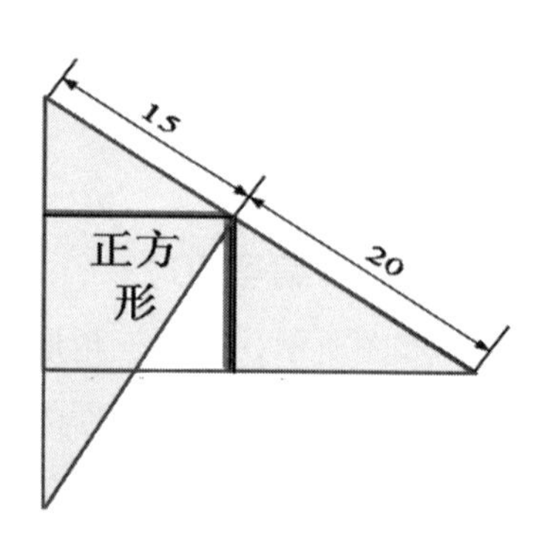

生：脑袋不是装知识的口袋。自己面对新鲜问题时，要能积极想办法，别等老师帮助。一旦求助于老师了，自己就遭遇了无可弥补的损失，永远失去了一次攻关进取的机会。自己想出来了，就能前进一大步。

练习：面积巧算。请计算四边形 EFGH 的面积（编号 41）

提示：四边形 EFGH 的面积比总面积的一半大点还是小点？

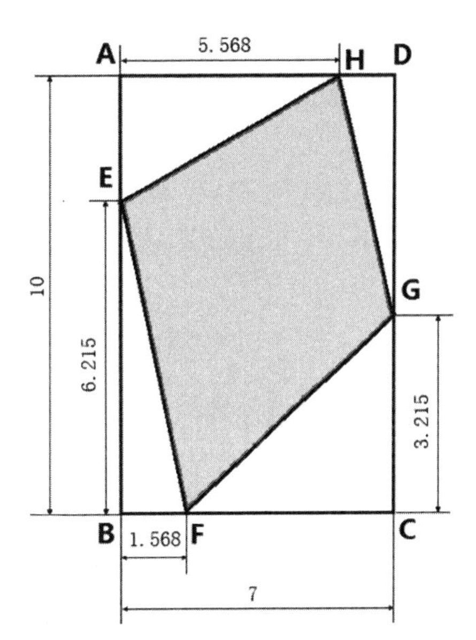

生：总面积很好求啊。10×7=70。4 个小三角形的面积，也都是明摆着的啊。分别计算出来，然后用总面积，减去 4 个小三角形的面积。就可以算出来了。

生：观察到数字 1.568 和 5.568、3.215 和 6.215，如果列式中，没做出它们的减法。估计就是误入歧途了。但是怎样利用，这个差是整数呢？

生：那就分别做平行线，把这个差直观地表现出来。就是有具体的线段的长度，正巧表示了它们的长度的差。

师：两组数据都有明显的暗示：1.568 和 5.568，还有 3.215 和 6.215。显然，在计算中，要应用减法计算。利用这两组数的差都是整数，进而计算出面积。相当于代数运算中的先化简再求值的问题。不要直接去计算，而是要想方设法进行化简，利用它们作差化成整数来简便计算。现在，提出学科基本素质、核心素养，强调的就有计算能力。而计算能力的重点，是计算途径的选取。本练习就是要体现，核心能力的提高途径。

生：从水平方向看，设出 x=1.568，就有 x，x+4，7−x，7−（x+4）。竖直方向，类似地设出 y=3.215，也就有 y，y+3，10−y，10−（y+3）。然后用字母表示四个三角形的面积的和，列式，化简，估计就比较简单了，估计能回避开小数运算（大家鼓掌）。

师：有没有直观的解法？例如，怎样添加辅助线，使问题一目了然呢？

生：只能尝试，画一系列与矩形的边平行的直线了。

生：这些线段的一个端点，应该在矩形的边上。另一个端点画到哪呢？

生：你就尽量往长了画，画的有多余了，就擦了呗。

生：（惊喜）老师，我画出来了！中间留下一个矩形。这矩形的面积是 12。那么简单计算，就是矩形总面积 70 减掉 12 后平分成两部分。得到外部面积 29，加矩形面积得 41。

师：如果把图形中间的小矩形，用对角线把面积平分，那么图中大长方形的面积就被平分了。所求答案只要把长方形的总面积的一半算出来，再加一个小的直角三角形的面积，就可以了。35+6=41，完全可以不用笔算呢。

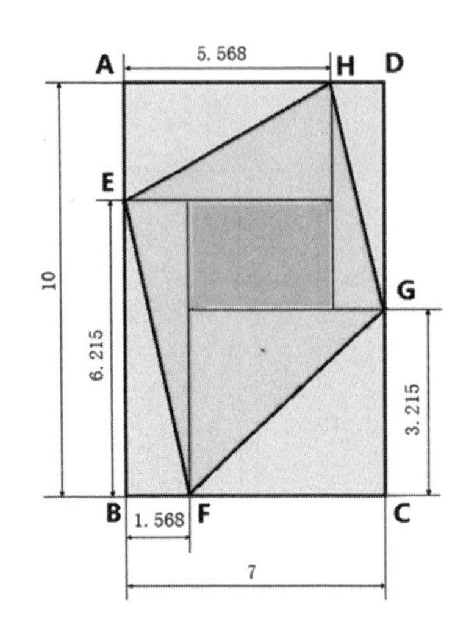

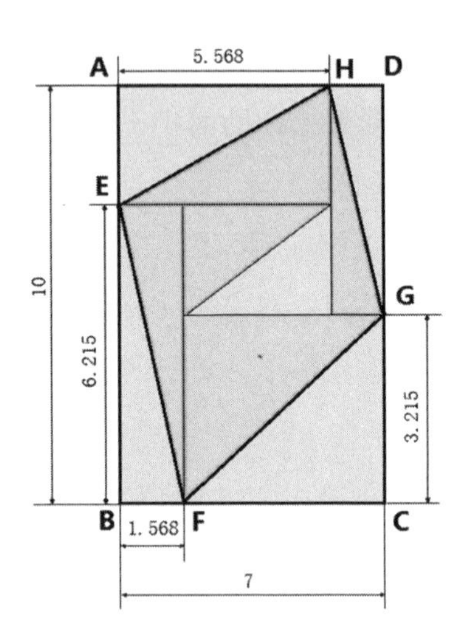

5-3-6　提高思维深刻性的一个尝试

很多老师体会到，对于概念和公式，学生凡能理解深刻了，就一定能讲解清楚。反过来，只有学生能讲解清楚了，才能对概念和公式有深刻的理解。所以，很多老师要求学生要学会讲题。在讲的过程中，得到突破和提高。在作业中，要找出典型题，假想着某个同学来问自己“这题目怎样想啊”，自己要对他怎样讲呢？作业中，不用写该题目的解答过程，而要写出口语化的完整的“解说词”。坚持写“解说词”的同学，学习效果必能突飞猛进！如果硬要说，学习有什么窍门吗？有出力少、收获大的方法吗？有，那就是写解说词。所以我就创设了有力措施：如果解说词写得好，期末成绩给予加分奖励。

练习示范：给典型问题写出解说词。

已知正方体 ABCD-A′ B′ C′ D′中 E、F 是 C′ D′和 BC 中点。

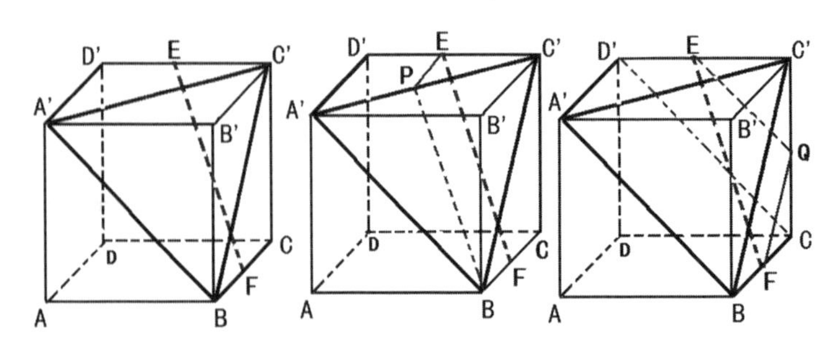

求证：直线 EF// 平面 A′ BC′。

解说词：要想证明线面平行，大体上有两种方法。其一是好证不好想的“面中找线”，去证“线线平行”。要说清“线”在“面”外，“线”在“面”内，“线”“线”

平行所以“线”“面”平行。另一种是好想不好说的过“线”作“面”，去证“面”“面”平行。要连续两次证明“线”“线”平行从而得出“线”“面”平行，再证面面平行，最后才是面面平行推出“面面平行，线在面内，所以线面平行”。在证明平行的过程中要进行直线的平行移动，方法也有两种，一是平行移动的前后，构成了平行四边形的一组对边，或者是构成了三角形的一条边和这条边所对的中位线。上述两种证法，都是进行转化，在“线线”平行，“线面”平行和“面面”平行三者之间，连续转化，其中“线面平行”是主要桥梁。

根据上述思路，先看看“面中找线”的方法。平行移动 EF 到平面 A′ BC′内，使得移动前后构成了平行四边形的一组对边，如何移动呢？把 F 平行移动到 B 点后，对应的 E 跟着平行移动到哪了？到了 A′ C′的中点 P 了。因此 PE 与 A′ D′就构成了三角形的一条边和这条边所对的中位线了。PE 平行 A′ D′且是 A′ D′的一半，而 A′ D′与 BC 平行且相等。所以 PE 与 BF 平行且相等了。所以四边形 BFEP 就是平行四边形。后面就是套话，线面平行了。

再看看“过线作面”的方法。过直线 EF 做与平面 A′ BC′平行的平面，就是过点 E 或 F 找出与直线 A′ B，BC′或者 A′ C′（三条中要选两条）平行的直线。取 CC′的中点 Q，连接 FQ、EQ、CD′。由于 EQ 与 CD′构成了三角形的一条边和这条边所对的中位线，CD′与 A′ B 构成了平行四边形的一组对边，容易证直线 EQ// 平面 A′ BC′。而 FQ 与 BC′也构成了三角形的一条边和这条边所对的中位线,也容易证明直线 FQ// 平面 A′ BC′。而 EQ 与 QF 是两条相交直线,所以“面”“面”平行。由“线在面内”,就得到“线面平行”。

学生写出解说词的过程，也是思维层次的提高过程，因此能深刻理解概念和公式。提高了多做练习也难以得到的高超的迁移能力，事半功倍。

深度思考比勤奋更重要。深度是触及事物本质的程度，深入理解事物本质是深，只了解事物表面是浅。在走班教学中，提高自主学习的能力，也就是提高了治学能力。能否跳出题海，高效学习？同学之间的相互交谈，或者选择典型问题写出解说词，由此提高思维的深刻性，这就是对症良药！

5-4
批判性

有人把核心素养中的批判性方面的表现概括成“批判质疑”，重点是要具有好奇心和想象力，敢于质疑。要善于提出新观点、新方法、新设想，并进行理性分析，做出独立判断。

5-4-1 “批判性”的概念

通俗的说，批判性就是对自己，对别人，在思维材料和思维过程这两方面，都能检查反思。思维的批判性，现在受到社会的高度关注。尤其是大学自主招生把思维的批判性列为重要考查内容以后，中小学教育第一线就必须加强对学生的思维批判性的教育。

高水平批判性的最主要表现就是能提醒自己不断加强自主调控。加德纳的多元智能理论认为，人的自我认识，是构成多元智能中的重要元素。这个自我认识能力的高低，有些常与智商相关（认知领域），有些常与情商相关（情绪领域）。在认知领域中加强自主调控，主要包括提醒自己调动自己的主观能动性，提醒自己看问题要全面，提醒自己检查思维材料和自己的思维过程。情商领域的自主调控是觉察和认识自我情绪，并在此基础上进行思考和行为。它和智力中思维领域里的调控完全不同。情商对学习也有决定性的影响，但不在本课程中讨论。

在生活中，有很多习以为常的东西，其实是经不起推敲的。例如儿童歌曲《小燕子》，流行多年。想一想：天下哪有穿花衣的小燕子呢？原来是唱“小燕子白肚皮”。有人嫌不文雅才胡乱改成“穿花衣”了。似乎讲给小孩听的就不必认真。生活中，涉及到思维批判性的情况，并不少见。例如，电视剧中老在说，“奉天承运，皇帝诏曰”，断句在“承运”之后，似乎断句在“皇帝”之后，更好理解。“奉天承运皇帝，诏告天下臣民”。表示：“遵从天命承新生气运的皇帝，诏命天下说……”以显示皇帝统治的合理性。夸奖小孩或者学生，竟然说：真听话，真乖！你以为是在和小猫小狗相处吗？听话和乖，根本就不能作为小孩的优点。是“锄禾日当午，汗滴禾下土”还是“锄草日当午，汗滴禾下土”？应该是把草除掉留下禾苗啊，是锄了禾，还是留下禾？平时吃的是“肉夹馍”还是“馍夹肉”？应该是“老头晒太阳”还是“太阳晒老头”？爱个人，就说像“老鼠爱大米”或“你是我的小苹果”，双方绝对不平等，缺少对对方的起码尊重。至少和社会主义价值观“平等”相背离。对比“我的太阳”，感觉如何？你是我的唯一，你给了我能量和温暖，境界就不是同一层次。

小燕子

“纸上谈兵”这个成语将赵括描述为一个只知道依据兵书做事而不知道变通的人，历史上赵括真的是这样一个人吗？战国时就没有纸，哪有什么纸上谈兵？赵括突然去长平前线替换廉颇，担当统帅，接管时，手下将领们不能同心协力，这是失败的重要原因。要想胜利就需要方方面面都一致合作；而造成失败，只要有一个关键环节背离了初衷，就满盘皆输。将帅不合，怎么就一定能判定是那位统帅失职呢？赵括能身先士卒，舍命突围，战死疆场，可称是千古英雄！手下有几十万军队，统帅却能搏命出击，壮烈牺牲，也属于难能可贵的壮举。是白起坑杀战俘，才引起百姓对赵括宣泄不满，制造出了负面评价。这有可能是个千古奇冤！

批判性思维最大的敌人就是人云亦云，不能保持自己独立的头脑。上面的话，只能说，仅供参考，也可能远离真理了。不要怕自己的思考和别人不一样，俗话说，“天才感知世界，往往与众不同。”

5-4-2　批判性为什么是必要的

下面从 3 个方面，说明提高思维批判性的必要性。

其一，很多人缺少自知之明，所以就难以察觉，自己是造成了不良后果的主要原因。

其二，很多人不知道要与大脑“懈怠”状态作斗争。大脑为节省能量，以便应对随时可能出现的紧急情况，常常处于“懈怠”状态。因此我们要不断提醒自己，保持注意力。

其三，很多人不知道要警惕“非注意盲”。我们一旦专注于某个事物，就会出现“非注意盲”，会忽视掉很多重要环节。

先看一则故事，并猜测故事结尾。还要想一想，这个故事在告诫什么？

一个老大爷到助听器专卖店给自己的老伴买助听器。店员让他回家统计老伴在几米远能听见普通的对话。老大爷回家进门后，开始测验。

在 5m 外问：今天吃什么呀？老太太没动静。

在 4m 处问：今天吃什么呀？老太太没动静。

在 3m 处问：今天吃什么呀？老太太没动静。

老大爷走到 1.5m 处又问：今天吃什么呀？

老太太说：“豆角焖面”。然后又说了 5 个字……猜猜说了什么？

上课时，同学们对这个问题，表现出了很高兴趣。纷纷猜测说：“老头真烦人！”还有的说：“你就知道吃。”“马上就熟啦。”“再烦不让吃。”“是不是饿啦？”终于有人说出了那句出乎意料的话：

“我说四遍了。”

原来，根源是老头。一直是老头耳聋，听不见老太太说话，他反而感觉是老太太耳聋，听不见自己说话，非要给人家买助听器。这就是，问题出于自身，却偏偏要从别人那里找原因。其根源就是缺少对自己的批判，没有自我批判的意识，缺少自知之明。

要与自己的“懈怠”状态做斗争。在本书的第 1 章，就提出过要聚焦思维，激活大脑，要“打通胼胝体，奏响四重奏”。在第 2 章又提出了要“用问题加速，用图像开路”完成思维聚焦的任务。很多人不知道，“懈怠”状态是学习的大敌。上课时效率低下，作业中错误连篇，甚至考试中也时常一阵一阵“偷懒”“放松”，甚至考试还未考完就想懈怠休息，结果常常出现莫名其妙的“错误”。

请认真观察下面的图片并回答问题。好好看看，一共有几个小球？是不是6个呢？

很多人回答说：明明是5个嘛！

但是，图片中有个令人惊悚的地方！竟然没引起你的注意吗？这人有几个手指呢？

生：竟然没注意啊！两手都是6个手指。

师：只专注于中心任务，而忽视其他显而易见的重要环节，专业名词叫“非注意盲”。所以也要警惕，要提醒自己保持清醒。

非注意盲

师：为什么说，提高思维的批判性非常重要呢？上面3个方面的论说，是为了警示我们，我们缺少对自己持批判态度，也就是缺少自知之明。此外，还应该意识到，我们经常会忽视某些显而易见的事，原因在于思维正处于“微启动”状态，或者说处于“懈怠”状态。同时，我们还会无意识屏蔽了某些事，原因是“非注意盲”。所以，要时时警醒自己，要对自己的思维过程保持批判的态度，批判性就是反思。思考者在思考问题的同时，也要反思自己的思维过程。进步从反思开始。

5-4-3　听课态度：亲其师

下面说说听课态度的问题。有的学生因为反感某个老师，就不认真听他的课，由此陷入恶性循环，因此学习掉队。这样的学生，要提高自己的情商，要学会控制自己的情绪，克服自己幼稚的态度。还有的学生在团体中被冷落，极想吸引大家注意力，就上课时乱插话，特点就是不动脑子，信口开河，其实这是对老师和同学的不尊重。这样的表现反映了该学生缺少对自己的反思批判。

“别走神！”“要认真听课！”“要积极参与！”这种对自己的状态的批判与提醒，才是具有思维的批判性。所以有人说“态度决定一切。”

下面继续进行“听故事猜结局”环节。这是一个著名的实验，不妨称为“摇头与点头之比较”。试验的过程是：受试者用新型耳机听朗读，实验组织者故意掩盖实验目的说，这项实验的目的是检测耳机的质量。实验组织者告诉他们要不断地动脑袋，以检查耳机是否卡，是否有声音失真或中断的问题。第一次实验中他们告知受试者要上下点头，第二次实验中他们告知另一批受试者要左右摇头。他们听到的内容是同一篇建议《小学应该安排学生午睡》。试验后，大家都说:“耳机质量很好，一点都不卡。”研究人员说:“顺便问一下，你们赞成这篇文章吗？”

下面有4个选项，现在请你猜猜看，点头与摇头是完全无意的举动，这个动作会对测试结果产生影响吗?

A. 点头的人大都支持午睡

B. 点头的人大都反对午睡

C. 摇头的人大都支持午睡

D. 支持或反对与摇头点头无关

生：(大部分选D。)

师：其实，答案是A选项。也就是说，点头的人，无形中就接受了听到的观点。由这个试验，我们得到启发。上课听讲时，要不断提醒自己，要向老师点头，表示老师说的话，你很赞同和理解，你要向老师表示亲近和友善。《学记》有言：“亲其师，信其道！”长此以往，自然而然，你的听课效果就好了。这是思维批判性高的表现。毫无疑问质疑老师，质疑教材，这是思维批判性高的同学所必需的。但质疑不代表否定，且质疑的时间绝对要在下课以后！

5-4-4　提高元认知水平

本书前面的所有内容，都在强调的一件事，就是提高监控自己的意识，这是学习过程的核心。许多学生对自己、对他人都缺乏批判的意识，即缺少知人之智与自知之明，不能从学习的内容和思维的过程,对自己和他人,进行反思,这也被称为元认知水平低下。

下面请拿出纸笔，一边想一边自己做记录：要在学习活动中的哪些方面提高自己的监控意识？也就是说，思维的批判性在学习中主要有哪些表现。

要从下列6个方面进行总结。

1. 对自己。

2. 对老师。

3. 对教材。

4. 对作业。

5. 对自己的错误。

6. 对别人的错误。

具体来说，对自己也就是要经常提醒自己保持注意力。对老师包括上课时要积极配合老师的教学活动，不许对老师冷眼相看。对教材要积极参与学习内容。对作业要认真检查，反思，整理，总结。对自己的错误要通过分析与综合找出错误原因，从而实现错不再犯，失败乃成功之母。对待他人的错误，要旗帜鲜明地提出疑问，批判别人的方法是，以子之矛攻子之盾。从对方的错误的前提出发，经过正确的推理，得到新的错误结论。从而否定对方的观点。

总而言之，提高监控自己的意识是有序思维的核心。思考者在思考问题的同时，也要反思自己的思考过程。进步从反思开始。

5-4-5　批判别人的错误

练习：贴春联（编号 42）

首先，贴对联要注意什么呢？横批，应该从右向左读，还是从左向右读，还是两样都可以？上联在右面，还是两边都可以？对联的内容与张贴的地方有关联吗？对联的内容有过时的可能吗？

乙未年春节前，一位同学给家里买来了集市上最长的那副对联。看一看，这幅贴出的对联有什么不妥当的地方吗？

面对这个练习，同学们大都忍俊不禁。纷纷指出其中的错误。

1. 这是厕所门前的对联，不要贴在自家门口。
2. 乙未年是羊年了，买来的却是去年马年的横批。
3. 横批正确的写法，应该从右往左读。
4. 上下联的顺序贴反了，上联应该在右面。

练习：大水漫桥（编号 43）

一个小村庄有一大一小两座桥。一般发水只能淹没小桥，仅当发大水时才能淹没大桥。老乡们说：今年发了特别大的水，大桥竟然被淹没了两次。他们还说：小桥只被淹没了一次！这是怎么回事呢？

一般来说，在同一条小河，小桥被淹没的次数，比大桥被淹没的次数要多。对材料要继续分析，在什么情况下会出现相反的情况呢？

原因是：发大水以后，大水退去，刚刚露出大桥后，再次发水，所以大桥被淹没了两次。而小桥始终被淹没在水中，没露出来。于是就出现了，大桥被淹没了两次而小桥仅被淹没了一次。

讲评：对很多事情的认识，不能想当然，只凭借先入为主的观念，甚至受到思维定势的禁锢。所以要有批判的意识。检省自己的思维过程，也要检省别人的思维过程。要对思维材料进行全面的认识。

练习：老人的腿（编号44）

要善于揭示别人思维过程中的错误。常用的方法就是从对方错误的结论出发，经过正确的推理，得到新的错误结论，由此证明对方的说法不能成立。这套方法，就叫作“以子之矛，攻子之盾”。

老人的腿

问题：有个老爷爷，左腿膝关节疼痛，他去找医生诊治。医生说：“老先生，您这是年龄引起的病痛，吃药也不起多大作用。您可以多锻炼，注意保暖，减轻病痛。”老大爷一撇嘴，说：“照你说来……”

请你猜猜看。老大爷，如何以子之矛攻子之盾?

答案:照你说来，痛疼的原因是因为年龄关系。上了年纪腿痛就是必然结果，那么，我的右腿和左腿年龄是完全相同的。但是我的右腿不疼啊！所以，腿疼必然另有原因。

讲评：因为这个段子广为流传，大多数同学已然知道了答案。但是，从思维的策略方面，本例很有可取之处。以子之矛攻子之盾是常用策略，一矢中的，非常有效。不要去纠缠定义、概念、动机，更不要攻击对方的人格。

小结：

提高思维的批判性，现在越来越引起重视。例如，大学自主招生面试考什么？就是良好的语言表达能力、批判性思维、正确道德价值观、对社会关注度。这已然明确地把思维的批判性列入其中了。其实，想取得突破性的提高，也并非难事，关键是要有好的榜样。要自信，要坚定。

5–5 创造性

现在，把核心素养中的创造性方面的表现概括成善于发现和提出问题；有解决问题的兴趣和热情；能依据特定情境和具体条件，选择制定合理解决方案；具有创客意识，能将创新理念生活化、实践化等。

什么是创造性？创造性是指具有创造意识和创新精神，不墨守成规，求新、求变。表现为能创造性地提出问题和解决问题，独创性是创造性的基础。

5-5-1 “创造性”的概念

智力包括观察力、记忆力、思维能力和想象力。其中，思维能力是智力的核心。思维能力中的创造性思维，想象力中的创造性想象，构成了创造力的两大支柱。一般不再把创造力单独列为智力的组成部分。不能把创造力看作智力的最高表现，只要智力正常，通过短期培训，创造力的提高往往比其他智力成分的提高更加容易。

只要不墨守成规，创新其实也很容易。一定要树立信心，养成习惯，对创新活动要习以为常，创新能力的提高也就指日可待。要把我国的沉重的人口负担，转变为宝贵的人力资源，所以提高学生的创造能力就意义非常重大。现在经济发展的关键问题，就是要有自己的创新能力，凭借创新产品，开辟广阔的市场。缺少自己的品牌，老是跟在别人后面，只是负责加工制作，自己的日子就会越来越不好混。缺乏自主创新核心技术将会延缓经济增长速度，只有提高教育质量，尤其是提高学生处理复杂资讯的能力和创新能力，将来才能使经济持续增长。

5-5-2 创新作品赏析

给水龙头加把锁

我住在自由市场旁边的大杂院里，院里的水龙头在院门口，是全院共用的。经常有菜贩子进院打开水龙头洗菜，也有一些人买菜之后进院打开水龙头洗菜，院里的人常和他们争吵。邻居们就想给水龙头加一把锁。当然，可以利用锁店里正在销售的铁锁链、插锁（锁自行车的）、门锁等，也可以配上辅助用品，就是一般家庭好找的，容易加工的其他物品。能用什么办法锁住水龙头呢？快点帮着想个办法！

生：从来没有类似的经验。请老师协助。

生：钉个小木箱，套住水龙头。小木箱上加一把锁。可以吗？

师：钉木箱，要有木板和木匠工具啊。难以实现。

生：用粗钢筋，ϕ14mm（表示直径为 14mm）以上的，弯成个马鞍型。可以吗？

师：前几届学生也提出来过。形状不好设计呢，而且缺少加工条件。

生：完全是陌生的问题！无法启动思维。请老师公布您的措施。

师：看看照片吧。这就是我设计并且实际使用过的那个装置，你们能看懂吗？

生：水龙头上面，是个空的茶叶筒吗？

师：是。

生：从水龙头出水口方向往上看，看起来像自行车常用的插棍车锁吧？

师：你马上就能看懂了。

生：这把锁的锁棍，怎么能穿过茶叶筒的呢？

师：先要比量一下具体位置，再用钉子钉两个孔。钉孔的时候，要从茶叶筒的里面垫上个木棍撑住。这样容易钉透。然后就是把钉子拔出来。再找粗点的钉子，或者锁棍，扩大一下孔。这把用来锁住水龙头的锁就制作成功了。剩下的就是，给各家各户配钥匙了。

生：真简单啊！就是不好想。老师。你是怎样想出来的呢？

师：我是机械系的大学毕业生啊！这点事若想不明白，就羞死了。

生：还是很感觉，佩服！

师：你主要是，不敢创新。

讲评：在生活中进行小发明，关键是要有信心啊！创新并非高不可攀，只要大胆创新，勇于突破，不怕失败，每个人的创造力都可以被无限地挖掘出来。教学就是要唤醒学生的创新意识，点燃心灵之火。

5-5-3　发散性思维的练习

先看一个数学问题，画出对称轴。（编号 45）

在同一个平面内如果有两条直线，怎样画出它们的对称轴？对这个问题，要进行分类讨论。结论是：如果它们是平行直线，就画出它们的公垂线段的垂直平分线。如果它们是相交直线，就要画出角平分线（两条），这样的相互垂直的两条直线，它们都是对称轴。

首都北海公园留影 1964.6

袁　平　李　涛　程楠楠
陈宝光　马献时　张贻爻　王　西
李延平　李小雪　高德威　李建宁
沈申林　于德茂

北京五中有个很有名的校友李小雪，他在 15 岁时曾在班级壁报《学习园地》上发帖说：“数学老师给我们讲解了什么是做图题，并且讨论了怎样画出两条直线的对称轴的问题。现在我提问征解，因为我们的数学作业纸的大小很有限，……”请你们猜猜看，李小雪当时提出了怎样的一个问题？

提问是独立钻研的重要手段，提问能力是非常重要的学习能力！

李小雪提出的问题是：在同一个平面内，有两条近乎平行的直线 L_1、L_2，请运用圆规、三角板、量角器等绘图工具，画出直线 L_1 与直线 L_2 的对称轴 L。

首先，就是审题。李小雪的问题中说，“在同一个平面内，有两条近乎平行的直线”，这是什么意思？我们知道，在同一平面内，两条直线只有两种可能，要么平行，要么相交。怎么李小雪要提出“近乎平行的两条直线”呢？他指出数学作业纸的大小很有限，又是什么意思？也就是说，平面内的这两条直线是不平行的，是能够延长相交的。但是，这两条直线的交点在非常远的地方，数学作业纸的大小很有限，不能先求出这两条直线的交点，再来做出角平分线，进而得到对称轴直线。不能用这样的方法，那么，还能有什么方法，画出这两条直线的对称轴呢？

下面先用实例演示一下问题。

解法 1

如图：

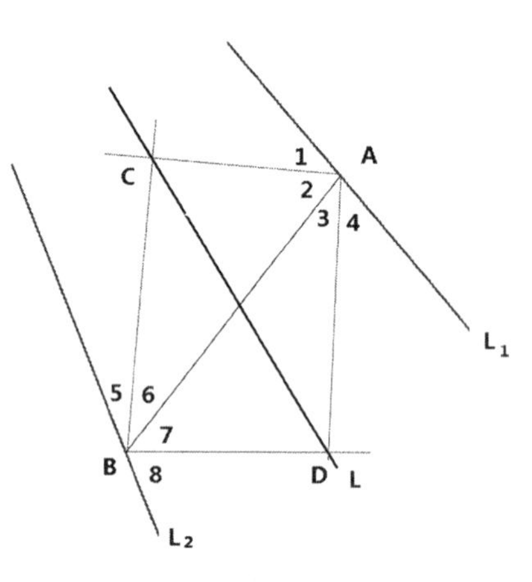

在已知直线 L_1、L_2 上分别取点 A 和点 B，连接 AB。并画出 4 条角平分线，使得 ∠1= ∠2，∠3= ∠4，∠5= ∠6，∠7= ∠8，由交点 C、D 画直线 CD，直线 CD 即为所求对称轴直线 L。

你能想出其他办法吗？有更加简明的方法吗？

李小雪自主学习的能力非常强。他给大家提出了一个好问题，班内同学纷纷参加了这道一题多解数学题的大讨论。当时统计共有十几种方法。多年过后同学聚会时，还能记得当时的讨论情景。当年热火朝天钻研学问的情景，正是现在学校教学中最缺少的！一流人才的产生离不开这样的独立思考！

解法 2

如图：

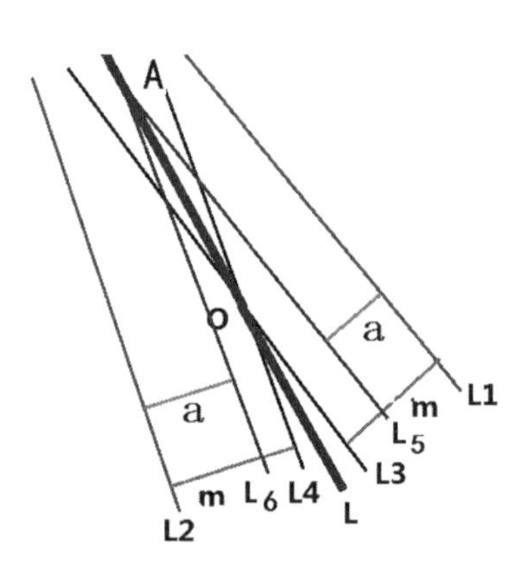

作直线 $L_3//L_1$，$L_5//L_1$，

设 L_1 与 L_3 的距离为 m，L_5 与 L_1 的距离为 a。

作直线 $L_4//L_2$，$L_6//L_2$，

使 L_2 与 L_4 的距离为 m，使 L_6 与 L_2 的距离为 a。

设 L_3 与 L_4 的交点为 0，L_5 与 L_6 相交于点 A，

直线 OA 即为所求。

解法 3

如图：

作直线 $L_3//L_1$，

设 L_1 与 L_3 的距离为 m。

作直线 $L_4//L_2$，

使 L_2 与 L_4 的距离为 m。

设 L_3 与 L_4 的交点为 0，

过 O 作角平分线 L，

即为所求。

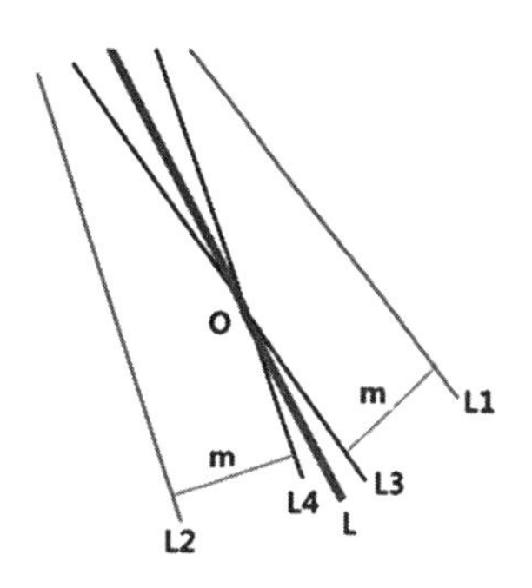

解法 4

如图：

在 L_2 上任意取 O 点，过 O 作 $L'//L_1$，

作圆 O，交 L_2 于 A、Q 两点交 L′于 B、P 两点。

作直线 PQ 交 L_1 于 R，

作直线 AB 交 L_1 于 C，

取线段 QR 中点 M，BC 中点 N，

直线 MN 即所求直线 L。

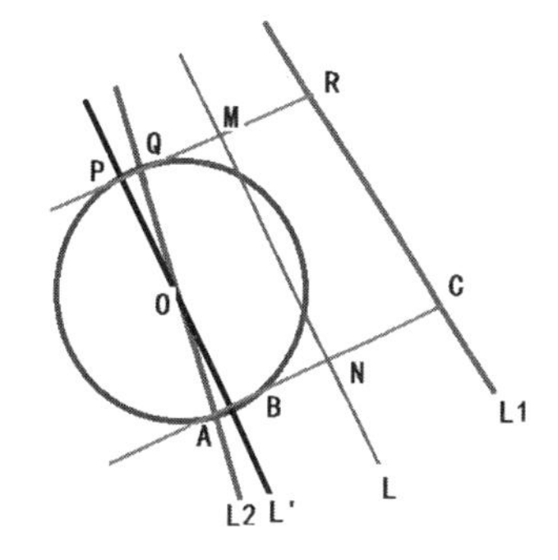

解法 5

如图：

在 L_1 上任取点 A，

在 L_2 上任取点 B，

作角平分线相交于点 O。

使得∠ 1= ∠ 2，∠ 3= ∠ 4，

作直线 L，使得∠ 5=90 度 − ∠ 4

直线 L 即为所求。

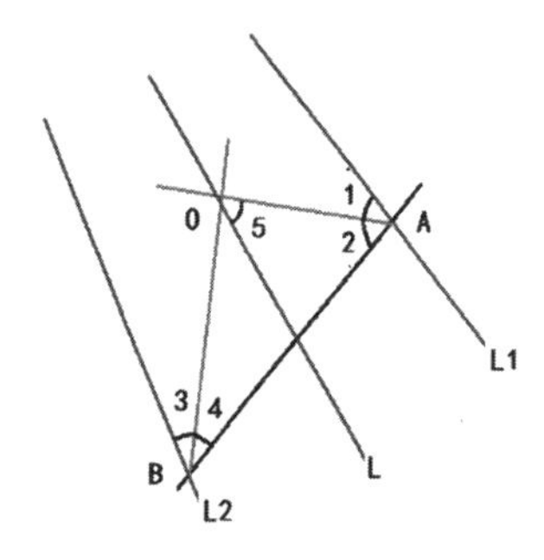

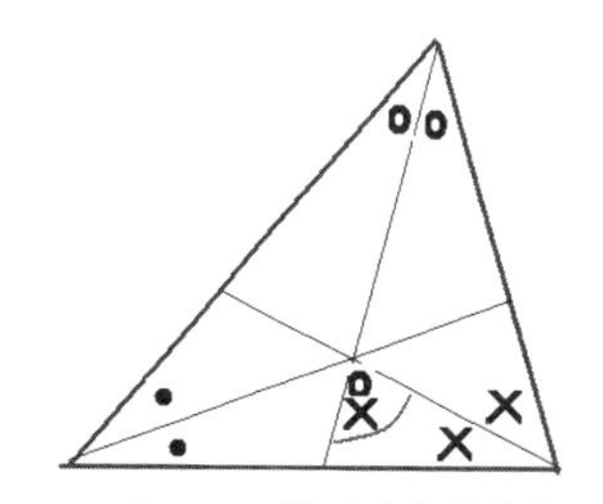

∠o、∠•、∠×这三个角的和为 90°。

解法 6

作图方法：

1. 作直线 L3//L2，交 L1 于点 O；

2. 过 O 作直线使得∠ 1= ∠ 2，交 L2 于点 P；

3. 作线段 OP 的垂直平分线 L，即为所求。

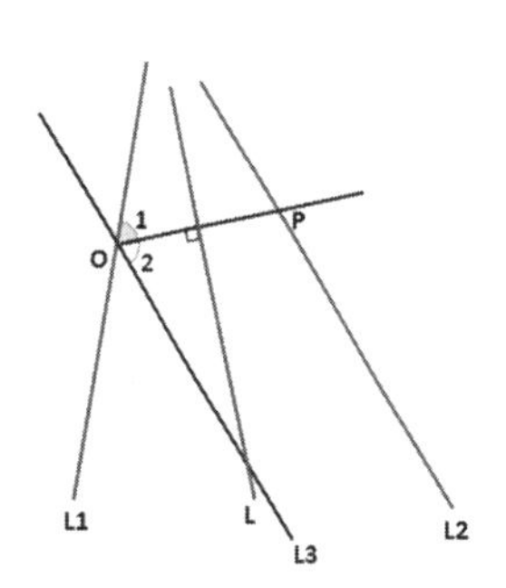

解法 6 非常精妙、简明，这是李小雪当年提出的解法，令人钦佩。他勇于探究，具有百折不挠的探索精神，能够

提出问题、形成假设，并通过科学方法检验求证、得出结论。李小雪同学为我们树立了学习的好榜样！

下面是语文题材的发散练习。

练习：元元迟到（编号 46）

二年级语文教材《一分钟》简介：闹钟响后，元元又多睡了一分钟。他过马路，追公交车都不顺利。他走到学校，迟到了 20 分钟，被李老师批评。元元非常后悔。

请你续写：当天晚上的事情。

下面是教学实况记录。

师：请大家踊跃发言。

生：元元回家就被爸爸批评，妈妈还打了元元的屁股，元元被迫写检查，做自我批评。

生：元元泣不成声。抱怨爸爸没能在学校附近租房住。

生：元元开始找自己迟到的原因了，想避免继续迟到。她想到在闹钟上下点功夫。

生：把闹钟定的时间，比今天提前 10 分钟。

生：没用。她是醒来不起床，又不是闹钟定的时间晚了。

生：原来那个闹钟属于打预备铃，再增加一个必须立即起床的闹钟。

生：元元耽误的第一节课，要请爸爸补上。

生：要求爸爸买自行车，乘公交车需要的时间太长。

生：要求在校住宿。

生：要求学校开设校车统一接送。费用吗？自助公补，价钱好商量！学校牵头肯定能成。

生：元元找到了迟到原因就是晚上睡觉太晚了，早上起不来。元元需要养成天天按时睡觉的习惯。

师：到此为止啦！为发言同学鼓掌！祝贺他们创造性的提高。

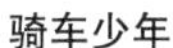
骑车少年

小学校车

历史题材的发散练习（编号 47）

1908 年 11 月 15 日，慈禧太后驾崩了。此前 20 小时光绪皇帝驾崩了。这个史实，顺遂了慈禧太后的心愿。慈禧本来担心，自己死在光绪皇帝之前，那么，光绪将会清算自己从前的所作所为，为康梁平反等。但是，慈禧又不愿意光绪死得太早、列强原本等待着慈禧早死，指望光绪恢复变法，一时半会还能暂时相安无事。一旦光绪早早死了，他们就会向慈禧施加压力，干涉内政，推行慈禧不能接受的理念，使慈禧太后压力山大。所以，怎样才能顺遂慈禧的心愿呢？就像历史中真实发生的那样，这里面的巧合是怎样实现的呢？

续写对话。

1908 年 9 月中旬，慈禧死前 3 个月，她找李莲英说："小李子，哀家想和皇上一起归天。你可有什么好主意啊？"

生：这里面要有阴谋。是吗，老师？

师：你如果研究这段历史，就要假定其中含有阴谋。先进行戏说和猜想，然后认真比照史实，研究破解，还原历史真相。如果，头脑空空自己以为是在客观地了解历史，那就会陷入迷茫，一无所获。如果能有针对性地猜想，能预见到阴谋会在哪里出现，你就会找到蛛丝马迹。然后下一番苦工，拨云见日。

生：慈禧要让光绪随时处于立刻就能死的状态。这还要让世界上所有人都不感觉突然，那就要宣传，光绪要死了。

生：到处给光绪找大夫，进行舆论准备。

师：说得好。请继续聚焦思维。

生：应该嫁祸于人，找个人替慈禧背黑锅。

生：如果慈禧死了，光绪上台，对谁最不利？当然是袁世凯！最怕光绪活到慈禧死后的人是谁？我看就是袁世凯。因为袁世凯曾在关键时刻，出卖了变法投靠了慈禧。所以，袁世凯最怕光绪上台，秋后算账，对自己进行清算。所以，慈禧应该嫁祸于袁世凯。

生：那就让袁世凯在天津找个好大夫。就说，听说天津有个中西医结合的高手，皇上病重了，需要接到北京给皇上看看病。

师：我们是一群阴谋家，构想出阴谋大戏。

生：只要把这大夫安排在光绪身边了，袁世凯将来就有口难辩。

生：因为袁世凯有谋杀皇上的动机。

生：慈禧将来真要与袁世凯合谋，一起毒杀光绪皇帝吗？

生：没必要合谋。凭借慈禧一人之力，就完全能办成了，随时把毒药准备好。

生：可以试试小剂量的下毒，保持下毒的道路始终畅通。

生：慈禧哪天身体不爽了，就下令毒杀光绪。这样就几乎能同时去世了。

生：我看不然。慈禧就是感觉不好，也许离死还远着呢！

生：依我看，最绝的是，顺其自然，让慈禧死在光绪之前！慈禧的寿命一天也不会少。慈禧咽气之后，秘不发丧，严格保密。慈禧死后，用毒药酒啊、奶酪啊、小吃啊、麻豆腐啊等光绪平时爱吃的东西，谎称是慈禧赏赐，让他服用，达到谋杀目的。这样一来，天衣无缝。一天之内，二人丧命。

生：这是天大的事。下毒的道路，关键时刻都可能遇到变故，慈禧不能放心啊。事情太大了，必须有最高级别的保障措施。

生：此时此刻那就派李莲英迅速亲自去伺候光绪皇上，一直伺候到光绪驾崩，也就是让李莲英马上离开慈禧太后去光绪身边执行更艰巨的任务。

生：光绪皇帝的医疗档案怎样造假？

生：把病案编写好，把日期留下空白。慈禧现在就派人清查皇上的医案，查来查去，结果是慈禧先死了，然后就是毒杀光绪。等到娘俩都死了以后，一忙一乱，肯定有机可乘，此时再把皇帝的造假医案换进去就可以瞒天过海了。

师：总结一下吧。

1. 李莲英亲赴瀛台督办，制造光绪病危舆论。

2. 请袁世凯荐天津名医献药诊病，嫁祸于袁。

3. 慈禧薨后保密，赐膳鸩光绪，造成先“崩”后“薨”的假象。

4. 编造无日期病案趁治丧之乱查改医档。

师：大家看的宫廷剧太多了，你们戏说历史的水平大有长进。对流行的说法，慢慢也就不那么盲从了，偏听偏信的事也就能减少了。

师：想要跌宕起伏，剧本要怎样浓墨重彩？编写出高潮场次？

生：光绪喝药之前，已经知道，慈禧死了，自己喝的是毒药。只要再坚持一天，天下就是自己的了。但是，忽然节外生枝……

师：你的“但是”之后，目前编得还不够圆满，继续努力吧。看来，胡说八道，也能增长学问，增长才干啊！

美术题材的发散练习（编号 48）

下图为笔者看到过的一幅中央美院学生毕业展的影像作品《白菜的幻想》，同学们可以动动脑，给影像作品重新命名。

生：我看原作的命名《白菜的幻想》，就很好。

生：这腿上的一排小棍也太粗糙了。就这腿部造型很不细致，用胶带代换小棍不行吗？

生：嘴唇更失败。用刀雕刻一个，细致点好看。

生：脸不生动。用白菜完成创作，很难弄好。

生：故意的，没选鲜嫩的材料，不选玲珑剔透的、如花似玉的、娇嫩欲滴的，反而选干瘪的、老帮层层的白菜。用意就是营造垃圾的感觉吗？

生：是少妇形象吗？一副慵懒、想入非非、白日做梦的感觉。

生：衣衫不整，穿着还比较暴露。

生：《海米公子，可来相会否？》，破落户吃不起大虾熬白菜，又留恋那点海味，就创造出了一道名菜：海米熬白菜。用经济实惠的海米，替代大虾。作品中白菜是破落户。

生：《我下一个去骗谁？》，继续在苦海中挣扎吧。经济上、精神上都不可救药了。

生：《苦海无涯回头是岸》，还是想走正道的啊。

学生评选出的最佳命名是：《豆腐，请保持联系》。

5-5-4　批判性与创造性的综合练习：分房方案（编号 49）

批判性时常和创造性密切相连。尤其在对别人的思维过程进行批判时自己要进行创造性思维。批判的方法就是：以子之矛，攻子之盾。例如有人说：“科学讲求，必须要‘眼见为实’。”有人反驳说：“依你所说，你爷爷有爷爷吗？你见过他吗？明明是存在的事实，但你没见，就不认为是事实了吗？”

相声《醉酒》对于如何进行批判，有过精彩的描述。一个醉汉让对方从手电筒的光柱上爬上去。对方说：“我才不爬呢。你这套我懂。我爬到一半，你一关手电，我不就摔下来了嘛！”从对方错误的言论出发，经过正确的推理，得到了新的错误结论。能灵活使用这种方法进行批判，他也到了高效思维自动化的层次了。

批判性和创造性的综合练习

这是早年间的事情了。区里给学校分来4套住房，大家为争得住房竞争万分激烈。校领导召集四大组开会，讨论指标分配方案。行政组在阐述自己的方案时说："美国分配席位就是类似方法。假定学校共100名教职员工，分4套房，平均25人占有一个分房指标。满足25人的部门可以得到相应的住房了。同时，也要减去已分得房的人数25人。然后哪组剩的人多，就把余下的住房指标分配到哪组。比如行政、理科、文科，其他科4组分别有15、35、30、20人。那么，文、理两组应先各分一套房，同时各自减少25人。于是4组剩余的人数分别为15、10、5、20。显然其他科20人最多，行政组15人次多，所以，其他科和行政这两组，各分一套房。"文科组代表拍案而起！大喝一声："你说的毫无道理！一共4个指标，行政组不到1/6，也想分得一套？理科组人数比你2倍还多，岂不应该分得两套？行政组代表摇摇头说："美国的席位分配都是这种方案，叫汉密尔顿方案，不用我为这个按比例分配的方案辩护。"文科组代表无可奈何，回到座位上生气。现在需要理科组代表发表关键言论了。

理科组代表设想：还是4组总共100人，按行政组方案分房。分4套房时，行政组能分到房；分5套房时，行政组反而分不到房了。由此说明行政组提出的方案是不合理的！理科组代表的设想，非常合乎逻辑。找出反例是推翻结论的“断命一刀”，以子之矛攻子之盾，就是当下最好的策略。

现在由你来设想出这样的一组数字吧！

要反反复复地调整各组的人数。答案不唯一。

答案：例如4个组人数分别为12、34、33、21。如果分的是4套房屋。按行政组方案：其中两组各分一套，余下12、9、8、21人。还有2套房子，再分给余下人多的两组各一套，结果四组各分得1套。如果分的是5套房屋：按行政组方案，其中3组各分一套，余下12、14、13、1人，还有2套住房，再分给已分房的其中两个组。于是，12人的那个组，就没分到住房。由此就说明，行政组提出的方案从根本上说，就不合理。

结果：由于理科组的据理力争，成立全校分房领导组，困难户直接申请，不再把指标分解到组。

讲评：这几十年的中国教育，思维的批判性和创造性的提高成为教育的短板，并阻碍了学生能力的全面提高。要解决这方面的问题，不是一朝一夕就能办到的事。但是，逐步从点点滴滴做起，形成系列，树立榜样，相信今后还是能大有成效的。

练习：循环小数问题（编号 50）

师：走班选课模式下，学生必须提高自学能力，尤其是理解能力。要学会自己给自己讲解，学会那些从来没学过的内容。这个本领，非常重要。

先看懂例题，再思考怎样把循环小数 $7.18\dot{4}\dot{5}$ 化为分数。

生：我体会，就是想方设法把循环节对齐了，再两个式子一减，循环的部分就巧妙地消除了。我正在想办法。

生：我有办法了，过程如图所示。

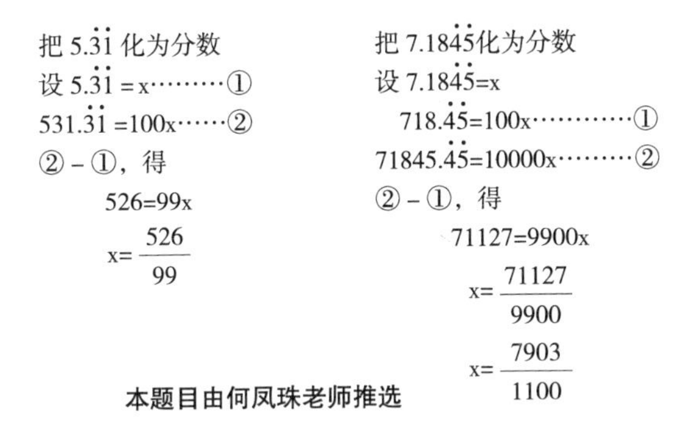

本题目由何凤珠老师推选

师：学会没？验证一下自己有没有学会循环小数化分数的本事。

讲评：现在提供给你们的学习材料，难度都不大，只要自己有信心，刻苦钻研，不怕困难，就一定能取得突破。

全章小结

提高思维的能力，就是要全面提高思维的品质。思维的品质包括 5 个方面：敏捷性、灵活性、深刻性、批判性和创造性。当前，尤其要提高思维的批判性。

要建立亲密的师生关系，要善于从别人的思维中发现问题。听话的学生偶尔成绩好，思考的学生永远成绩好。

要提高监控自己思维的意识，加强检查、修改、反思。要尽量发挥自己的长处，也要弥补自己的短板。

提高思维的品质，就是要落实到提高学生的核心素养，尤其是要提高学生批判质疑的能力以及问题解决的能力。中小学阶段，学生表面上似乎在探索外部世界，其实是一个探索自己的内心世界、自我发现的阶段。也是个体创新素质形成的决定性阶段。要重视学生内心世界的成长，要从纵横两个方向培养学生，一方面要视野开阔、独立思考、勇于实践、勇于创造，另一方面要深入钻研、互助合作、灵活深刻、严谨规范。

大家要共同努力，要唤醒沉睡着的创造力，点燃心灵深处的火，把我国沉重的人口负担，转化为宝贵的人力资源。

第六章　全面是指路灯，策略是方向盘

前面五章，主要讲解了要学会主观调控。本章内容将系统介绍策略知识，也就是奏响“思维四重奏”中的“第三旋律”，即指引思维方向的旋律。要提高学生的核心素养，其中有一半内容就是要提高学生的问题解决的水平。学生在校学习多年，关于策略的知识都是碎片化的内容，急需系统完善。走班选课分层教学的关键，就是要培养和提高学生解决问题的能力。把学生从面对陌生问题束手无策的囹境中解救出来。

本章内容的结构如下。

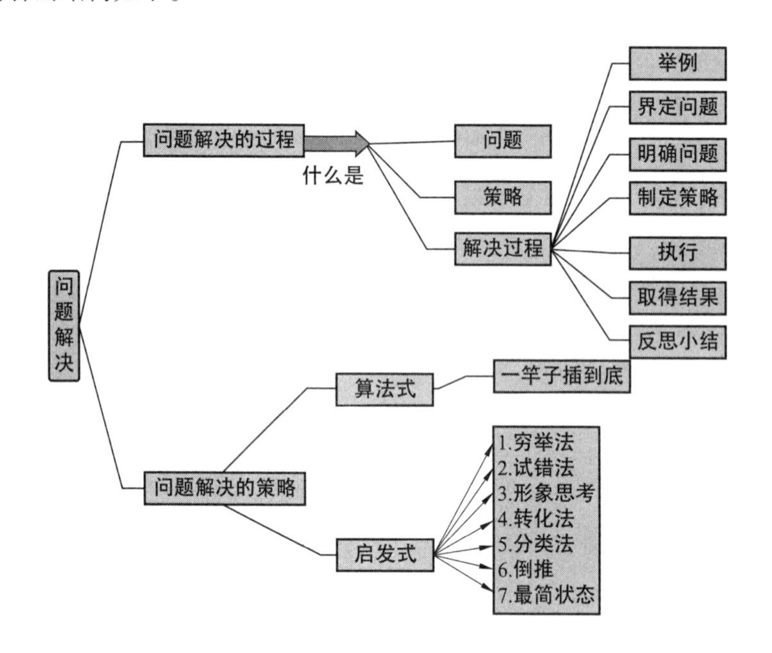

6-1

问题解决的概念、过程和策略

6-1-1　问题解决的三个概念

先要解决 3 个概念：什么叫问题？什么叫问题解决的过程？什么叫问题解决的策略？

问题解决中的“问题”是什么意思呢？可以把它理解为一种矛盾，一个情境，一个你没有直接明显的方法、想法或途径可以遵循的情境。也就是说，你“不会”的时候这是个问题。一旦你“会”了，就不再称为“问题”了。

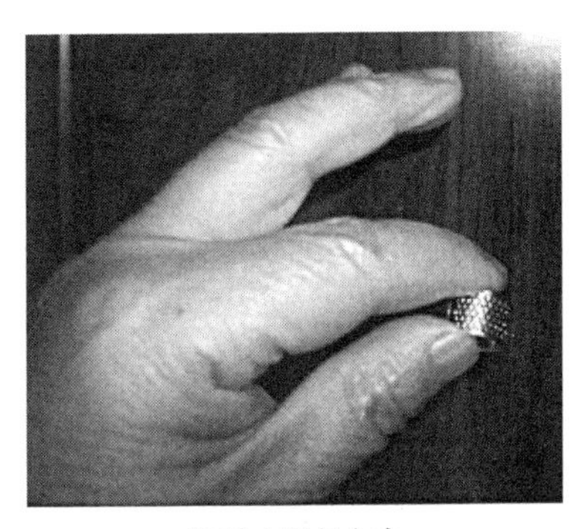

顶针太细怎么办

先看一个关于问题的例说。

过去做针线活，都离不开顶针。把顶针套在无名指中段，当针尖扎进棉布后，用顶针顶住针鼻，把针推进棉布，再用拇指和食指把针拔出来。那时的铜顶针很厚实，一个顶针可供几代人使用。我插队的时候，向邻居借顶针缝棉裤。妇女用的顶针口径太小，我手指较粗，戴不进去。怎么办？

看一看问题解决的思维过程：

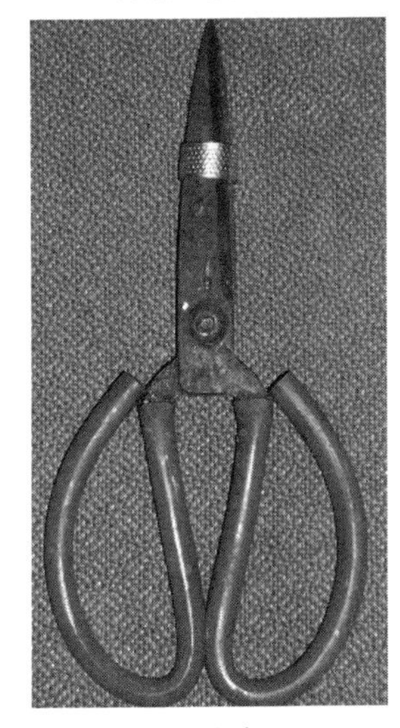

利用杠杆

尝试解决问题：上哪儿能借到粗大的顶针呢？村里有单身汉、单身老头有顶针吗？谁家男人做针线活呢？（转化）没有，都没有。那就从顶针自身入手，把顶针口径变粗。怎样才能让口径变粗呢？力量大的人能掰大吗？用钳子可以掰大吗？不能。根本伸不进顶针里面去。

找到问题解决的边界：需要制作新工具吗？还是在现有的工具中再想想？

明确问题：用什么样的现有工具可以使顶针内径变粗？

制定策略：借助杠杆原理，在顶针里面操作，撑开顶针？

提出问题解决办法：什么工具能伸进顶针里面呢？

实际操作：把顶针套在剪子的尖部，用两手掰开剪子的把儿，逐步抻开顶针，直到粗细合适为止，如图所示。归还时，用小锤打一打，可以恢复为原来大小。

老乡见到顶针变粗，赞叹不已，感慨说：“城里人读了书，就是比农村人更聪明。”

反思小结：

在明确问题，制定策略之后，要多想想有哪些工具可以利用。通过奇思妙想，巧妙利用现有的工具，也能解决遇到的问题。很多问题不需要制作新工具，动脑筋，在已有工具中发现它们的新的使用方法，既省时又省力。

一般说，解决问题的过程可以划分为 7 个步骤。

1. 举例说明，或者尝试问题解决，要知道问题解决了是什么样。

2. 找到问题解决的边界。明确什么是允许的，什么是不被允许的。

3. 明确问题。就是用自己的语言重新叙述问题，也称为重新表征问题。这是关键步骤。“把大象放进冰箱，一共三个步骤”，就是没能明确问题，没发现体积上的矛盾状况。

4. 制定策略。就是提出指导思想，这是问题解决的指路明灯。这是《有序思维》全书的核心内容，也是学生能力提高的主要标志。

5. 提出问题解决的办法。问题的解决方法不是凭空冒出来的，而是通过思考得出来的。大脑的聚焦活动比较充分时，右脑的形象思维很好地配合左脑的逻辑思维，长时间酝酿，即可爆发出智慧的火花。爱因斯坦说：“不是我比别人更聪明，而是我与问题相处的时间更长一些。”多想，就能出智慧。

6. 检验问题解决的方法。边进行，边改进，逐步缩小问题的初始状态和问题的目标状态之间的距离。如果执行策略，实施计划失败了，就要从失败中吸取教训，重新审题，开启新一轮的问题解决。要记住，无论从哪个方面学习，都不如从自己所犯错误的后果中学习来得快。几经反复，最后实现问题解决。

7. 反思小结。这是提高思维能力的核心环节，就像农业中的收获那样重要。要避免采取不加思考盲目前进的策略，要寻找能想到的一切新的尝试。也要避免“狗熊掰玉米”式的过程，做了一系列的练习，仍然几乎是两手空空。要积累基本的活动经验，学会关键的核心思路，掌握直接朴素的方法。真正的高手学习，一定会努力进行反思总结。

在上述问题解决的过程中，第 4 步，就是策略选择，或者叫制定策略。要发挥指导我们思想的理论基础的巨大威力。例如，要全面看问题，运用运动变化，相互联系的观点等。这就是前面反反复复强调过的，“思维四重奏”中的“第三旋律”—中提琴的作用。解决问题的策略，就是解决问题有组织或有条理的方法，是从已知的条件到达问题解决的最佳的求解过程。

在小学算术教学中，已经系统讲授问题解决的策略。

第七册第八单元——列表整理策略。

第八册第十一单元——画图和列表的策略。

第九册第六单元——用枚举法解决问题的策略。

第十册第九单元——逆推策略。

第十一册第七单元——用替换法解决问题的策略。

第十二册第六单元——转化的策略。

回顾 5.1.2 小节讲思维品质的敏捷性时进行的“‘口’字加两笔”的练习。当时解决问题的过程如下。

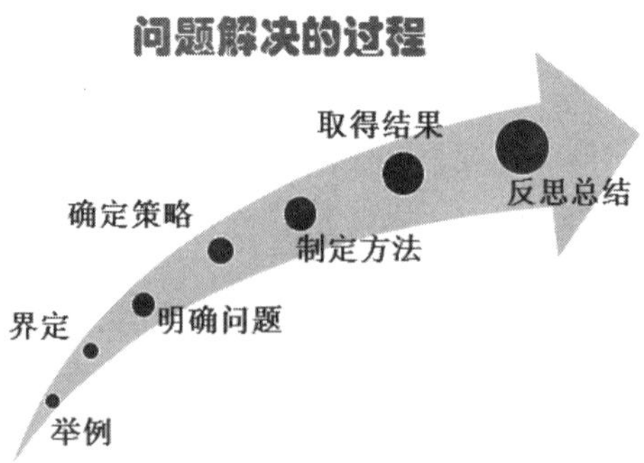

1. 举例：

把问题具体化，“加”“可”符合条件。

2. 界定问题：

字典是依据。“同”不行，“回”可以。

3. 明确问题：

一共 5 笔，其中包含“口”字，字典上有的字。

4. 制定解决问题的策略：

分类，可以分为 4 类：两笔都在内，两笔都在外，两笔一里一外，含有穿越。

5. 按策略制订计划：

按 4 类分别去寻找，再重新反复地进行补充。

6. 取得结果：

尽快书写，想出一个，记录一个；再继续想。

7. 检查与反思：

有没有重复的、不合规范的，并清点个数。

在此，最关键的提速措施是什么？就是用到了“分类”的策略，分成“两笔都在内，两笔都在外，一里一外，含有穿越”4 种类型。我们启用分类思考的模式，其中的分类思考就属于“策略”。经常说的，转化、分类、倒推、数形结合等，构成了解题的策略系统。各个学科都涉及这些策略，但是都没有系统讲解。因此，《有序思维》要用 4 节篇幅完成这个重要补充。

而在开讲具体的策略之前，要特别强调有序思维在问题解决中的“序”，也就是上面所说的，问题解决过程中的 7 个步骤。

现在在走班选课中，尤其要注重问题解决的第 7 个步骤，就是反思小结。要努力在脑组织中，同化吸取大脑中原有的信息成果，固化成新的神经网络物质，为将来的迁移和继续学习准备物质基础。

反思小结会产生新的神经网络物质，这是科学发展的伟大成就。下面对此进行简单的介绍。

美国休斯顿贝勒医学院的乔治·安伽做过著名的大鼠惧黑实验——产生黑暗时电击老鼠，反复进行，直到老鼠形成恐惧黑暗的条件反射。之后从这批老鼠的脑提取液中发现了一种全新的物质——“恐黑素”。当人们把“恐黑素”注射到金鱼脑中，金鱼也产生了这种逃避黑暗的能力。“恐黑素”的化学结构非常简单，不过是由 15 个氨基酸组成的肽链。背诵一段文字，也会在头脑中制造出了一小段神经网络新物质，对这个新物质，如果长久不应用、不提取、不激活、它就会分解，从而忘记记住的文字。

但是，再次背诵同样内容，将比前一次节省时间，说明该物质曾经存在过，它会留有痕迹。而解决问题之后的反思，也同样是在制造神经网络新物质。在学习时，如果学生只顾进行重复练习，不去总结，并不能生成新物质，那么就与那些善于反思总结的学习高手，拉开越来越大的距离！从今以后，别再以为在读书和思考上花费的时间越多，花费在做题训练上的时间就越少，要时刻牢记，举一反三是学习的发动机，重复练习是耗时的无底洞。

我每次讲到这段“回头看”和“恐黑素”后，都要有个插话，如鲠在喉，不吐不快。众所周知，老鼠在自然环境中是昼伏夜出的动物，不会害怕黑暗。但经过惧黑实验，形成条件反射，竟然能产生“恐黑素”。类似的，可以大胆设想，老鼠在自然环境中是害怕蛇的。把蛇置于昏死状态，定时放在大鼠身边（弄昏死是防止它把老鼠吃掉），与此同时，给老鼠好吃好喝，还给交配机会，让它快乐，使它见到蛇就无比兴奋，充满期盼。条件反射成功建立之后，同样地，从这些老鼠的脑提取液中去寻找一种全新的物质——“爱蛇素”。把“爱蛇素”注射到金鱼脑中，也许金鱼见到水蛇，就会兴奋。然后，把恐黑素和爱蛇素比较异同。制造出两个系列的神经网络新物质：恐素 1、恐素 2……爱素 1、爱素 2……再把它们注射给老鼠、金鱼，看看它们有什么变化，如恐惧什么，热爱什么。也就是说，制造出一批物质，一批能决定意识的，而不再通过条件反射来产生的物质，研发类似这样的全新的物质对人类社会意义重大。脑科学实在是太引人入胜了，给学生上完课之后，有好几个顶尖学生决心献身脑科学。这就叫作不是把学生的篮子装满，而是点燃他们心灵中的火焰。也像我一样，14 岁时听了张厚灿老师的心理学讲座以后，一辈子迷上了心理学。

6-1-2　问题解决的演示

练习：解救瓢虫（编号 51）

看看右面的图形，像什么东西？

用火柴摆成的，打苍蝇的拍子。左面是七星瓢虫。瓢虫是害虫吗？七星瓢虫是益虫啊，它们在菜园吃害虫。

本练习是个移动火柴的游戏。

有个小朋友，把七星瓢虫，当成害虫了，按在了苍蝇拍里面。现在的任务是，移动 3 根火柴。保持苍蝇拍原来的形状。但是，要把七星瓢虫移动到苍蝇拍的外面。

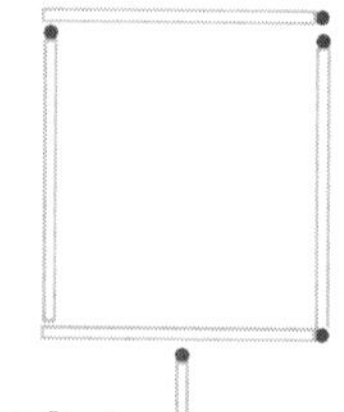

蝇拍

1. 用例证简化问题。

先尝试移动一次，这样做是为了对这道题有直观的了解，也是把抽象问题转成具体问题的过程。

什么叫：瓢虫处于苍蝇拍之外？

如图移动，瓢虫已移到苍蝇拍外面，同时苍蝇拍的形状保持不变。但是移动了 4 根火柴，尝试失败。

这次移动虽然失败了，可是由此真正理解了问题，所以，这样的尝试必不可少！大脑中的聚焦思维活动也开启了。

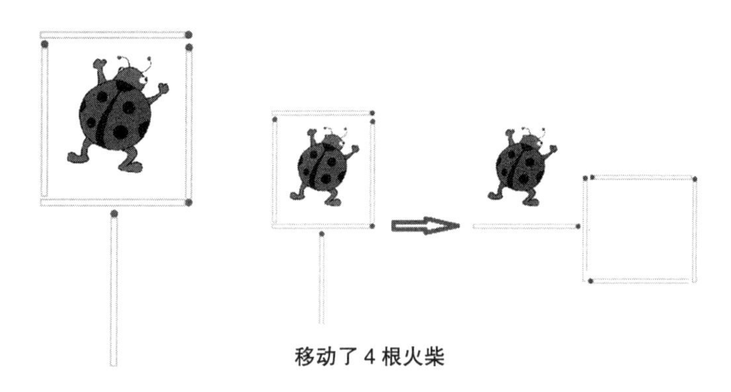

移动了 4 根火柴

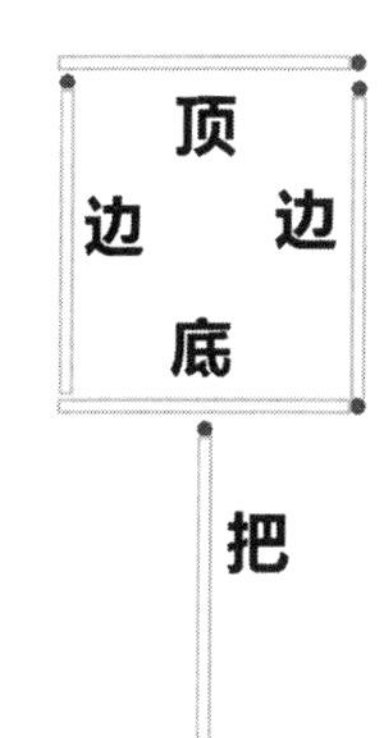

2. 界定问题。

刚才的尝试，是移动了 4 根火柴。题目的要求是，只能移动 3 根火柴。

3. 明确问题。

本题目一共涉及到 5 根火柴。要求移动的是其中的 3 根火柴。

也就是保留两根不动。其中的“不动”较好选择，而“移动”难想：移动谁？移动到哪？

重新叙述问题：保留两根不动，去掉余下的 3 根，重新组合蝇拍，使得瓢虫在外面。

4. 采取分类讨论的策略。从 5 根火柴中，选取其中两根不动。这不动的火柴可以用分类的方法进行描述。

5. 提出解决问题的计划、方案。把 5 根火柴分别命名。

第 1 种方法：不留“把”。留下“顶”“底”“边”中的两根？

第 2 种方法：留“把”。再从“顶”“底”“边”中留 1 根。

6. 取得成果或结论。

保留“把”和一个“边”，把“底”平行移动，使得“边”变成新的“把”，“把”变成新的“边”。

7. 回顾与反思。

审题，是解决问题的先决条件。

先用尝试的方法理解问题。

然后运用转化的策略以及分类讨论 的策略。把“移动 3 根”转化成“2 根保持不动”最为关键。

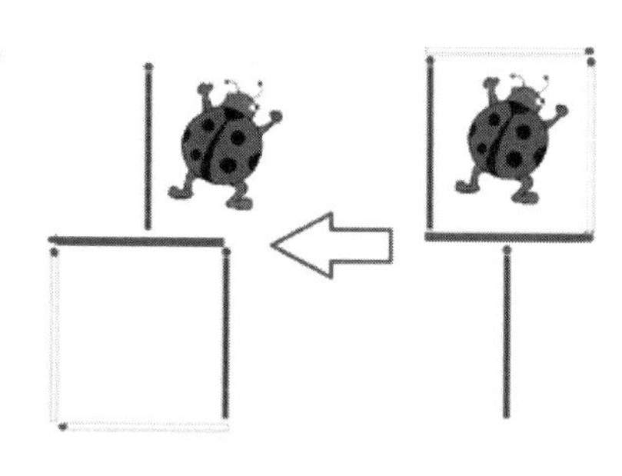

讲评：通过这个练习，发现自己的解题过程时常存在下列缺陷：过程不够完整。思维聚焦的时间太短，尤其是自己时常审题不细致，不能逐步聚焦。策略不明确，反思小结常被忽略。知识碎片化，而内化又缺乏系统性。

所以我们要重视对策略知识和解题方法的总结。总结反思，是继续学习的本钱，要精心积攒解题经验。只要学生没能对自己的学习活动进行反思，思维就达不到高一级的层次。

策略知识是最重要的知识，最重要的学习是关于方法的学习。所以，学方法首先就要学策略。

练习：拿筷子（编号 52）

丢丢家里来了客人，连同主人共 5 人。筷子笼里有 3 种筷子。丢丢抓出一把筷子，配够 5 双，再把手中剩余的筷子放回去。至少要抓出几根筷子，才能保证配够 5 双？

筷子笼

师：希望你能在制订计划前有详细审题过程，必须深入钻研，万万不可粗心大意！

师：请自觉比照问题解决的步骤，按这些步骤进行思考。

生：第 1 步，先用实例展示问题，启动思维聚焦。

生：假设丢丢抓出 10 支筷子，3 种筷子分别是 4 支、4 支、2 支。结果就配够了 5 双。但是，如果有的筷子出现单数，那他就凑不成 5 双筷子了。

师：说的很好。继续举例。

生：假设丢丢抓出 15 支筷子。三种筷子都是 5 支，每种筷子都能配够两双，一共配了 6 双，也就是配够了。同时还剩下 3 支筷子，一样一根。如果凑巧还能配出 7 双筷子。

师：从对称逻辑出发，不但要知道什么叫“配”，还要知道什么叫“不配”。

生：两支一样的，就叫配啊。剩下的几支互不相同，就叫“不配”。

师：继续理解“不配”。一共有 3 种筷子。出现“不配”的情况了，一共有几种可能？

生:可以一支不剩，也可以只剩 1 支，也能剩下 2 支不同的，最多能剩下 3 支不同的。

师：因此，抓 15 支筷子。够吗?

生：足够了。多时能配凑 7 双，少了也能配凑 6 双。

师：为什么?

生：如果 15 支都一样，够 7 双了吧！最多只能剩 3 支不同的筷子，也就是说其余 12 支可以配成 6 双筷子。

师:问题解决的第一步，举例说明。我们完成了思维聚焦的第一步。下面是第 2 步。第 2 步要干什么?

生：第 2 步是明确问题。

师：题目说的保证够 5 双，又要拿的最少。这是什么意思?用你自己的话改写题目要求。

生：就是拿来的筷子有可能配够 6 双，甚至 6 双以上。但是要总能保证配够 5 双。

师：大家同意这说法吗?

众答：同意。

师：第 3 步干什么?

生：第 3 步是界定问题。

师：有什么是不允许的吗?

生：没有。答案肯定比 15 小。比 10 大。

师：第 4 步该干什么呢?

生：第 4 步提出解决问题的计划或方案。

师：这步最难。刚才分析了，15 支筷子，最多能剩 3 支，因此最少也能配够 6 双。如果是 14 支筷子呢?最多配够 7 双。最少能配几双呢?先问问最多剩下几支吧?

生：三种筷子各剩 1 支，最多就是剩 3 支。

师：大家同意吗?

生：一共 14 支。如果剩 3 支，那 11 支筷子够分配的吗? 11 是个单数，这 11 支筷子配对岂不还要剩。所以 14 支筷子最多只能剩下两支。也就是 14 支筷子最多能配 7 双，最少能配 6 双。

生：我制订的计划是：从 14 支开始，每次减少 1 支。看看到哪个数就不能再减少了。不能再减少时就得到答案了。反正 10 支是不行的。那也就是只需要考虑 13、12、11 这 3 种情况。

师：这种解题策略叫“试错法”。

师：下面就是第 5 步——执行计划。

师：从 13 开始，每次减 1 支，依次分析 13、12、11 这 3 种情况。

生：13 支时，最多能剩 3 支筷子。所以那 10 支能配够 5 双。

生：12 支时，最多只能剩下 2 支筷子。所以也能配够 5 双。

生：11 支时，最多可以剩 3 支筷子。所以只能保证配 4 双了。

师：下面的第 6 步是——取得结果。

生：11 支有可能配不够 5 双；12 支保证能配够 5 双。所以题目的答案是 12 支。

（全体鼓掌）

师：第 7 步是——反思小结。

师：这道题解题思路不明确，结果是试出来的。

还有一种解题策略叫“从头想起”，也可以解答这道题。它是从最简单的情况出发，堆积起来解决问题。什么是最简单的同类问题呢？

生：最简单的问题就是，只有 1 种筷子。10 根就是 5 双筷子。

生：最简单的问题就是只需要 1 双筷子。

师：1 种筷子你直接抓出需要的数就可以了。现在考虑 3 种筷子。从中抓出几根，就可以保证出现成对的筷子了呢？

生：有个“抽屉原理”。抓 4 支就必有一双了。

师:好。从这 4 支中,取走配好的一双(如果配好两双也只取一双)。再添加 2 支筷子,又可以取走一双。每增加两支,都可以取走一双。添加 4 次共加 8 支。连同原来的 4 支,一共要 12 支筷子，就能保证配够 5 双了。这是对于方法的反思。下面继续思考。

师:“举一反三”的“三”在哪里？就是把“从 3 种筷子取 5 双”变换一下数字,如何？

生：举一反三之一，改成从“3 种筷子取 10 双”，结果如何？（众答：22）

生：举一反三之二，改成从“4 种筷子取 10 双”，结果如何？（众答：23）

师：举一反三之三，升级到抽象层次，“从 N 种筷子中取 M 双”，结果如何？

生 A：是（N+1）+2（M−1）吗？

众答：对！

讲评：

《有序思维》的一个核心理念就是对知识的反思要成片，对问题的反思要成串。

要自主学习构造系统，举一反三是学习的发动机。如果能和老师、同学在一起，在交谈中推进思维的进程，将是最高效的学习过程！再次引用爱因斯坦说的话：不是我比别人聪明，而是我与问题相处的时间长一些。《有序思维》认定：举一反三是开窍标志，自主学习是成功源泉。

练习：扑克残局（编号 53）

这个问题的解决，需要学生体会问题从起始状态向目标状态的变化过程。

师：下面进行本节课程的综合练习，它是北京五中的王今男同学（2004 年考上清华大学）在 1999 年刚上初二时编写的，游戏的目的是甲方五人一伙将己方的“J”拦住。

师：扑克残局游戏，是按“争上游”或者说“捉娘娘”的规则进行。按逆时针方向顺序出牌，甲先出牌，第一个出牌的可以出“单”，也可以出“对”，下家出的牌要超过刚出的牌，不管就是放弃，由自己下家继续。出光自己的牌以后，如果没人能管住，就由下家接风，坐车出牌。甲、乙、丙、丁、戊 5 方都把牌出完了，即可成功拦截己方的“J”。

扑克游戏——残局

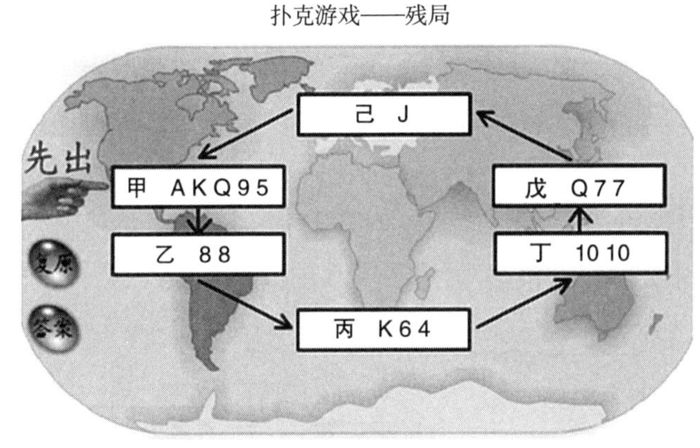

王今男编题

师：看一个失败了的操作。9、K（丙）、A，5、6、10、Q（戊）、K，Q，接风 88，接风 4、10、己方 J，此时还剩戊的 77。“甲方一伙人”输了。

师生讨论切磋，气氛紧张热烈，一直到下课。学生还在喊：“不要公布答案。再给我们最后一分钟。”

要活捉己方“J”的关键是解决主要矛盾，表现在，丙的 4，必须在对 8 给车接风的情况才能打出。因此，丁的对 10 必须掰开打。

也可以用倒推的策略。猜想，最后的几张牌要怎样打才可以胜利拦截 J？如果用穷举的办法，要结合“剪枝”，减少思考的路线。

本练习思维很有长度。应该考验自己的耐心。不会难题还情有可原，这个扑克残局，从自尊上说，你也要决心把它拿下。

万分无奈了再看下面的答案。

K，Q，9、K（丙）、A，5、6、10、Q（戊），77、88，4，10。

上面讲解了问题解决的三个主要概念，即：

什么叫问题？没有直接明显的方法、想法或途径可以遵循的情境。

什么叫问题解决的过程？大体上可以划分为7个步骤，核心有3点，要加强审题，思维聚焦需要这个过程；要选择策略，让指导我们思想的理论基础发挥作用；要长久地自省、反思、总结，举一反三，实现从解决问题中最大化地取得收获。

什么是问题解决的策略？就是解决问题时形成有组织或有条理的方法，是从已知的条件到达问题解决的最佳的求解过程，包括转化、倒推、形象思考等。

要加强审题，与问题相处的时间长一点。要系统学习解题策略。自省、小结与反思，是自主学习最重要的标志！要做到知识成片，问题成串。坚持举一反三，构架知识系统。

6–2 算法式，以及算法式与启发式的比较

6–2–1 问题解决的策略系统

在6.1节中简单介绍了“策略”，本节将系统地介绍“策略”，以帮助同学们更好地掌握并运用它。

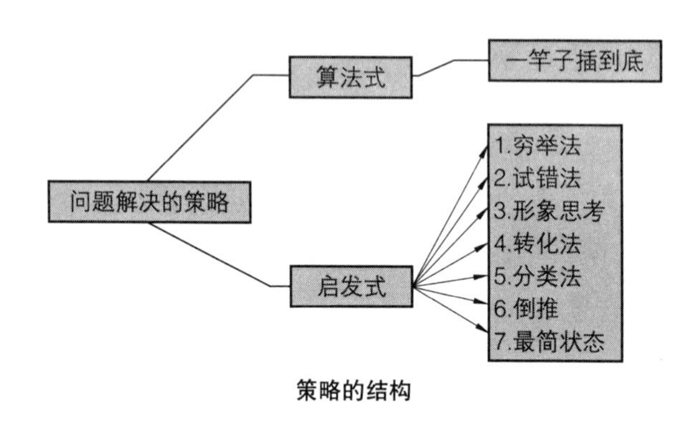

策略的结构

问题解决的策略，大体上可以分为两大类。一类是算法式，也被称为“一竿子插到底”的策略。另一类是启发式，包含7种常用策略，分别是穷举法、试错法、形象思考、转化、分类、倒推和最简状态。

6–2–2 算法式——猜价

理解问题之后会发现：若想取得结果，其中并没有不可逾越的障碍。“算法式”指明了解题的步骤。其策略的特点是不转化，不分解，解题步骤一竿子插到底。解决问题就像是计算机专家那样用编写程序的方法，统一解决。

练习：猜价（编号 54）

在课堂上，选一位学生进行猜价格游戏。

师：有一本书，它的价格在人民币 40~180 元之间，是个整数。我们大家看了价格，但是猜的人不知道。现在，请你猜出一个数字，我们大家可以告诉你，你猜的是高了，还是低了。你要用最少的次数猜出这本书的价钱。

想象一下这游戏的过程？猜的人肯定能成功吗？从 41 开始，每次加 1 元，这办法好吗？开始时报价多少合适？知道调价方向了，变动几元合适？然后……你能制定出完整策略了吗？

指定了猜价格的学生以后，在班级面前公布价格小条。

预售*快思慢想/思考快与慢Thinking Fast and Slow繁体中文版

114. 00元

一般说，游戏进展顺利。

师：猜价格开始。

生 A：猜 110 元。

众：低了。

（以后过程从略。大约猜 5 次或 6 次命中。）

师：继续指定学生 B，再猜一次（学生 B 给出第 2 次出示的价格，例如是 162 元。过程从略）。

师：大家想一想。如果选的人是你，你会制定什么样的策略？

生 B：从中间价钱起步。寻找范围缩小到原来的范围的一半后，继续从新范围的中间价起步。每次把寻找范围缩小到原来的一半。

师:学生 B 的叙述非常简明。你们学过计算机的程序编写吗？学过“条件语句”“循环语句”吗？这个计算机程序很容易编写。这就叫“算法式策略”或“一竿子插到底”。大部分同学选择了“对半推进”的方法。例如从 110 元开始，对半推进。一般猜五六次就可以成功。

6-2-3　问题解决的定义和核心成分

问题解决，就是在问题状态空间中找到一条从起始状态到目标状态的路径。

而问题解决的核心成分如下。

1. 问题的表征，即重新叙述，更直观地表示。
2. 问题状态的识别，即明确与目标状态的差异。

3. 操作的选择和应用，即寻找新公式或其他模式。

其中 1 和 2 是问题解决的步骤中的审题工作，即举例、界定和明确问题等，而 3 是策略的选择。如果能够一竿子插到底，那就属于算法式，寻求公式加以解决。如果不能用推导出类似公式的办法解决，那么就要用到常见的 7 种新的模式——启发式。

6-2-4 比较算法式与启发式

如图所示，长方体 ABCD-A′ B′ C′ D′ 的 ABB′ A′ 、BCC′ B′ 和 A′ B′ C′ D′ 平面上分别有 P、Q、R3 个点。请求出平面 PQR 与平面 ADD′ A′ 的交线 EH。

【算法式的解决途径】

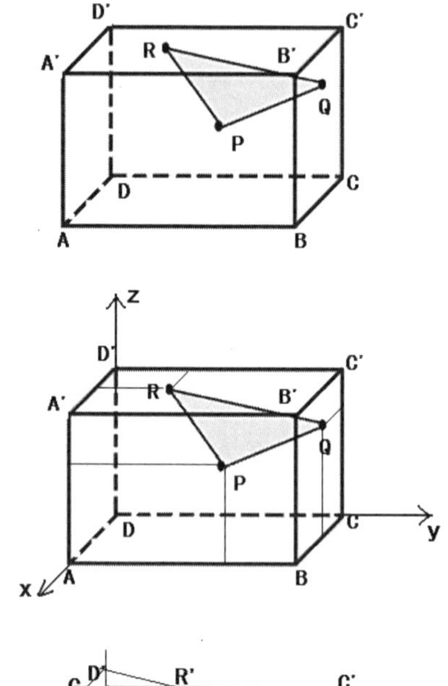

选取 D 为原点，建立空间坐标系。命名 P、Q、R3 个点的坐标。因为学生还没见过向量，所以用坐标系进行说明。并设平面 PQR 的方程为 z=ax+by+c（低年级学生能理解用坐标系的方法，但是难以理解向量方法）。用待定系数法，代进 3 个点坐标构造出方程组，解出 a、b、c，得到平面 PQR 的方程。把平面 PQR 的方程与平面 ADD′ A′ 的棱 A′ D′ 的直线方程联立，求得 H 点坐标。把平面 PQR 方程和平面 ABB′ A′ 的棱 AA′ 的直线方程联立得到 E 点的坐标。（解毕）

【启发式的解决途径】

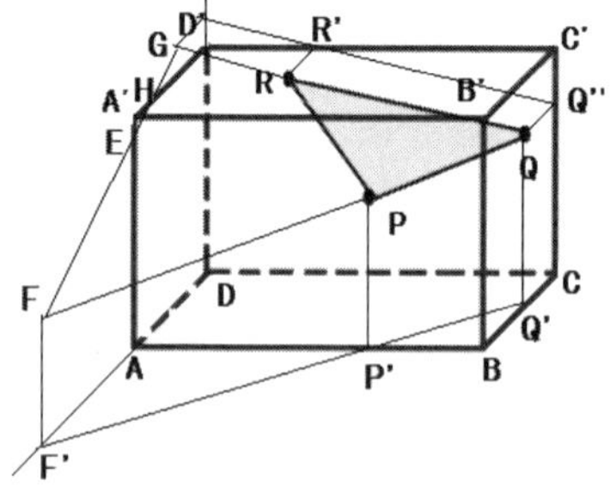

先求直线 PQ 与平面 ADD′ A′ 的交点 F。因此需要把线面交点 F 转化成直线 P′ Q′ 与直线 DA 的交点 F′，再求出平面 PP′ Q′ Q 与平面 ADD′ A′ 的交线 F′ F，得到直线 QP 和直线 FF′ 的交点 F。同理求得直线 QR 和平面 ADD′ A′ 的交点 G。连接 GF 交棱 AA′ 于 E，交 A′ D′ 于 H。（解毕）

（由一系列的转化，逐步缩短起始状态到目标状态的距离。只差一步也叫失败。）

2002 年有一次上课，刚讲到这，就有一个学生另辟蹊径。说把长方体按到墨水盆里，让水平面过 PQR 三点。水面与左侧面的交线即为所求！当然这种解法也属于启发式。

如果给低年级学生上课，可以用下面的问题替换。在长方体的上平面和前平面分别有点 A、B，如何测量或者计算出线段 AB 的长度？

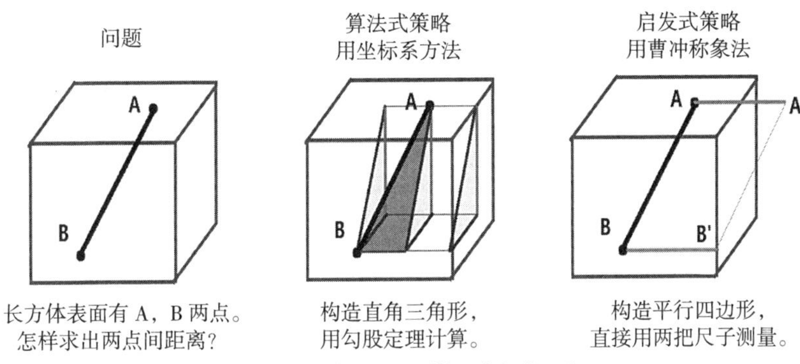

长方体表面上有 A、B 两点。如何测算两点间的距离

可以用“算法式”策略。相当于利用坐标系，构造出一系列的直角三角形。再两次应用勾股定理进行计算，势如破竹，一竿子插到底。

也可以用“启发式”策略。通过转化的方法间接测量出 AB 的距离。如图，过 B 作 BB′ 平行于长方体的棱，交右面于 B′，测量出 BB′ 的长度。然后作 AA′ 平行于前平面的上面的棱，所以 AA′ //BB′ ,且要使得 AA′ =BB′，构造出平行四边形 AA′ B′ B 后，用一根尺表示 AA′ 的位置，并标示出 A′ 点。这样就把 AB 的距离就转化成了 A′ B′ 两点间的距离了。用另一把尺，就可以度量 A′ B′ 的长度。这就是曹冲称象的方法——启发式中的转化的方法。

数独游戏，一般人只能用启发式。转化成 7 种解定类型，逐步填数，完成全部要求。当然，也可以用编程的方法，给出算法式的解答。

6–3 启发式中的穷举法与试错法

6–3–1　穷举法、试错法的概念与例说

“穷举法”的基本思想是根据题目的部分条件确定答案的范围，并在此范围内对所有可能的情况逐一验证，直到全部情况验证完毕。若情况验证符合题目的全部条件，则为本问题的一个解；若全部情况验证后都不符合题目的全部条件，则本题无解。

计算概率时常常要用到穷举法。例如，从 1 到 100 这 100 个整数中，是质数的概率是多少？对于这样的问题就要把 2、3、5、7、11、13、17、19、23、29、31、37、41、43、47、53、59、61、67、71、73、79、83、89、97 都一个一个地数出来，再统计出数量为 25，通过计算得出概率为 1/4。

试错法概念：不是寻求解答的逻辑过程，而是通过尝试各种可能的情形得出答案，它并不追求所有的可能情形。充分利用已有条件，选择信息较多的某些可能，进行尝试。动物也会用这种试错的策略。例如，在受限空间，苍蝇会向很多方向乱飞以寻找出路。

有一列数：1、2、2、3、3、3、4、4、4、4、5、5、5、5、5……其中1出现1次，2出现2次，3出现3次，4出现4次……也就是数字n要出现n次。问：这列数中第118个数是几？

生：我猜，不到20，但是比10大。

师：试错吧！

生：试试18。首先计算1~17一共有多少项，即1+2+3+4+……+17=153（平均数9，乘17），也就是18从第154项开始。超出了。因此第118项到不了17。

生：我想试试15。首选计算1~14一共有多少项，即1+2+3+4+……+14=105（首末两数的和为15，共可以凑成7对这样的数）。从第106项开始列出15个15，其中的第118项是15。

师：两次试错就成功了。试错属于最基本的方法，它也是思维聚焦的重要环节。所以，试错法在解题中可以作为优先采用的策略。

讲评：试错的极端，也可以转化成穷举。如用列表法，堆积到14列时得到的数为105，即可推导出106项到120项是15，也可得到答案。

下面继续看，用“穷举法”或者“试错法”的策略解决问题。

6-3-2 六边形对角线交点问题（编号55）

六边形对角线交点的个数最多有几个？

师：在多边形中，不相邻的顶点的连线叫对角线。那么，四边形的对角线的交点有几个呢？

生齐答：1个。

师：五边形的对角线的交点有几个呢？

生：5个。

师：现在研究六边形的问题。题目中问最多有几个，“最多”是什么意思？

生：就是对角线的交点不能重合，即不能出现三线共点。

师：你画的图，最后画出的那根对角线造成三线共点了，怎么办？

生：必须重新画。

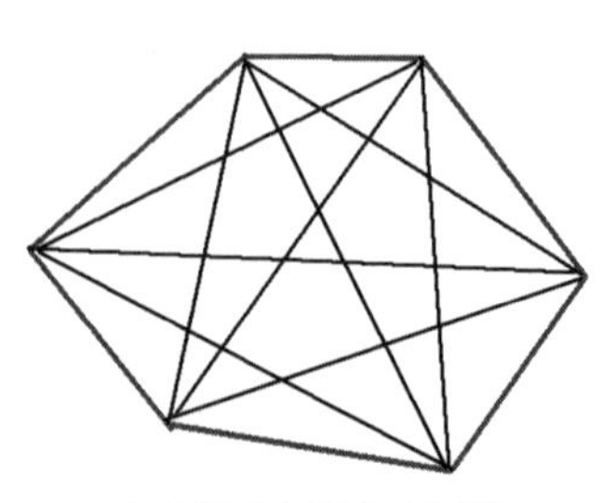
六边形对角线交点问题

师：一定要重新画吗？

生：画得弯一点，就能不重合了。这也不影响交点个数的统计吧。

师：这个补救办法很好！表现了思维的灵活性。

师：两条对角线延长出去，就能有交点。这种交点算不算数？

生：不能算。题目说的对角线是线段，不是对角线所在的直线。

师：画图时还要注意些什么？

生：图要画得大一些，线段太多，交点集中了不容易数。

师：猜猜看，咱班有谁不会这个问题？

生：应该没人不会吧。

师：能取得正确结果的比例有多少？

生：这问题很简单啊！我猜百分之百的人都能数对。

师：希望你们班能打破历届学生做这道题的正确率的记录啊！

（一般结果要比学生预想的坏很多！只好心服口服，承认眼高手低。决心提高自己的科学素质。）

师：完成以后，要自觉地检查、反思、小结。请回答你准备怎么做？

生：先检查一下，是不是 6 条边。

师：这似乎应该更早发现。刚画完多边形就应该查验边数。好，继续说。

生：看看有没有漏画的对角线。要重新数交点，因为交点凌乱无序，要不重复不遗漏。

师：能在事先就想到这些工作，说明你们认识问题、分析问题的能力提高了很多。

生：还要反思。对角线交点的个数，与边的数量之间，有什么关系？

师：想不出来怎么办？

生：画七边形，继续探索，归纳出其中关系。

6-3-3　七边形对角线交点问题（编号 56）

七边形对角线交点个数最多有几个？

师：总要想出办法，要按照一定的顺序去编号，计算，按系列进行数算。

师：如果用抽象符号表述问题。用 D(4)=1 表示，四边形的对角线交点个数是 1。那么怎样表述你现在的问题？

生：目前已经有 D（4）=1，D（5）=5，D（6）=15，问 D（7）=？ D（n）=？

四个顶点决定一个交点。

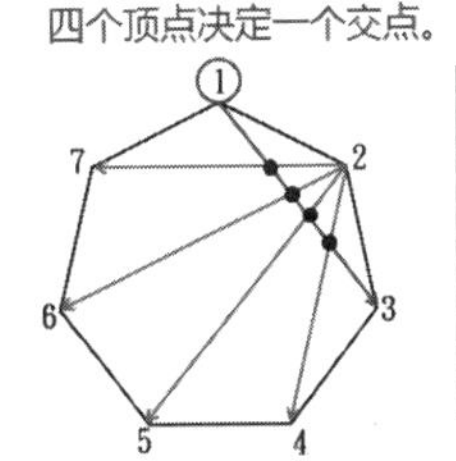

何凤珠老师绘图

师：求 D（7）等于几，就要用到穷举法了。从 1、2、3、4、5、6、7 中选出 4 个组成一组，让对应的 4 个顶点构成一个四边形，就对应了一个对角线交点。而任何一个对角线的交点，都可以找到产生这个交点对应着的四个顶点。因此把数组（1234）（1235）（1236）（1237）（1245）（1246）（1247）……参考上图的计数方法，一直写下去，然后数一共有多少个。也就是说，从 1、2、3、4、5、6、7 共 7 个元素中，取出 4 个元素，组成一组。那么，很容易计算出一共有 35 个交点。

6-3-4 “穷举法”矩形含糖块的问题（编号 57）

图中画着一块糖。你能指出哪些长方形里面包含这块糖？这样的长方形一共有几个？

提示：先试着画出含有这块糖的一些长方形。要尽量想办法按一定顺序依次一个个地数算，你能给长方形编写号码吗？怎样用计算的方法，而不是一个一个地永远数下去呢？

师：先化简成如图形状，试画含有这块糖的几个长方形，按一定顺序依次一个个地数。

生：没有那条捣乱的竖线，感觉清爽多了。

生：我怎么越数越乱呢。数一次是一个样。

师：关键步骤是，你要想方设法，给你找出来的长方形编写出号码！一旦给符合条件的长方形编了号码，你的问题就解决了。

师：要有全面看问题的指导思想。统筹考虑不是一句空话。把画长方形的过程分成 4 个步骤。其中，第一步是在 1、2、3、4、5 中任意选取其中一个，再在 A、B、C 中任意选取其中一个，再在甲、乙中任意选取一个。右面是唯一的一条线，所以第四步是唯一选择，不再标示。这样一来，图中的长方形就有了编号。

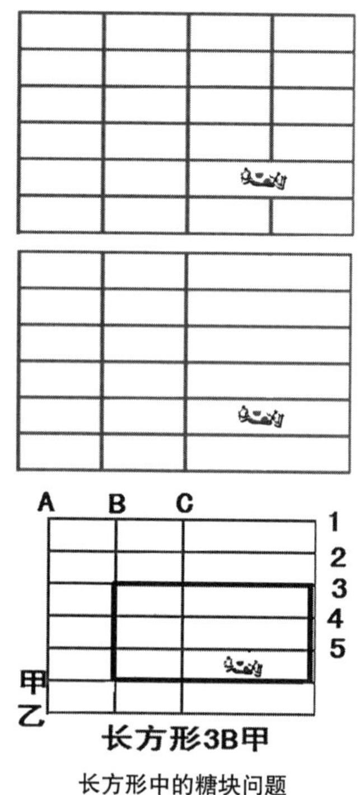

长方形中的糖块问题

答案：$5 \times 3 \times 2 \times 1 = 30$

讲评：穷举数算个数的问题，要尽量建立顺序，进行分类，甚至进行编号。这样一来，就不容易发生遗漏了。要进行验算，刚才那位同学能发现自己两次数算的不一样，就是非常好的表现。懂得自我反省，检验自己的思维过程。

6-3-5 穷举法求数字 A（编号 58）

这是一道简单的猜数练习。算式中的字母表示不同数字。它们分别代表的数字是几呢？

$$\begin{array}{r} A\ B \\ \times\quad A \\ \hline C\ A\ D \end{array}$$

A、B、C、D 分别代表不同数字。字母代表不同的数

看来数字 A 是主要矛盾。可以用穷举法的策略，依次把 A 从 2 到 9 这 8 种情况代入。

本题只有唯一解。

例如，A=7 时，7 乘 B 后进几位，能使 9 加上进位的数得到 7 呢？有这样的 B 吗？

依次把 A=2、3、4……都代入，核实检验。看看此时的 B、C、D 能否相容，成为一道可以成立的算式？

$$\begin{array}{r} A\ B \\ \times\quad A \\ \hline C\ A\ D \end{array}\quad \begin{array}{r} 2\ B \\ \times\quad 2 \\ \hline C\ 2\ D \end{array}\quad \begin{array}{r} 3\ B \\ \times\quad 3 \\ \hline C\ 3\ D \end{array}$$

$$\begin{array}{r} 4\ B \\ \times\quad 4 \\ \hline C\ 4\ D \end{array}\quad \begin{array}{r} 5\ B \\ \times\quad 5 \\ \hline C\ 5\ D \end{array}\quad \begin{array}{r} 6\ B \\ \times\quad 6 \\ \hline C\ 6\ D \end{array}\qquad \begin{array}{r} 8\ 5 \\ \times\quad 8 \\ \hline 6\ 8\ 0 \end{array}$$

$$\begin{array}{r} 7\ B \\ \times\quad 7 \\ \hline C\ 7\ D \end{array}\quad \begin{array}{r} 8\ B \\ \times\quad 8 \\ \hline C\ 8\ D \end{array}\quad \begin{array}{r} 9\ B \\ \times\quad 9 \\ \hline C\ 9\ D \end{array}$$

按顺序，把 A 等于 2~9 都逐一代入核对，就肯定能找到答案。

答案：A=8 时，有唯一解。

讲评：在非常多的情形中，穷举法进展速度非常快。很多人对这种笨方法不屑一顾，一心追求巧思妙解，有时最先想到的可能就是最好的方法，要相信自己的直觉。只要不是不胜其烦的解答过程，当下的选择就是一种英明的选择。

高手和新手在穷举法、试错法中，也存在区别。其一是，高手能尽量分类思考。其二是，高手能运用“思维块”。就像是新手是用“砖”来建筑，而高手是用“水泥预制板”来建筑。这些“思维块”是长期积累起来的问题解决的经验和模式，且具有比较大的思维结构。

例如，在《扑克计算 24》的游戏中，新手从 4 张扑克中任选 2 张（共 6 种选择），进行加、减、乘、除 4 种运算，完成以上 24 种穷举法搜索，再把得到的计算结果和剩余的 2 张扑克，共 3 个数字，进行运算尝试。即把 4 张“扑克”算 24 的问题，穷举后变成 3 个“数字”算 24 的问题。思维过程比较长，还时常出现没看出来的情形，造成漏算。高手则是看能否凑出① 3×8、② 4×6、③加法结构 15+9 等、④减法结构 27−3 等、⑤外格（分数题目 5、5、5、1→5×【5−（1/5）】之类，独特方法 1、3、9、10→（1+10）×3−9 之类）、⑥算不出（常见算不出 1、3、4、6 之类），合计六大类型。高手可以在 10 分钟以内，解决算 24 可能出现的所有 715 种情况。需要思考 3 秒以上得出 24 的情形一般不会超过 10 个。新手和高手尽管都用的是穷举法策略，但思维的层次有显著不同。高手在思维中运用了分类策略且大量运用了“思维块”，路径清晰，简化

了问题解决的步骤（笔者就曾一个人和数学班的全体学生进行过 PK，开始较量后，学生马上投降，根本就不在同一层次上）。

6-3-6　试错法 4 人过吊桥（编号 59）

老头、老婆、闺女、女婿共 4 人旅游。晚上过吊桥回酒店最有趣，也最刺激。老人家胆小，3 人或 4 人同时走桥就害怕。他们只有一个手电筒。来来回回都离不开手电。如果两人速度不一样，快的人必须以慢的人的速度走。

四人过桥问题（Luo 绘画插图）

女婿过桥只要 1 分钟；闺女要 2 分钟；老头要 5 分钟；老婆要 10 分钟。请你算一下：4 人全部过吊桥，最少要多少时间？

师：要弄懂问题。先要界定问题。

生：允许游泳吗？不许！扔手电筒呢？不许！一人站桥上往两边照手电？不许！人背着人过，可以吗？不许！开始就让一人先过去可以吗？不许。他要送手电返回！

师：很好。继续聚焦。举例说明。

生：1. 老两口过河——10 分钟；

2. 老头返回——5 分钟；

3. 闺女女婿过河——2 分钟；

4. 闺女返回——2 分钟；

5. 老头和闺女过河——5 分钟。一共走 5 趟合计 24 分钟。

师：继续聚焦。谁能尽量简单地明确问题。

生：来来回回共 5 次。4 人都过了吊桥。这 5 次往返，可有很多种人员搭配方案，希望 5 次所用时间的总和最少。因此需要选择最佳搭配方案。

师：用什么策略呢？

生:试错法。让女婿多跑，因为他最快。再找个其他方法，算清楚。两种结果比较。

师：根据策略制订计划并且实施。谁把女婿来回跑的方案计算清楚？

生：1. 小两口过河——2 分钟；2. 女婿返回——1 分钟；

3. 女婿老头过河——5 分钟；4. 女婿返回——1 分钟；

5. 女婿老婆婆过河——10 分钟。一共走 5 趟合计 19 分钟。

师：很好的想法。谁能突破？若老头老婆一起过，老头的迟缓就被掩盖住了。

生：我继续试啊。可能有更好结果呢。

1. 小两口过河——2 分钟；2. 女婿返回——1 分钟；

3. 老头老婆婆过河——10 分钟；4. 闺女返回——2 分钟；

5. 小两口过河——2 分钟。一共走 5 趟合计 17 分钟。

师：试错法取得的结论是什么?

生：让最慢的俩一起过。可能最快，要 17 分钟。

师：答案是 17 分钟。对问题要小结反思。让最慢的俩同时过就一定是最省时间吗？还要比较什么条件呢？注意，17 分钟的方案里，老头的速度竟然消失了。19 分钟方案里，老头需要的 5 分钟，就清楚地显示了。

生：如果把 19 分钟的方案里，老头的用时降为 3 分钟，两种方案用时就相同了。

师：两种方案中，起决定作用的是老头的用时。如何根据老头的用时在两方案中选择?

生：老头用时 3 分钟时两方案相同，比 3 分钟多了，用第 2 方案要 17 分钟。要是老头用时比 3 分钟少，那还是原来的方案好，比 17 分钟还少呢。

师：方案一，女婿来回跑。方案二，老两口一起过。二者之中哪个方案最优？取决于老头的速度。何时两种方案用时相同？老头过桥用 3 分钟时，两者相同。快于 3 分钟用方案一，慢于 3 分钟用方案二。

师：如果需要过桥的人更多，或者桥上允许过的人变成 3 个，问题就更加复杂有趣了。

生：桥上就允许过俩人吧。我有个想法，俩方案肯定能结合运用。

师：你编写一个题目吧。

生：男孩父母，女孩父母，连同男孩、女孩，共 6 人。其中，男孩过桥只要 1 分钟；女孩过桥要 2 分钟；男孩爸爸要 2.5 分钟；男孩妈妈要 10 分钟；女孩爸爸要 15 分钟；女孩妈妈要 20 分钟。请你盘算一下，6 人全部过吊桥，最少要多少时间?

答案是：

1. 男孩女孩过河——2 分钟；2. 男孩返回——1 分钟；3. 男孩和男孩爸爸——2.5 分钟；4. 男孩返回——1 分钟；5. 男孩和男孩妈妈——10 分钟；6. 男孩返回——1 分钟；7. 女孩爸爸，妈妈——20 分钟；8. 女孩返回——2 分钟；9. 男孩女孩过河——2 分钟

一共走 9 趟，合计 41.5 分钟。

师：这个反思小结，有很大突破！能够举一反三，大家鼓掌祝贺。

6-3-7　色子块连续滚动问题（编号 60）

问题如图片中的文字说明，下面是师生的讨论过程。

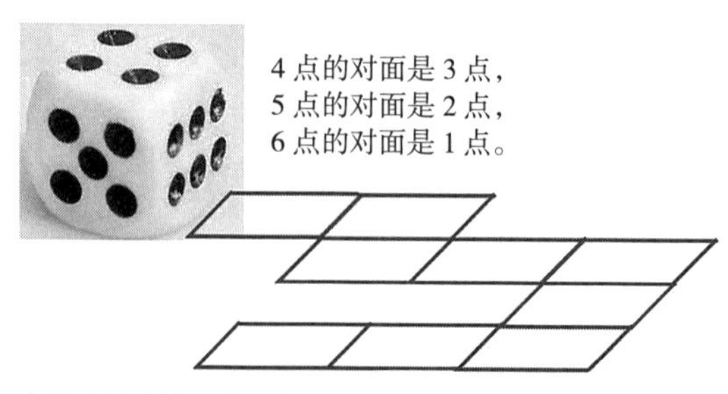

色子连续翻滚，方向如图。9 次滚动后，几点在上面？

师：很多学生能在头脑中完成色子块的连续滚动。但是更多的人，滚动两次就开始混乱。怎么办？用试错法。随便说个数，例如 2。只盯住看有 2 的这一个面，看它在连续滚动中的位置，最后就能对 2 在哪做出判定了。如果 6 点在下，那就是 1 点在上。所以，最多 3 次就能解决问题。用试试看的策略，就是试错法。用一共就 3 种可能需要考虑，就是采取了穷举法策略。两者并无严格界限。

生：我们现在需要比做题速度吗？

师：咱们只比正确率。可以举手，用手指个数，表示你的结论。

答案：图中画的是每次滚动后在上面的点数，这就不好想了。对色子很熟悉的人，完成起来，比较顺利。最后答案是 5。

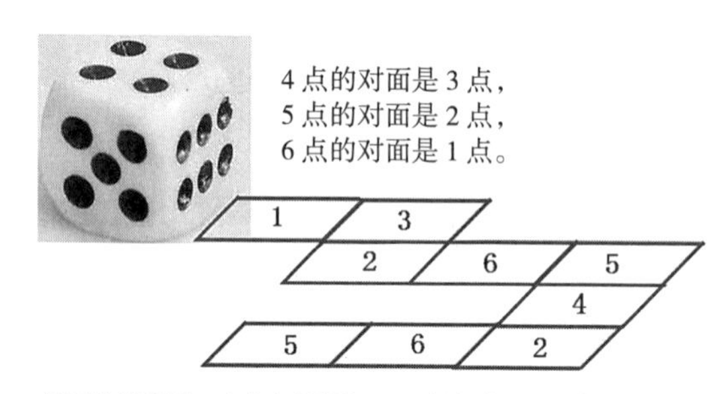

色子连续翻滚，方向如图所示，9 次滚动后，几点在上面？

6–3–8　表针计算问题（编号 61）

在钟表的周边，有 60 个小格。分针每分钟前进一格。几点几分 0 秒时，分针在时针前面 7 个格？

师：请反复读题。启动思维聚焦的程序。

生：读题多遍，信息不编码啊。不懂题目的意思。

师：继续！反复大声读题。聚焦思维，并且启动右脑。

谁看懂问题了？

生：这题目真别扭！连已知带所求，一共一句话。和我脑子里存贮的信息不沾边，根本没办法思考。

师：感觉思维难以聚焦，完全不能编码。先要界定问题，“0 秒时”分针处于什么状态？

生：这个“0”秒，能确定分针不能在两格之间，必须运动到整数格。

师：你能举出一个例子，几点几分 0 秒，分针在时针前面，是个整数格吗？

生：0 点整。三针重合。分针在时针前面 0 个格。

师：非常好！思维聚焦工作起步了。继续说一个时刻，也是分针在时针前面整数格的。

生：整点都可以，例如 1 点整。时针在前面 5 个格。

师：分针走得快，还是时针走得快？

生：分针快。

师：那么怎么分针还落后了呢？

生：这和运动会上长跑一样，跑得快的比跑得慢的快了将近一圈了。

师：那 1 点整时候。分针在时针前面多少格？

生：55 格。

师：几点整的时候，分针在时针前面 5 格呢？

生：11 点的时候。

师：要在前面 7 格。因为是 0 秒，所以分针在整数格。那时针呢，也在整数格吗？

生：也必须在整数格。

师：时针在什么情况下，也是在整数格呢？

生：整点时候。

师：还有其他时候吗？

生：时针一小时走 5 个格，所以 12 分钟走一格。当在 12 分、24 分、36 分、48 分和整点时，时针都在整数格。

师：现在可以明确提出问题了吗？

生：几点的 12 分、24 分、36 分、48 分或者整点时，分针在时针前面 7 格呢？

师：这是聚焦思维取得了最重大的进展。请继续努力，继续试错，12 点 12 分是相差 7 格吗？

生：不是。12 点 12 分的时候，分针位于 12 分，时针在 1 分，两者相差 11 格。

师：先用实例演示了一下问题，思维聚焦开始。试错失败了。但是更加理解问题了。把每个钟点的 12 分、24 分、36 分、48 分都用穷举法，一一排除可以吗？

生：不用啊。只考虑 12 分、24 分、36 分、48 分的时候相差 7 格。

师：那么几点的 12 分，相差 7 格呢？

生：要想相差 7 格。还要在 12 分的时候。那时针必须在 5 分那格。这不成立。1 点 12 分时。相差 6 格。

师：下面如何继续试错？

生：例如，几点的 36 分，分针在时针前面 7 格呢？ 36−7=29。

但是，5 点 36 分的时候，分针在时针前面 8 个格。所以，所有的 36 分都不满足条件。

师：继续聚焦，再进行试错。

生：48 分的情况呢？分针在 48 分，48−7=41。时针需要在 41 分的那个格。就是 8 点 48 分。但是，8 点 48 分时，时针到了第 44 分的那个格，相差 4 个格。

师：坚持试错法。还有一个没试呢。谁发出致命一击？

生：就剩 24 分没试了。24−7=17。这时，时针在 17 分处，即为 3 点 24 分。啊！ 3 点 24 分整，时针正好走到 17 分的位置！相差 7 格。

师：试错法取得了成功啦！大家为我们的成功，一起鼓掌！

师：用“试错法”如何？

师：时钟表示的时间是连续的。但是，我们为了方便研究，硬是把时间割裂开了看。就好像，鞋号与脚的大小，是矛盾的双方。鞋号是断裂开的系列号码，这叫“离散”。所有人的脚的大小，测量出的长度，尤其是测量精度可以提高，其长度就远远不只鞋的号码那几个数字，这叫“连续”。研究连续问题时，常用离散的方法——就是用“数列”来思考。而研究离散问题时，却又常用连续的方法——就是用“函数”来思考。这其中的辩证思维方法，需要渗透。时间问题是连续的，表针计算也就应该是连续的。但是，可以用离散的，即用“数列”的方法，进行思考。什么意思呢？ 11 点整，分针在时针前面 5 个格。再增加 5 个格到几点了？

生：分针在时针前面 10 个格吗？那是 10 点钟啊！

师：分针在运动中一圈一圈地超越时针，11 点整时，领先了 5 格。继续下去，怎么到了 10 点就领先 10 格了？先领先 10 格？后来领先 5 格？不对了吧！有人说：“所谓天才，其实不过是一种反对以习惯方式去感知事物的能力罢了，仅此而已。”谁能解释“11 点时，领先 5 格。后来怎样就领先到 10 格了”？

生：11 点领先了 5 格。那 22 点领先了 10 格。

师：非常棒！（掌声响起来！）下面，我用另一种方式感知事物，即用运动变化的观点。两个表针，速度均匀地前进。它们走啊走啊，走啊走（众笑）。分针领先时针 1 个格了。又继续走，领先 2 个格了。继续啊继续，到了 11 点整，领先 5 格了，到了 22 点整领先 10 格了。忽然，分针问：“哎？刚才几点几分 0 秒，我领先时针 7 格来的？”谁知道这问题的答案？

生：（争先恐后）用 11 小时增加了 5 格，那么每增加一格要 11 小时除以 5 等于 2 小时 12 分。增加两格就要用 4 小时 24 分。在 11 点领先 5 格基础上，经过 4 小时 24 分，也就是 15 点 24 分整，分针在时针前面 7 个格。而 15 点 24 分，我们一般认为就是 3 点 24 分。

师：本质上是运用了数列的知识。有一串数（等差数列），前后均匀地排列。其中第 5 项是 11 点、第 10 项是 22 点。问第 7 项是几点。

生：0 点整的时候，分针和时针开始上路，经过了 11 小时整的前进，造成了分针领先时针 5 个格。平均 2 小时 12 分就增加 1 格。那要领先 7 格，就是 2 小时 12 分乘以 7，就是 14 点 84 分。换算成 2 点 84，也就是 3 点 24 分。

生：有没有列方程的办法啊？

师：3 点 24 分是解，15 点 24 分也是解……所以有无穷多个解。这样的方程属于不定方程。你们还没学到！我认为，刚才用的“试错法”“数列法”，都比用方程要高明的多！

6-3-9　用分数算 24（编号 62）

先介绍一下用扑克算 24 的游戏。取 A=1，从 1 到 10，4 种花色，共 40 张牌。每次亮出 4 张牌，用加减乘除四则运算（不能用乘方、开方、阶乘等运算）。每个数字只能用一次，4 个数字都要用到。计算结果必须是 24。这个游戏一共有 715 种情况，其中有 149 种是算不出的。加权平均后，算不出的概率是 0.125331，基本上就是 1/8。能算出 24 的牌当中，有一些是必须用分数（或者说小数）的。例如，1、5、5、5 必须用到 1/5 或者说 0.2，用分数或者小数算出了 24。具体方法是 $5\times[5-(1\div5)]$。

这样必须用分数的问题一共有几个呢？

生：用穷举法。一个一个的过，一共 715 种，很快就都能算完这 715 道题目。

师：问题是一个一个过的时候，看不出来啊。以为是那 149 种算不出的一种呢。“看不出”是无法避免的！

师：用分数算 24 的最后一步，可能是什么样？例如 $3\div(1/8)$、$8\div(1/3)$ 等。这种形式的所有情形是可以用穷举法列举完全的。而 1/8、1/3 是怎样来的呢？这也是可以穷举出来的。如 $8\div(1/3)$ 中的 1/3，可以是 $1-(2/3)$，也可以是 $1-(4/6)$ 或 $1-(6/9)$，还可以是 $2-(5/3)$ 等。再验证 1、2、3、8 或 1、4、6、8 或 1、6、8、9，或 2、3、5、8。这些数组能不用分数就算出 24 吗？都可以。一网不捞鱼，那就再下网。需要提醒的是 2/5=4/10。据我几十年的教学经验，知道适合低年级学生独立钻研的数学问题非常少！希望大家能珍惜这次宝贵机会，找出所有可能。历经多届学生评选，本课程 78 个练习中此练习学生收获最大（其次是练习 44 画对称轴。最喜欢的是练习 53 扑克残局）。

生：我们还是希望能看到这个问题的答案啊。

师：下面的讲解，你们一定要在自己努力完成探求之后再来阅读。

生：首先要明确问题。

生：用 1 到 10 这 10 个数字，从中选 4 个数，数字可以重复，每个都要用到且每个只能用一次。只许用加、减、乘、除这 4 种运算，最后运算结果是 24。运算过程中要用到分数运算，而且在运算过程中不用分数运算，一定算不出 24。这样的问题除了 5、5、5、1 之外，还有哪些？

生：请选择策略。

生：用“穷举法”列出所有的用分数算 24 的最后一步。也就是，最后一步用分数的所有模式是什么。

2 ÷（1/12），3 ÷（1/8），4 ÷（1/6），5 ×（24/5），6 ÷（1/4），

7 ×（24/7），8 ÷（1/3），9 ×（8/3），10 ×（12/5）

生：把 2 ÷ (1/12) 剪枝掉，不用考虑。要保留 1、2，同时用两张牌算出 12，本质就是 1 × 2 × 12，完全可以不用分数。

生：穷举 3 ÷ 1/8。

3 ÷［1–（7/8）］→四张牌 1、3、7、8 →算 24 →（7–3–1）× 8

3 ÷［（9/8）–1］→四张牌 1、3、8、9 →算 24 →（9 ÷ 3）× 8 × 1

生：穷举 4 ÷ 1/6。

4 ÷［1–（5/6）］→四张牌 1、4、5、6 →算 24 →必须用分数

4 ÷［（7/6）–1］→四张牌 1、4、6、7 →算 24 →（7+1–4）× 6

生：穷举 5 × 24/5。

5 ×［6–（6/5）］→四张牌 5、5、6、6 →算 24 → 5 × 5–（6/6）

5 ×［5–（1/5）］→四张牌 1、5、5、5 →算 24 →本题原型，必用分数

5 ×［5–（2/10）］→四张牌 2、5、5、10 →算 24 →必用分数。本题很多人未能列入清单，漏掉！

5 ×［4+（4/5）］→四张牌 4、4、5、5 →算 24 → 5 × 5–（4/4）

5 ×［4+（8/10）］→四张牌 4、5、8、10 →算 24 →（4+8）×（10 ÷ 5）

5 ×［3+（9/5）］→四张牌 3、5、5、9 →算 24 → 3 ×［9–（5 ÷ 5）］

生：穷举 6 ÷ 1/4。

6 ÷［1–（3/4）］→四张牌 1、3、4、6 →算 24 →必用分数

6 ÷［1–（6/8）］→四张牌 1、6、6、8 →算 24 →必用分数

6 ÷［（5/4）–1］→四张牌 1、4、5、6 →算 24 →必用分数（注：1456 有两解，另

一解见“穷举 4 ÷ 1/6”。）

6 ÷ ［（10/8）−1］→四张牌 1、6、8、10 →算 24 →（10+6+8）× 1

生：穷举 7 × 24/7。

7 × ［4−（4/7）］→四张牌 4、4、7、7 →算 24 →必用分数

7 × ［3+（3/7）］→四张牌 3、3、7、7 →算 24 →必用分数

7 × ［2+（10/7）］→四张牌 2、7、7、10 →算 24 →必用分数

生：穷举 8 ÷ 1/3。

8 ÷ ［1−（2/3）］→四张牌 1、2、3、8 →算 24 → 3 × 8 ×（2−1）

8 ÷ ［1−（4/6）］→四张牌 1、4、6、8 →算 24 →（8−4）× 6 × 1

8 ÷ ［1−（6/9）］→四张牌 1、6、8、9 →算 24 →（9−6）× 8 × 1

8 ÷ ［2−（5/3）］→四张牌 2、3、5、8 →算 24 → 2 × 8+3+5

8 ÷ ［2−（10/6）］→四张牌 2、6、8、10 →算 24 →（10−6）×（8−2）

8 ÷ ［3−（8/3）］→四张牌 3、3、8、8 →算 24 →必用分数

8 ÷ ［（4/3）−1］→四张牌 1、3、4、8 →算 24 →（8−3+1）× 4

8 ÷ ［（8/6）−1］→四张牌 1、6、8、8 →算 24 →（8−6+1）× 8

8 ÷ ［（7/3）−2］→四张牌 2、3、7、8 →算 24 →［（2+7）÷ 3］× 8

8 ÷ ［（10/3）−3］→四张牌 3、3、8、10 →算 24 → 3+3+8+10

生：穷举 9 × 8/3。

9 × ［6−（10/3）］→四张牌 1、3、6、10 →算 24 →（3 × 10）−（6 × 1）

9 × ［5−（7/3）］→四张牌 3、5、7、9 →算 24 → 3+5+7+9

9 × ［4−（4/3）］→四张牌 3、4、4、9 →算 24 → 3 × ［9−（4 ÷ 4）］

9 × ［3−（1/3）］→四张牌 1、3、3、9 →算 24 →（1+3）×（9−3）

9 × ［3−（2/6）］→四张牌 2、3、6、9 →算 4 →（6+2）×（9 ÷ 3）

9 × ［3−（3/9）］→四张牌 3、3、9、9 →算 24 → 3 × 9−（9 ÷ 3）

9 × ［1+（5/3）］→四张牌 1、3、5、9 →算 24 →（5−1）×（9−3）

9 × ［1+（10/6）］→四张牌 1、6、9、10 →算 24 → 10+6+（9−1）

9 × ［2+（2/3）］→四张牌 2、2、3、9 →算 24 →（9−2 ÷ 2）× 3

9 × ［2+（4/6）］→四张牌 2、4、6、9 →算 24 →（9−6）×（2 × 4）

9 × ［2+（6/9）］→四张牌 2、6、9、9 →算 24 →（9+9−6）× 2

生：穷举 10 × 12/5。

10 × ［4−（8/5）］→四张牌 4、5、8、10 →算 24 →（10 ÷ 5）×（8+4）

10 × ［3−（3/5）］→四张牌 3、3、5、10 →算 24 →（10+5）+（3 × 3）

10×［3-（6/10）］→四张牌 3、6、10、10→算 24→（10÷10+3）×6

10×［2+（2/5）］→四张牌 2、2、5、10→算 24→（5-2）×（10-2）

10×［2+（4/10）］→四张牌 2、4、10、10→算 24→必用分数

10×［1+（7/5）］→四张牌 1、5、7、10→算 24→7×5-10-1

必用分数共 10 题：

① 1、3、4、6：6÷［1-（3÷4）］

② 1、4、5、6：6÷［（5÷4）-1］，4÷［1-（5÷6）］

③ 1、5、5、5：5×［5-（1÷5）］

④ 1、6、6、8：6÷［1-（6÷8）］

⑤ 2、4、10、10：10×［2+（4÷10）］

⑥ 2、5、5、10：5×［5-（2÷10）］

⑦ 2、7、7、10：7×［2+（10÷7）］

⑧ 3、3、7、7：7×［3+（3÷7）］

⑨ 3、3、8、8：8÷［3-（8÷3）］

⑩ 4、4、7、7：7×［4-（4÷7）］

小结

“穷举法”和“试错法”是解决问题的最基本策略。用穷举法可以从整体上理解问题，用试错法对聚焦思维过程非常有效。审题的一个重要步骤，就是要举例说明，这与试错法密切相关。

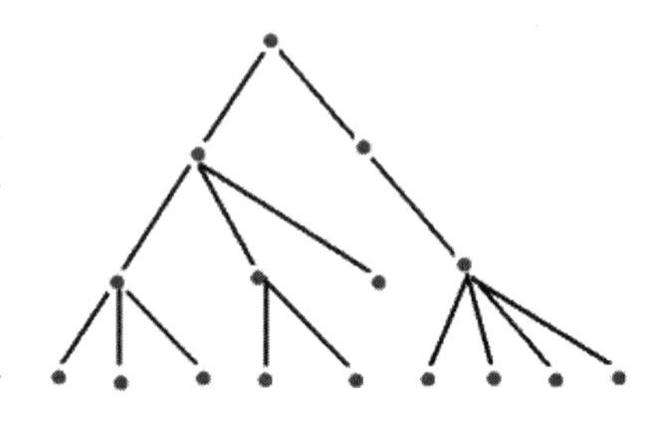

用穷举法时，也可以结合“枝状图”进行，在正确、准确、高效的原则下也可以进行剪枝。

例如，当 a＞0，b＞0，m＞0，且分母不为 0 时，比较（a/b）与（a※m）/（b※m）的大小。其中“※”表示加、减、乘、除等运算。这道题是我的启蒙恩师袁晓楠老师在笔者小学 5 年级时，引导学生集体探究过的题目。※ 表示乘法运算时，就是课本上的分数基本性质，两者是相等的。※ 表示除法运算时，可以“剪枝”归结为倒数运算问题（“剪枝”是指在众多的分枝中剪除不需要考虑的分支，从而提高思考效率）。※ 表示减法运算时，可以“剪枝”归结为加法运算问题。因此，在加减乘除 4 种运算中，只要再增加考虑加法一种情况就可以了。因此，“剪枝”在穷举策略中就非常有效。

用“穷举法”或者“试错法”去解决问题，即是用尝试的策略，也是创新的开始。

6–4 启发式中的形象思考与转化

6–4–1　用形象思考的意义

数学上把“形象思考”叫作数形结合，其他科目，主要就是把文字语言转化成图形报表，它们在本质上都是启动思维，是思维聚焦的过程，也是右脑帮助左脑用形象把题目重新表征的过程，其中启动右脑也包括用声音，例如大声反复读题也属于聚焦思维启动右脑。当然用形象启动效果更好，也就是本课程第一节讲的“用问题加速，用图像开路”。现在，人们常用画思维导图来实现思维聚焦，它的本质也是用形象思考启动右脑，实现可视化思维。

启动右脑参与思维，并不神秘。同学们要自觉地“用一系列的问题，自觉地启动右脑,完成思维的聚焦”,切实做到“用问题加速,用图像开路”。只用一侧大脑奏响主旋律，效率是很低的，而且还可能完不成任务。就像用“一根筷子”还是用“一双筷子”吃东西，不只是效率提高了两倍，更重要的是用一双筷子可以自由选择美味佳肴，而用一根筷子只能扒拉黑芝麻糊。

例说：擦灯

办公室灯的高度是240cm，请学生帮助擦灯搞卫生。桌子高80cm，一位身高150cm的同学来擦灯，请问需要换一位个子更高的同学来擦灯吗？

答案是不用。

讲评：150+80=230＜240。但是，这个差距对于擦灯的任务完全没有影响。只要脑海中出现擦灯的形象，可以判定，这位同学完全能完成擦灯任务。也就是说，解决这个问题，必须依靠想象，也就是用图像帮助解决问题。

如果头脑中闪现出了问题情境，也就是启动右脑来帮助左脑做出了正确判断。反之，只知埋头计算，不考虑问题的实际意义，就会出错。考试中常有人犯类似错误，惹出笑话。

用脑高手，在思维聚焦以后，如同在上演四重奏：左脑与右脑协调工作，有齐奏、轮奏和重奏（不仅仅是“聚合”与“发散”“逻辑思维”与“形象思维”的交替出现），旋律明快。更重要的是，还有悠扬的中音部，表明“策略”基调。同时，低音部也给出节奏和伴奏，类似于“加强主观调控”。于是，额叶、顶叶、颞叶被调动起来，更强的高手还会启动内视，激活枕叶，使思维运行进入自动化程度，自主调控脑波的频数，以β波为主，频数合理变换，还能聚焦到α波，对久思进行突破。相反，对比高手的美妙四重奏，有人只达到了单指按键的水平，刚能弹奏法国催眠曲的水平：

1 2|3 1|1 2|3 1|3 4|5–|3 4|5–|56 54|3 1|……

6-4-2 AB 吃饺子（编号 63）

A 与 B 俩人各有一盘饺子，A 拨给 B 6个饺子，查点后发现A还比B多5个饺子。

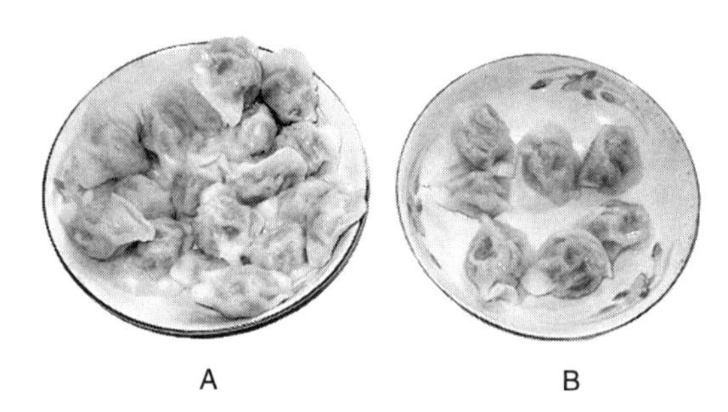

问：原来 A 比 B 多几个饺子？

用函数与方程的模式：

设 A、B 原来分别有 x 和 y 个饺子。依题意得（x–6）–（y+6）=5。所以 x–y=17。这样的方法被称为逻辑思维的解决方法。

还有一个形象思维的解决方法。形象思维的策略就是：

设 A、B 原来的饺子的个数，可以分别用两条线段表示。依题画出右图（不要画真饺子）。

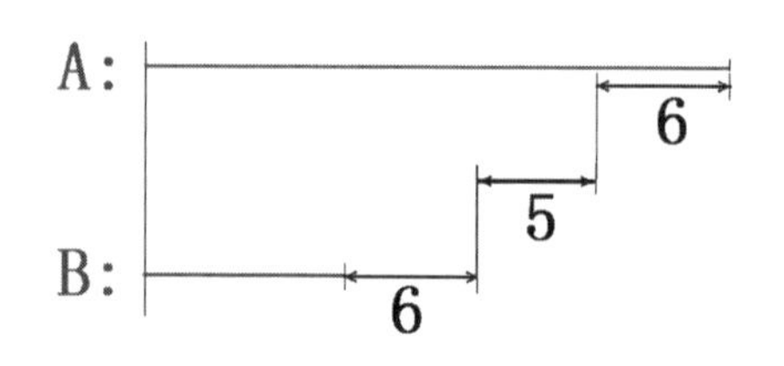

头脑中若能出现形象，问题非常简单。学生做本练习不困难，却也有提高。设置本练习的目的是为后面的练习做铺垫。

6-4-3 兄弟姐妹（编号 64）

题目：我的一个舅舅说，他的哥哥比姐姐少一个，弟弟比妹妹多一个。我妈说，她也是哥哥比姐姐少一个。问：我妈妈的弟弟比妹妹多几个？

师：解决实际问题，经常不需要很多知识，但需要有能力。这道题中的数字，反复说的就是“1”，需要的仅是要有在一米宽的知识上，开掘出 10 米深的能力。“知识”与“能力”的关系是低度相关。很多人有知识没能力，还有很多人有能力没知识。

师：对于屈指可数的整数运算，有人感觉困难吗？

生：不是算啊，是列不出算式。根本读不懂题目！头脑里就不编码。就知道我妈和我舅都是姥姥家的孩子，问题的前后，家中男女小孩的数量要保持一致。想用函数与方程的模式，搞不清要设几个未知数。设了也难以坚持。

师：能否也像刚才画出 A、B 吃饺子的图像那样，画出舅舅说的话？也就是用图像重新表征问题。

生：可以试试。

师：想到要画个图表示关系了吗？

生：思维聚焦前还画不出来呢。

师：说的话很是内行！那就聚焦啊！舅舅说的话，用图表示要划分为几个部分呢？

生：4部分：兄、弟、姐、妹。

生：不对。要划分成5部分，还有舅舅本人呢。

师：先画一个方格，表示舅舅，与舅舅同样的高度，画出兄在一侧，弟在另一侧。把兄画成长方形，占几格都可以。弟，怎样画？

生：也是长方形吧。随便画几格长度。题目都没具体要求。

师：这行画的都是男的。标注名称：兄、舅、弟。姐妹们画哪？

生：画到下面吧，别画在同一行，那就没办法表示相差多少了。对齐了画出长方形。

师：多一个，怎样表示？

生：对齐了画个长方形，表示一样多。再另外多画一个像刚才画舅舅那样的小方格。

师：把“哥哥比姐姐少一个，弟弟比妹妹多一个”，都用图像表示出来了吗？

生：我上黑板试试看，可以吗？

师：来吧！注意啊，舅舅下面别画同龄的女的啊！

师：妈妈可要说话了啊！她是我这个舅舅的姐姐吗？

生：可以。题目没要求。当然，是这舅舅的妹妹也可以。

师：那怎么办啊？

生：估计对结果没影响。两样都可以。

师：画图时，要确定了才能画啊！

生：那就假设妈妈是舅舅的姐姐吧。

师：妈妈有姐姐吗？

生：必须有！妈妈的哥哥比姐姐少一个。妈妈的姐姐如果是0个，那哥哥就是负的了。

师：所以，要画出，妈妈有姐姐。

生：不会啦。

师：只好修改刚才画的图。把舅舅的姐姐从一个长方形，变成一个小长方形和一个方格，方格表示妈妈，同时妈妈要有姐姐。请刚才画图的同学上黑板改进（要订正此图）。

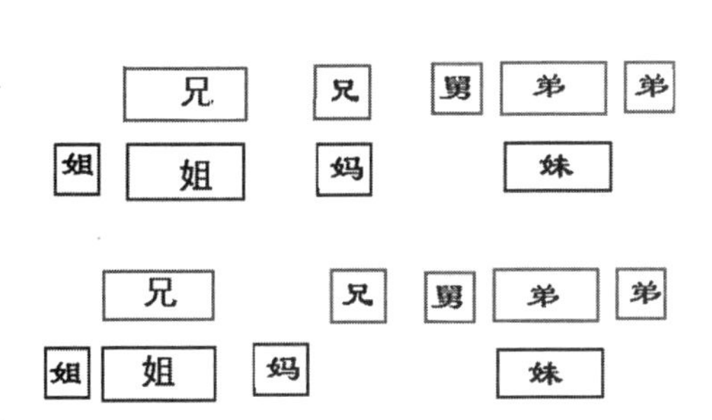

把刚才舅舅说的那图，修改之后，在这图下方，另外画出妈妈的叙述。注意，妈妈方格

上面一定是空的，没有和妈妈不能区分年龄大小的舅舅。对于所有的舅舅，或者是妈妈的哥哥，或者是妈妈的弟弟，不能不分大小。本题答案：多 3 个。

给大学生和研究生上这课时，本题改成："我的某个舅舅说，他的哥哥比姐姐少 a 个，弟弟比妹妹多 b 个。妈妈说，她的哥哥比姐姐少 c 个。问妈妈的弟弟比妹妹多几个？"全体学生半天缓不过劲来。突然醒悟，自己的能力连整数加减法都不过关！

其实，绕的弯子只有一步，就是 $c=a+(c-a)$。首先画出图，把关于"我的某个舅舅"的"文字语言"转化为"图形语言"。然后，把关于"妈妈"的"文字语言"，转化为"图形语言"。最后想一想，怎样把两者沟通。于是出现了下面的 3 个图形。

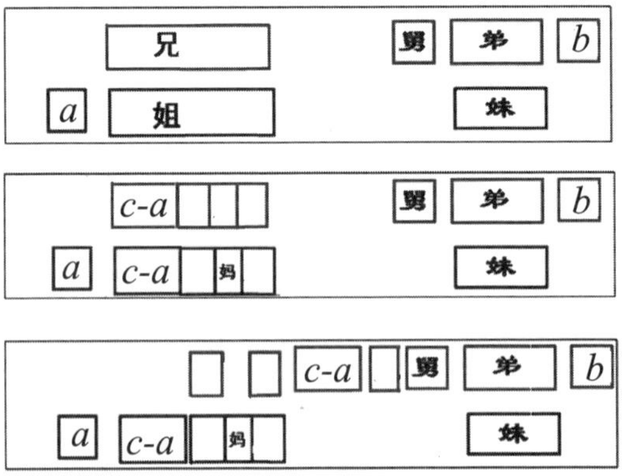

答案是：$b+c-a+2$。

讲评：启动形象思维，在听课与解答问题中都起着决定性的作用！无论是数学，还是物理，也不管是文科还是理科，各科全都如此，必须用形象思考，用图形、图象、示意图、表格……理解问题，表明关系，就能使问题简单明了，不仅能提高解题速度，同时能减少出错可能。尤其是用形象思考还能解决更加困难的问题。

6-4-4　转化的意义与步骤

在中国，最有名的用转化策略解决的问题是《曹冲称象》的故事。其实，因为江水起伏，比较准确地画出那条线很不容易呢。要画出峰谷两条线，才好比较。

曹冲称象

什么叫转化呢？

是一种有方向、有范围、有条理的收敛性思维方式。把目标转化，向条件靠近。把条件转化，向目标靠近。

转化的步骤可以用 16 个字进行概括，即"发展已知，转化结论；比照典型，沟通联系"。

结合一个具体的实例来体会转化的步骤。假设有人问你，从五中的鼓楼分校，坐公交车到北京西站，怎样坐车呢？这就要用到转化策略。因为市内各大交通路口去西客站，都有公交车能直接到达。那就把结论转化成，从五中出发，有几路公交车可以向西向南到大的交通路口呢？发展已知为，坐 107 路到哪个大站点有去西客站的公交车呢？想想沿途站点，不难发现到北海北门就可以了。于是问题得到解决，即从宝钞胡同乘坐 107 路到北海公园北门，换乘 118 路公交车，直达北京西站。

再举一例加以说明：

函数 f（x）满足 $f\left(\frac{a+2b}{3}\right)=\frac{f(a)+2f(b)}{3}$，

且 f（1）=4，f（4）=7，求 f（5）。

思考过程：

发展已知，已知的 f（1）、f（4）必须代入函数式。尝试 a=1，b=4，同时代入进行计算。也就是要计算 f（3）=？，代入函数等号右面的式子，得到 3。再次进行尝试，把 a=4，b=1 代入，得到 f（2）=5。

转化结论，也无非是，a=5 或者 b=5，且要 a+2b 能被 3 整除，另一个数只许取目前已知的 1、2、3、4。所以 a=5 时，取 b=2，f（3）=［f（5）+2f（2）］/3 代入有 f（5）=–1。

另一种解法就是令 b=5，此时取 a=2，所以 f（4）=［f（5）+2f（2）］/3，代入有 f（5）=–1。

请你把转化的步骤，铭记于心！至少现在就抄写到笔记本上。

发展已知，转化结论。比照典型，沟通联系。

6–4–5　用油漆油框架（编号 65）

已知若用红油漆涂染右面的小红框要用去 90 克油漆。目标问题：若用红油漆涂染右面的大红框需要多少克油漆？

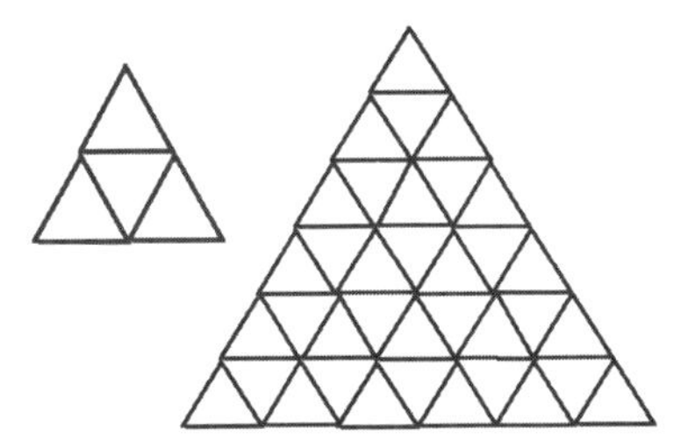

解答过程：

用“转化”策略。

1. 发展已知：

9 线段用 90 克。

转化结论：

有几条小线段？

思维过程：

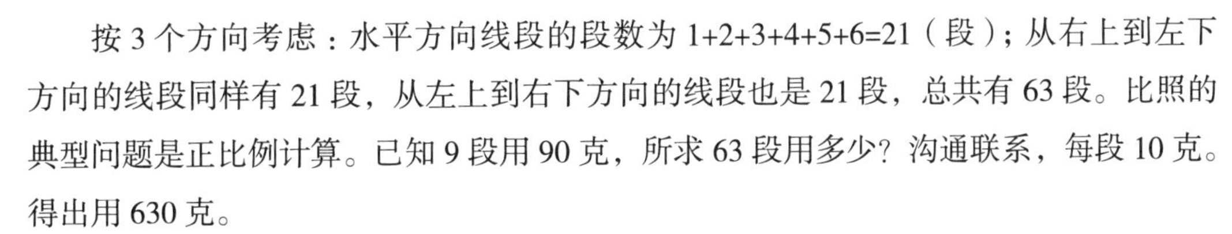

按 3 个方向考虑：水平方向线段的段数为 1+2+3+4+5+6=21（段）；从右上到左下方向的线段同样有 21 段，从左上到右下方向的线段也是 21 段，总共有 63 段。比照的典型问题是正比例计算。已知 9 段用 90 克，所求 63 段用多少？沟通联系，每段 10 克。得出用 630 克。

2. 发展已知：

3 个三角形用 90 克。

转化结论：

有几个三角形？

思维过程：三角形一共有 1+2+3+4+5+6=21（个）。已知画 3 个用 90 克油漆，画 21 个就要用掉 630 克油漆了。

3. 发展已知：

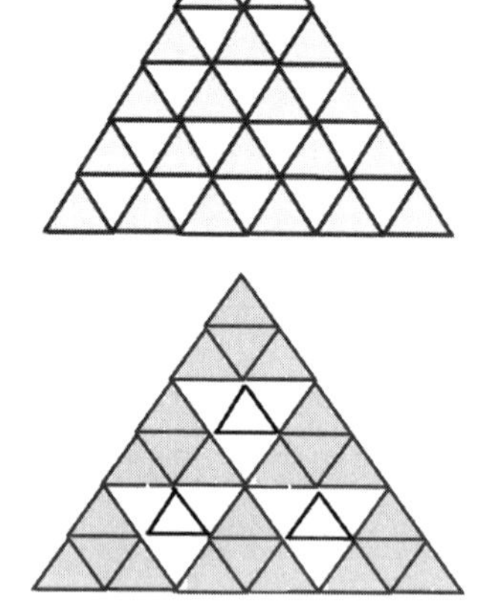

小框架整体用 90 克。

转化结论：

所求大框架，是由几个小框架整体构成的？

说明：6 小框架整体之外，所剩的 3 个小块还可以拼凑成一个小框架整体。

讲评：发展已知的方法并不唯一，属于发散思维。所以，往往要先处理“转化结论”这一聚合思维，再去发展已知，一般如此操作，就更能有的放矢。发展已知，可以有多条通道。首先想到的，可能就是最好的。追求最简单的转化，往往算着简单、想着困难。

6-4-6　男、女生人数比（编号 66）

某年级共 6 个班级，各班人数相等。其中 1 班、2 班全是女生，3 班和 4 班的男生总数与 5 班的女生相等，6 班男生占年级男生总数的 2/7。该年级男女学生比例是多少？

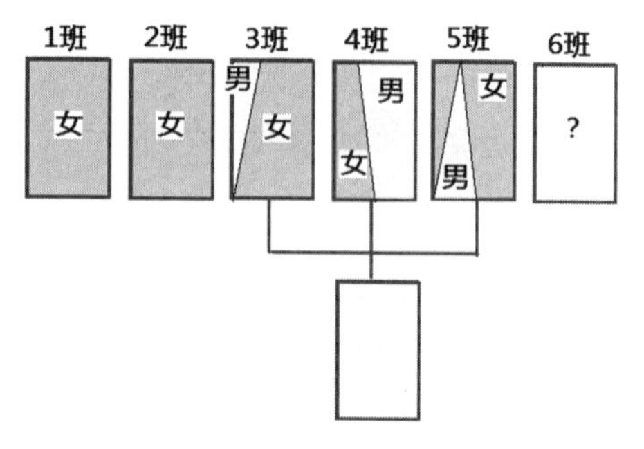

读懂问题以后，先进行关键的转化，就是把“3 班和 4 班的男生总数与 5 班的女生相等”转化成 3、4、5 班的男生，正好可以构成一个班的人。

再进行的转化就是：6 班男生占全体男生的 2/7，剩余男生的人数（刚好为一个班的人数）占 5/7，可得出 6 班男生占一个班级的 2/5。

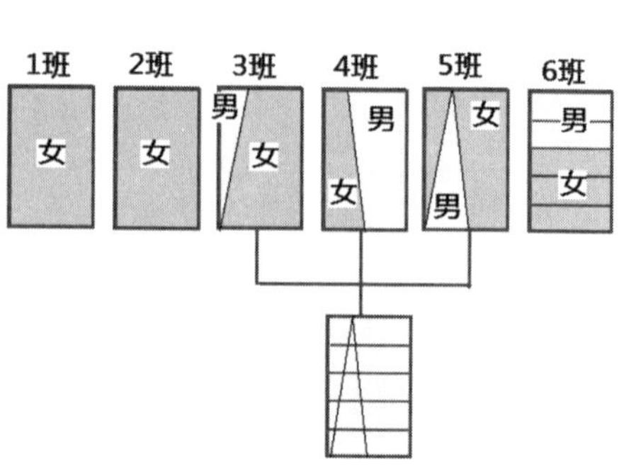

把这两点转化，用形象表示出来。再根据分数的定义，把 6 个班级的总人数看作整体，就沟通联系了。

答案：7 ∶ 23

讲评：很多问题需要把“转化”和“用形象思考”结合起来，其本质就是右脑与左脑合作！

6-4-7　AA 制结账另外的问题（编号 67）

在 3-2-10 小节中留过一道“全面看问题”的思考题，就是这道 AA 制结账的问题。当时明确指出，在讲问题解决的策略，讲转化时，要详细讲解。

先用具体事例解释什么是 AA 制。

有 A、B、C、D、E 5 人一起吃饭，说好用 AA 制结算。A、B、C、D 分别出资了 100 元、200 元、300 元和 400 元，饭后，E 应该如何结算？

答案：因为总共开销 1000 元，共 5 人，所以每人平均消费 200 元。E 应补交 200 元；D 应得到 200 元，A 应补交 100 元；C 应得到 100 元。

真正的练习题是：

饭店开张搞满 100 元送 50 元的优惠活动，即消费满 100 元后可以得到 100 元饭菜和 50 元的餐券，下次消费可凭 50 元餐券提供 50 元饭菜，A、B、C、D、E 5 人去吃饭，采用 AA 制平摊费用。吃饭前，A 出了 300 元餐券；B 出了 150 元餐券；C 出了 150 元现金；D 出了 150 元现金，即一共交了 450 元餐券和 300 元现金。饭店提供了 750 元饭菜和 150 元餐券。

问题：E 要怎样进行结算？

讲评：这是在生活中发生的算数加减法的运算问题，只需要一点点全面看问题的能力。如果连这样级别的算数题，都没信心完成，那你在学校继续学习的意义就不大了。将来指望你，在学术上能大有作为呢！你要有序思维！

生：我想，思维聚焦，首先就是要把“吃 100 返 50”能举出实例进行描述。

师：例如，花了 100 元在这吃饭。老板给你多少钱的饭菜？

生：当然给 100 元饭菜啦。

师：返 50，是返什么？

生：返还顾客 50 元的餐券。

师：这 50 元餐券可以干什么？

生：下次买 50 元的饭菜。

师：那么 100 块钱和多少钱的饭菜有对应关系？

生：100 元钱对应着 150 元的饭菜，也可简化为 20 元钱对应 30 元饭菜。

师：你的理解完全正确。

师：也就是 150 元的饭菜对应着 100 元现金。那 50 元餐券对应多少钱饭菜？

生：50 元餐券对应 50 元的饭菜。

师：也就是发展已知。我们知道，150 元饭菜能对应 150 元餐券，也能对应 100 元现金。

生：我恍然大悟了。转化结论后，比照典型，无非是按比例换算的问题。5 人一共吃了 750 元饭菜。平均每人吃掉 150 元饭菜。所以，每人要么付 100 元现金，要么付 150 元餐券！ A 出了 300 元餐券，他应该被退还 150 元餐券。B 出了 150 元餐券，吃了 150 元饭菜，正好平衡。C、D 都出了 150 元现金，应该退还每人 50 元现金。所以 E 应分别给 C、D 每人 50 元现金。（大家鼓掌祝贺）

新的问题：

没想到，A 来了个节外生枝。A 拦住 E，阻止方案执行。他找老板特批，把 150 元餐券又兑现成 150 元食物。大家平分打包带走。大家哈哈大笑，看着 E。请他重新结算。

师：这个问题，比原来的又增加了一点点难度。用意是巩固原来学习的内容，检验一下你是不是真的学会了，请继续努力发言。

生：每人连吃带拿平均每人消费了 180 元饭菜，或者说 180 元餐券。30 元餐券顶 20 元现金……

生：其实，就是都吃了 180 元的饭菜，要么付 120 元现金，要么付 180 元餐券，相差 20 元就用 30 元餐券替换。

生：E 掏 120 元，给 A 80 元，给 C 30 元，给 D 10 元，B 掏 20 元给 D

师：谁来验证一下，大家是否都处于平衡点啦？

生：A 掏了 300 元餐券，吃了 180 元饭菜，相当于消费了 180 元餐券。尚有 120 元餐券未得到补偿，这 120 元餐券对应了 80 元钱，而他得到了 E 给的 80 元，可以抵销。

师：说得好，请继续。

生:B 掏了 150 元餐券，吃了 180 元餐券的饭菜，要补 30 元餐券，相当于 20 元现金。所以，B 应该补交 20 元现金。

师：换个人，继续说 C。

生：C 掏了 150 元现金，吃了 180 元饭菜，相当于吃了 120 元现金，所以应该得到返还的 30 元现金。

生：D 掏了 150 元现金，和 C 一样，应该得到 30 元现金，从 E 那得 10 元，从 B 那得 20 元。

师:简简单单,AA 制结账。竟然有很多人感觉困难！大家的科学素质亟待提高啊！！

6-4-8 重新解答兄弟姐妹（编号 68）

问题：我的一个舅舅说，他的哥哥比姐姐少一个，弟弟比妹妹多一个。我妈说，她也是哥哥比姐姐少一个。

问：我妈妈的弟弟比妹妹多几个？

师：下面用转化的策略解答“兄弟姐妹”。我们在明确问题以后，面临的重大的决策就是策略选择。众所周知，“选择比努力更重要，方向比速度更重要”。前面介绍过了“兄弟姐妹”问题，用形象思维的策略比较简明。但是，转化的策略也是最基本的策略。一般用逻辑思维依靠推理解决的问题，都可以用转化的策略加以解决。

师：思维聚焦的起始问题是什么？这个问题的提出是很困难的。转化的第 1 步是问：“姥姥家，如果不算我这舅舅，是男孩多，还是女孩多呢”，要提出这个问题，需要把思维聚焦很长时间才能做到。

生：“哥哥比姐姐少一个”，就是女孩多一个。“弟弟比妹妹多一个”，就是男孩多一个。因此，如果不算我这舅舅，男孩女孩一样多。

师：应该算上你舅舅啊！那男孩和女孩数量相差几个呢？

生：男孩比女孩多一个。

师：把你妈妈从这群人中拿出来以后，男孩和女孩相差几个？

生：男孩比女孩多了两个。

师：把这些人分成两组。一组是你妈妈的哥哥和姐姐，另一组是你妈妈的弟弟和妹妹。如果在哥哥姐姐那组，男的比女的又少了一个，那在弟弟妹妹那组就会怎样呢？

生：男的比女的要多出来 3 个。也就是说，妈妈的弟弟比妹妹多 3 个。（鼓掌祝贺）

师：下面介绍另外一种策略。

通过构造出一种状态，使得问题具体化。在这个过程中要发挥想象力，并不断地尝试错误，不断地取特殊值简化问题，即时常从最简单的状态思考问题。例如，编号为 48 的“分房问题”。要构造出反例，一击致命。这样的策略，主要是依靠不断的转化，进行逻辑推理（属于操作性知识体系）。所以本书还是把这种转化推理、逻辑推理的操作归结在“转化”之中了。

下面听老师示范。

妈妈的哥哥比姐姐少一个，那妈妈必定有姐姐，她在姥姥的闺女中，至少要排老二。舅舅说，他的哥哥比姐姐少一个，假定舅舅是妈妈的弟弟，这样情况比较简单。他有两个姐姐，哥哥少了一个，也就是最简单情况，即舅舅是二舅，那他有俩姐姐和一哥哥。舅舅的弟弟比妹妹多一个，最简单的情况就是，他有一个弟弟，没有妹妹。回顾前述，姥姥家的孩子是女女男男男，有两个女儿，妈妈是老二，然后是三个男孩，叙述问题的是二舅。排序为大姨、妈妈、大舅、二舅（述说者）、小舅，一共 5 个人。问题的答案就是妈妈的弟弟比妹妹多 3 个。

什么样的人是解决某个领域问题的高手呢？就是他必须熟悉这领域里的问题的基本

模式，知道选取怎样的策略去处理问题，也就是要具备“基本活动经验”。这些经验的取得需要主观调控，自觉去积累，去总结。有了中国象棋做基础，再学国际象棋就容易了。

现在基础教育强调抓“四基”：基础知识、基本技能、基本思想、基本活动经验。知识要成片，问题要成串，思想要总结，活动重策略。

讲评：对于很多问题，用形象思考与转化都是非常有效的策略。一方面，不同的人可能有不同的擅长。但是，对于最基本的策略、最简单的题目，两种策略都属于基本功。都要熟练掌握！

6-4-9　风马驴（编号 69）

师：过去形容两个不相干的事物其实是可以连接在一起的，用的成语是“风马驴，能相及”。

“风”，就是诗经里的“风雅颂”中的“风”，表示恋爱。即马和驴相爱，是完全可以成功的。后来，有人需要大量地描述一点儿都不相关的两个事物，没好词，就编出“风马牛不相及”这种不伦不类不押韵的话，表示马和牛相爱，哪有的事啊！现在，我把这种题目类型概括成“风马驴”了。当初的名字叫“集中思维语义推断”，简称“N M I”，非常难记，是由吉尔夫特命名，这与“发散思维语义推断”“集中思维符号推断”“集中思维图形推断”等编织成为庞大系列。他编写的例题是：

风马驴能相及（叶以刚绘制的插图）

问题 1：工作——？——？——桔子。答案：工作——工资——购买——桔子。

问题 2：渴——？——？——洞。答案：渴——喝水——水井——洞。

师：大家理解后，进行马献时编写的练习，体会转化的步骤：“发展已知，转化结论。比照典型，沟通联系。”就是，要在问题状态空间中找到一条从起始状态到目标状态的路径。

1. 希特勒→？→？→披萨饼。

师：问题解决需要陈述性知识。如果你不知道希特勒是谁，披萨饼是哪国食物，不了解第二次世界大战的主要过程，你就难以解决这道难题。思维的本质就是用概念进行的联想。联想的方向有 3 个，即把给出的概念进行上推、平移或者下切。例如，把“苹果”概念上推就是：水果，继续上推，就是食物；下切就是锦州苹果，苹果酱，苹果的存储；平移就是梨、桃。做“风马驴”练习就是要自觉地发展已知，把“希特勒”通过上切、下推或者平移，得到新词汇，再把目标结论“披萨饼”转化到那个可以联想出它的词汇。比照典型，就是常用人名、国名加以沟通，并取得联系。想一想：有和希特勒同一级别的意大利坏蛋吗？

答案：希特勒→墨索里尼→意大利→披萨饼

注意：从希特勒平移到墨索里尼，再由墨索里尼上推到意大利，最后，再由意大利下切到披萨饼。

希特勒 平移→ 墨索里尼
上推→ 意大利 下切→ 披萨饼

2. 塔→？→？→凯旋门。

师：凯旋门在哪啊？那里有什么世界闻名的塔吗？继续体会“发展已知，转化结论”。

生：思路清楚，思维过程就简单了。恰巧，用到的知识，平时正好也有贮备。我会回答这问题。

答案：塔→埃菲尔塔→巴黎→凯旋门。

3. 阿 Q→？→？→狼。

师：阿 Q，是谁写的作品中的一个人物呢？他写的作品中有什么人对狼念念不忘吗？

生：哈哈。我知道了，鲁迅作品中有个祥林嫂！她到处叨唠“狼把她孩子吃了”。

答案：阿 Q→鲁迅→祥林嫂→狼。

4. 飞船→？→？→11 号。

师：发展已知。因为方向不明确，所以先转化结论，才能从已知发散。

转化结论：足篮排球运动员中著名的 11 号有谁啊？

几月的 11 号是著名的日子？

比照典型：从结论入手。

沟通联系：先找名词，再对号入座。

生：篮球名人姚明是火箭队的 11 号，所以我给出的答案是：

飞船→火箭→姚明→11 号。

生：那我就来另一个吧。飞船→飞机→撞楼→11 号（9 月 11 号）。

生：这个题目编写得的很巧妙啊！这两个解答都顺理成章。感觉比吉尔福德的题目高明两个层次！

师：吉尔福德的题目是用来检测的，主要目标是控制难度。《有序思维》编选的题目，目的是发展思维能力，还要适合学生的年龄特点，侧重点不同。

5. 虎→？→？→脉脉含情

师：发展已知：谁和虎有过亲密接触？名字中有“虎”字？

转化结论：谁风流出众大名鼎鼎？

比照典型：两个人名。

沟通联系：先男后女。

生：武松打虎！潘金莲脉脉含情。虎→武松→潘金莲→脉脉含情。我感觉解答这样的问题非常快乐！感谢老师编写了这样的题目。

生：唐伯虎三笑点秋香啊。虎→唐伯虎→秋香→脉脉含情。很荣幸能解答这道题！

讲评：从上面5道“风马驴，能相及”的练习，使我们深深地感觉到：解决问题首先要具有相关的知识，其次是要有明确的策略，也就是先转化结论，聚合思维之后，再去发展已知，这样的发散思维就更有效率。

6-4-10　以物易物（编号70）

问题：1个西瓜和1勺蜂蜜，能换3竹筒贝，1竹筒贝和3勺蜂蜜，能换3个西瓜。

问：1勺蜂蜜和4个西瓜，能换几竹筒贝（注：图中×表示蜂蜜，○表示西瓜，□表示筒贝）？

师：用图形表征这个问题，如下图所示。

以物易物

师：怎么样，在原始社会人们就成功交易了。你还在纠结吗？

生：真头疼啊！

生：我的办法是进行系列转化。用方程的思想进行解决。先消去一个元，得到比例关系，再次换成统一元，代入求解。

师：我懂了。你说的很简明深刻。现在具体化吧，把你的解法坚持到底。

生：设 $x+y=3z$，$3y+z=3x$，想消去 z，由 $9y+3z=9x$，代入得：$9y+（x+y）=9x$，所以 $10y=8x$，设 $x=10k$，$y=8k$，代入 $x+y=3z$，就有 $10k+8k=3z$，所以 $z=6k$。代入所求，有 $4x+y=40k+8k=48k=8z$。

可是，原始社会的人能接受这套办法吗？

师：由 $10y=8x$，竟然设 $x=10k$，$y=8k$，k就是后来发明的货币！数学竟然推动了经济发展！

师：有人说，原始人比现代人聪明。你如果面对集市上的这类交易，能不费除灰之力，解出难题，游刃有余吗？刚才这位同学的换元法，设出货币，很有新意。生产生活中的需要，促进了经济制度的发展。也许，久而久之，有个财主，发明了“k 币”，他可以用 k 币购买东西。人们可以用 k 币去他家兑换小米。一来二去，货币就产生了。咱班这位同学，如果穿越到原始社会，就可能是 k 币的发明者。

生：我可不想去原始社会！

那么原始社会的人是怎样解决这类问题的呢？

原始人在头脑中出现了如下图形，就成功解决上面问题啦。

原始人的想法是，

此种关系取 5 倍。

左图被右图取代

两部分相加，左有 8 圈 5 叉，右有 16 方 3 叉。

两边同时减掉 3 叉后，变成左有 8 圈 2 叉，右有 16 方，它刚好是两份“左有 4 圈 1 叉，右有 8 方”。

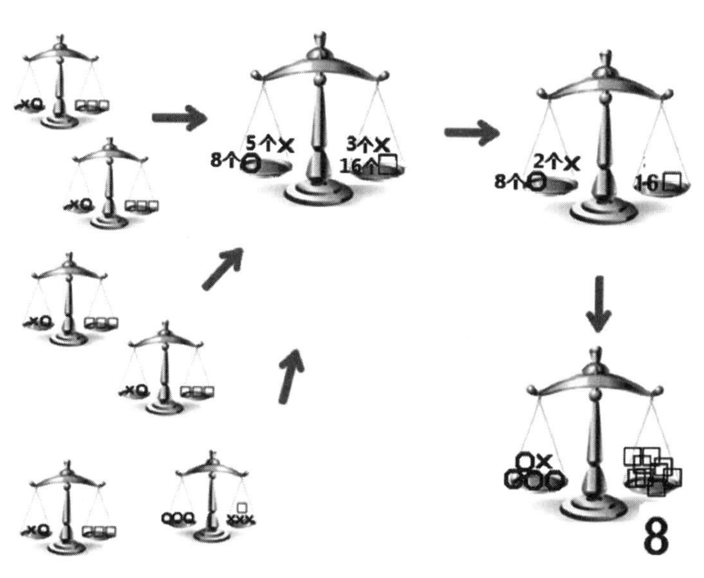

这个题目，转换方法很多。“原始人”的代换最为巧妙简单。很多科学家发现，原始人知识不多，但是思维能力却高于我们当代人。这题目就是为证明原始人更聪明而编写出来的。

本节总结：

在问题解决中，“用形象思考”和“转化”是威力最大的两个策略。要把它们结合起来一起应用。本节练习题的取舍与锤炼，是全书最下功夫的一节课。要反复体味本节中的练习题，借鉴这些问题解决的思考过程。时常听到学生课后找我说：“老师，这节课让我学习突然开窍了！”其实，主要还是来源于学生的长期积累和积极思考。

6–5 启发式中的分类讨论，倒推与从简单出发

本节涉及三种解题策略。下面一一道来。

6–5–1 分类讨论的意义及举例

处理问题时需要灵活地、多角度地看待问题。例如，乘车是采取分段计价的；下棋也要预设几种方案;做计划更要想到多种可能性。我们在做“‘口’字加两笔,组成哪些字”练习的时候，就用过“分类讨论”的方法。最常见的错误，就是本该采用分类讨论策略时，只想到了一类可能。于是，看着会，做不对，不得分，白受累。

例说，一张桌子有四个角，用锯子锯掉了一个角，还剩几个角？小孩说:“剩三个。”大孩说:“哈哈，是5个。”其实，正确的说法是截口的一侧是三角形，另一侧是几边形？这个三角形的位置是唯一的吗？

采用分类讨论的策略后，共找出3种方式，结果分别剩3、4、5个角。

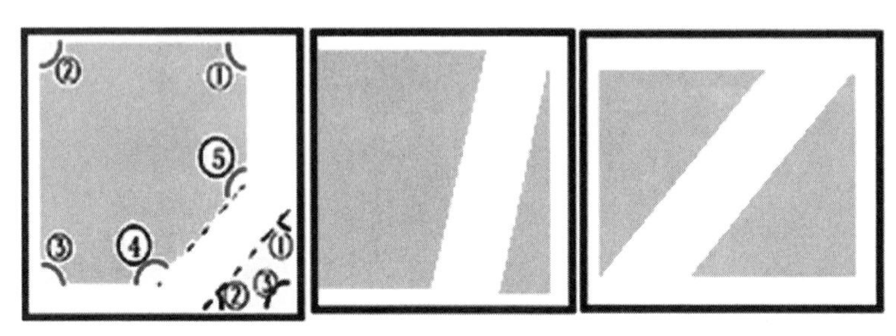

方桌锯角

6-5-2　解等腰三角形的讨论（编号 71）

已知等腰三角形中，有一个角是 40°，另外两个角分别是多少度？

生：要分类讨论。这角如果是顶角，那么另外两角都是 70°。如果这角是底角，那么另外两角就是 40° 和 100°。

师：继续看。已知等腰三角形周长是 29cm，有一条边是 7cm，另外两条边分别是多少厘米？

生：这边如果是底边，那另外两条边都是 11cm。这边如果是腰，那另外两条边分别是 7cm 和 15cm。

师：有不同意见吗？

生：7、7、15 三条边不能构成三角形。这情况不存在，所以本题只有唯一解。

师：要有反思小结的习惯！要自觉调控自己的行为，坚持检查，对自己要批判考问！

讲评：很多问题都存在着需要分类讨论的情况，但同学一般只考虑到了他们比较熟悉的情形，尤其在几何问题中，容易遗漏掉其他的可能情形。到此还需要再上升一个层次：讨论中的各种类型是否真实存在？不要以为有讨论的可能，就进行讨论并以为完成任务了。其实，还应该继续检验，要小心思维定势造成的不良结果。

6-5-3　移动棋子（编号 72）

如图所示，移动一个棋子，使得横行与竖列的棋子的个数一样多。

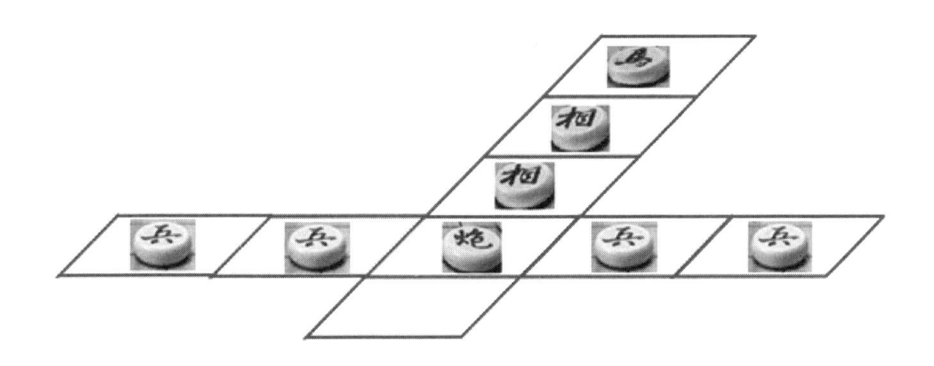

生：很简单啊！把炮移到前面的空格里。

生：看来对移动两个字还要斟酌。也许还蕴含着其他含义，能与“分类讨论”构成联系啊！

生：把“兵”放到“炮”上。

生：或者，把“炮”放到“马”或者“相”上。

师:就这么一点点突破,还要三番五次地让他人补充完善！尤其是提出把“兵”放到“炮”上以后，还想不到要把“炮”放到“马”或者“相”上，这样的人，更是要深刻检讨！

6-5-4　蚂蚁爬木块（编号 73）

练习：在长方体前平面的左下方有点 M，在长方体后平面的左上方有点 N。假设点 N 处有蚂蚁需要的食物。点 M、N 到左平面的距离基本相等。M 到下平面的距离为 a，N 到上平面的距离为 b，且 $a<b$。蚂蚁沿着长方体表面从 M 爬到 N，怎样爬路程最短？

长方体

生：画出长方体的侧面展开图。标示出 M、N 的具体位置。两点之间线段最短。画出线段 MN。再还原成原来的长方体，上面的路线即为所求。

生：不全面！展开图不止一种。要对不同的展开方法进行比较。

师：如果从左前下顶点到右后上顶点，有几种路线可供选择比较？讨论后回答。

生：可以从前面转到上面，也可以从前面转到右面。

生：还可以从左面转到上面。

师：如果你编写题目，想让学生容易发生遗漏，你编写的三条路中哪条路线最近？

生：从左面绕上去最近。

师：老师编题目要“多出点想的，少出点算的”。

师：先理解问题，然后把题目中的条件画到图上。也就是，把题目中的文字语言转化成自己绘制的图像语言。

师：把你画好的图和老师出示的图，进行比较。找出自己的差距。

师：要分成两个层次进行讨论。

其一：从前面上面到后面翻越，还是从前面下面到后面翻越？两者需要进行比较。

其二：从左面翻越，还是从前面下面到后面翻越？两者也需要比较。

生：设高为 p，宽为 q，那么从前面到上面再到后面，就爬了（$p-a$）$+q+b$，那么从前面、下面到后面，就爬了 $a+q+$（$p-b$）。题目中给出了条件 $a<b$，所以从前面到下面、

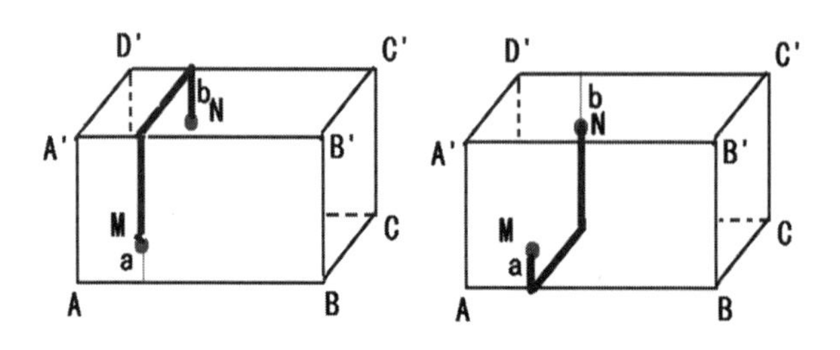

后面的距离近。

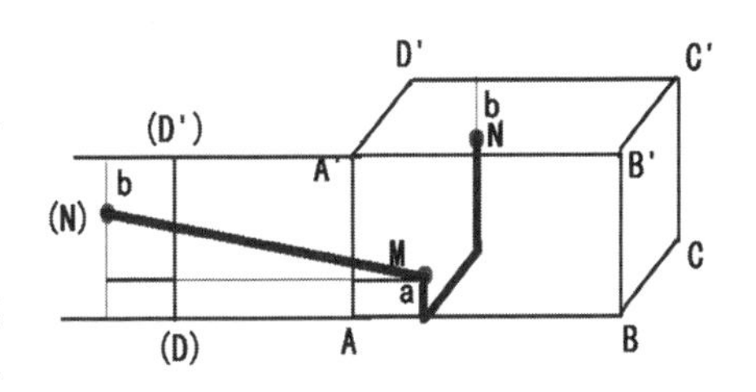

生：从左面翻越，要取决于 M、N 到左平面的距离。给出具体数值，就可以计算了。

师：这种展开图问题主要是看看同学的分类讨论是否全面。能区分给定了结论的问题和没有具体结论的问题。

6–5–5　电子游戏《青蛙跳》（编号 74）

师：一笔画问题，可以分为两类，一类是要求不重复走遍所有的线。另一类是要求不重复走遍所有的点。前一类问题，数学家欧拉早就解决了。后一类问题，目前还摸不到边，几乎完全没能起步。电子游戏《青蛙跳》就是后一类数学问题用游戏的方式展现的。希望同学们能建立兴趣，有所突破。解决后一类的问题，一般要采取分类讨论的策略。在向哪继续跳不能决定的时候，就要做多级的分类讨论。

举例：

青蛙可以沿水平方向，或者竖直方向，跳到相邻的圆板上，远距离跳跃也可以，但是必须中间没有圆板构成间隔，而且不能斜着跳，也不能回跳，圆板踩过就消失。要求跳过所有的圆板。

看看例说的练习图。出发的时刻，青蛙就面临向右还是向下跳的分类讨论。本题答案如图所示。

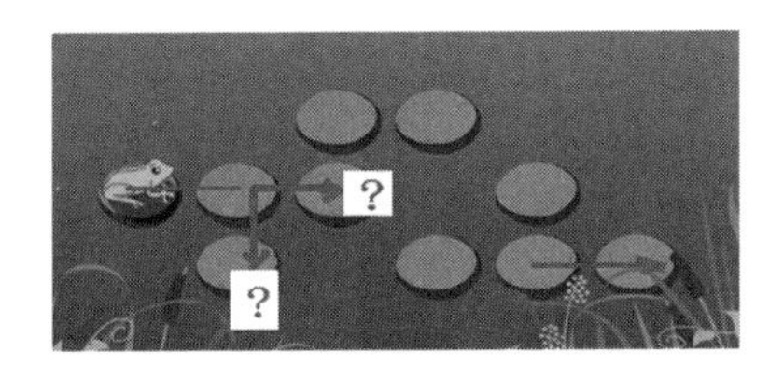

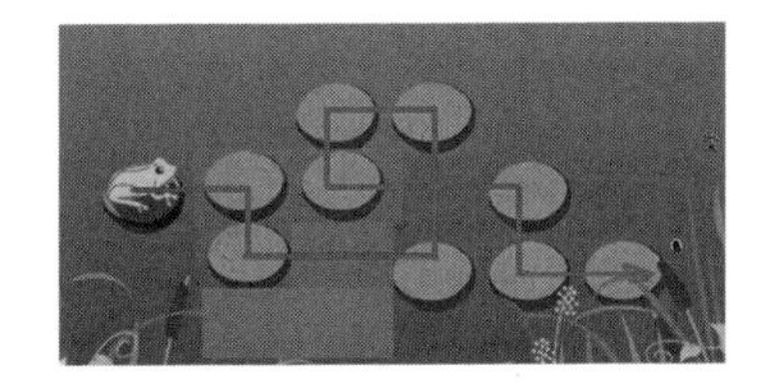

师：再看一例。注意最后一跃，就是从消失了的黄板上跳过去的。游戏的难度分为 10 级。现在示范题目是 2 级难度

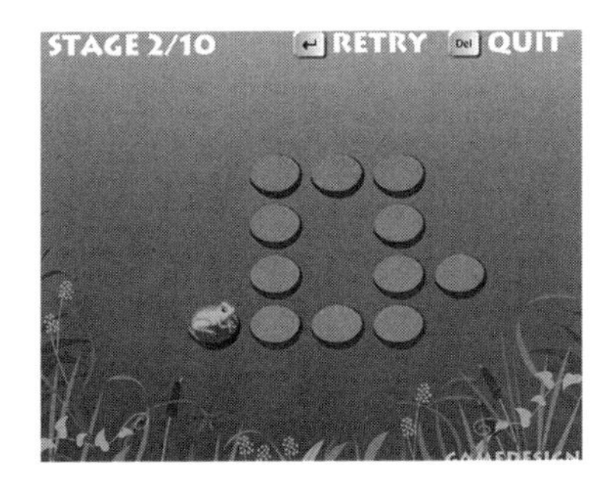

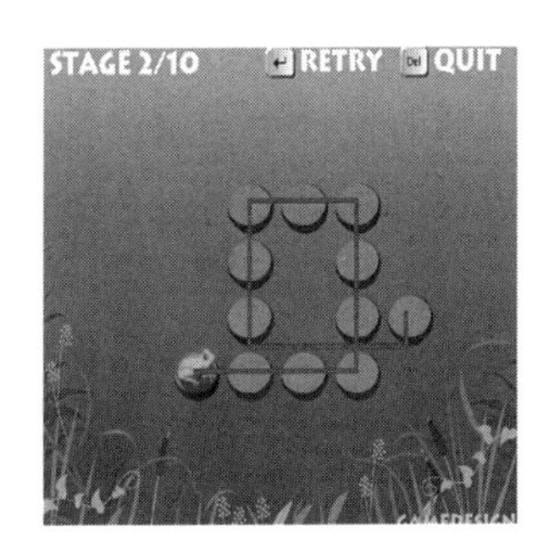

师：再看一个练习。

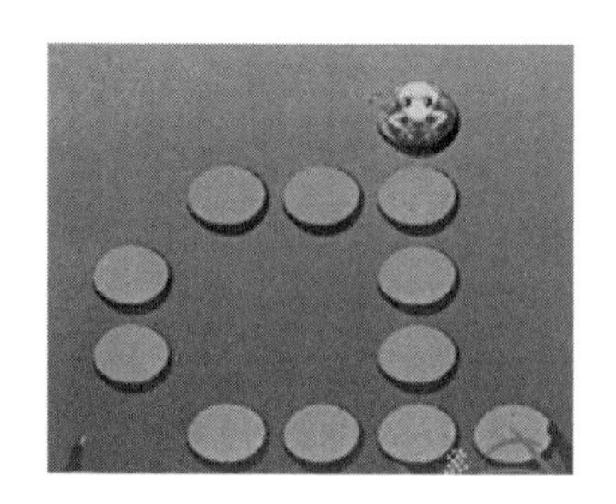

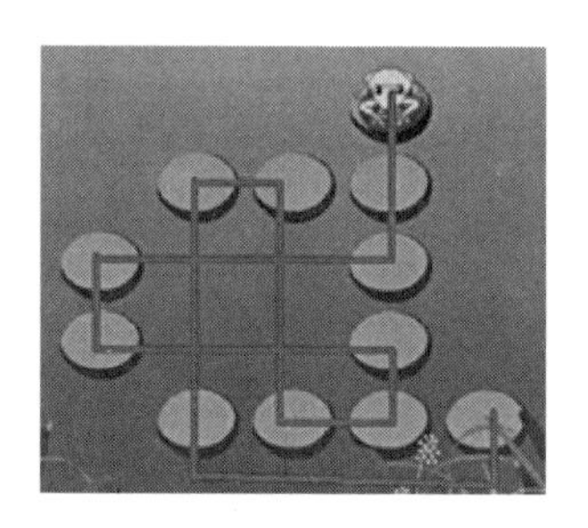

师：看一个 4 级难度的游戏。开始就要分成 3 类进行讨论。

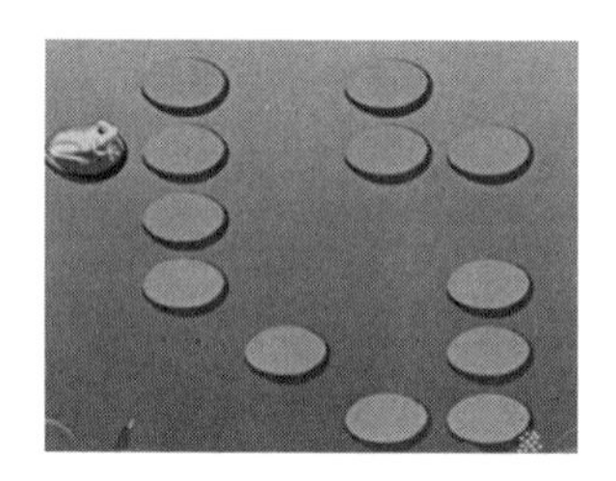

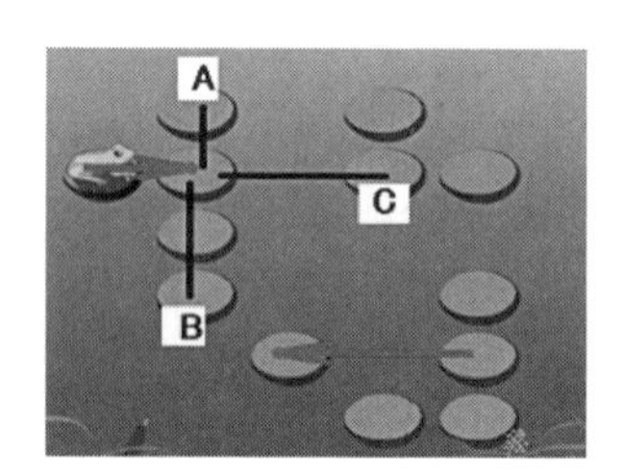

师：分别按 A、B、C 3 类进行探索。线路 A、B 都走不通以后，尝试路线 C，即继续分类为 C1、C2、C3 共 3 条线路。当线路 C1 和 C2 也都不通且线路 C3 到菱形块以后，其实也面临两种选择，称为 C3 上和 C3 下。因为路线很短，一眼就看透了。所以没再继续分类。

答案：如图 C3 下。

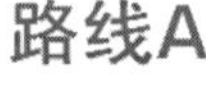

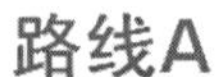

路线A

路线A面临▲后，立即失败！

路线B

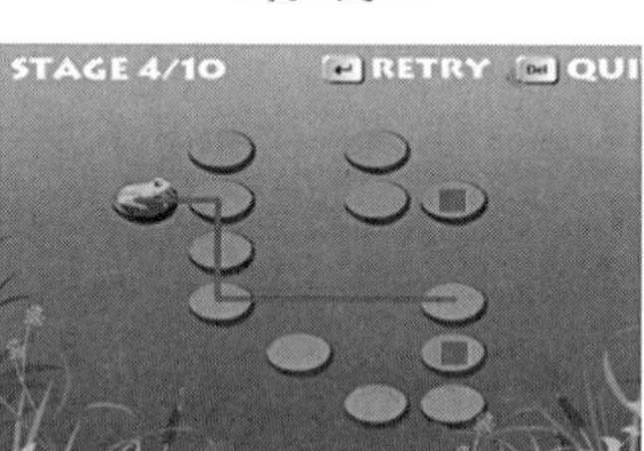

路线B面临■后，立即失败！

路线C

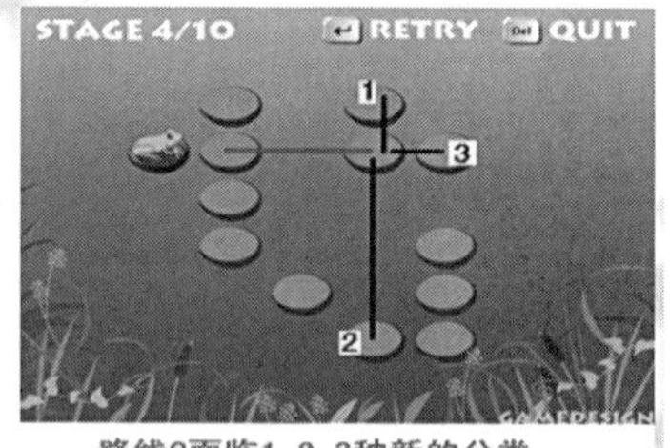

路线C面临1，2，3种新的分类.

路线C1

路线C1面临★立即失败！

路线C2

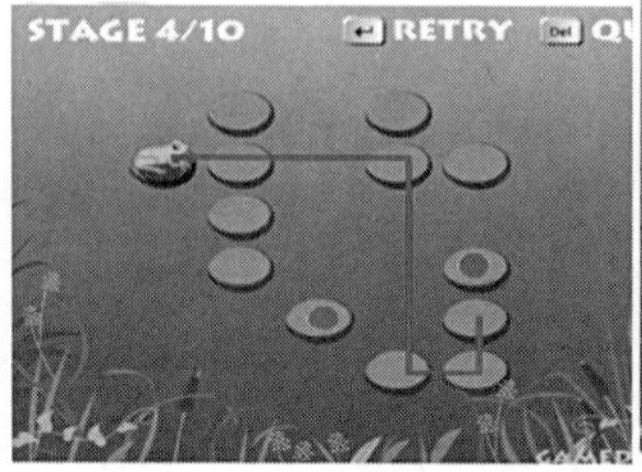

路线C2面临●立即失败！

路线C3

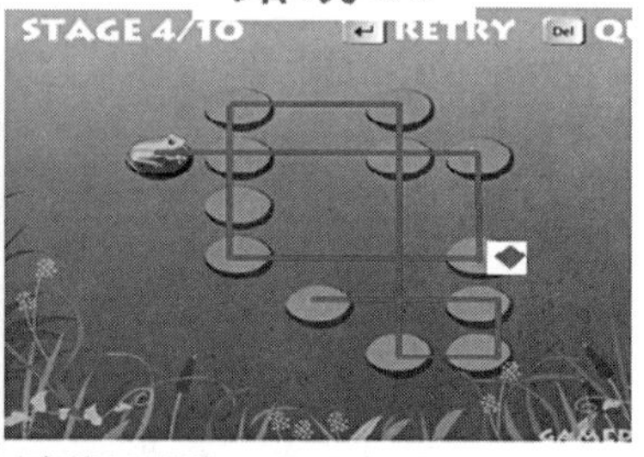

路线C3面临◆处选择后，取得成功！

讲评：多级分类讨论，也时常被称为启发式中的“爬山法”，属于一步一步完成多级分类讨论，逐步靠近目标。也就是说，在思维进展中如果发生歧路，又不能立即排除时，可以采取分类讨论的策略。在继续操作时，要做到在分类中不重复（不重叠）、不遗漏。

6-5-6　倒推法

从终结状态向回一步一步倒推，一直推到初始状态，或者依照时间顺序，从事情的终极结果，倒推到事情发生的最初时刻，这种思维方法被称为倒推法。

练习：大嘴吃豆（编号 75）

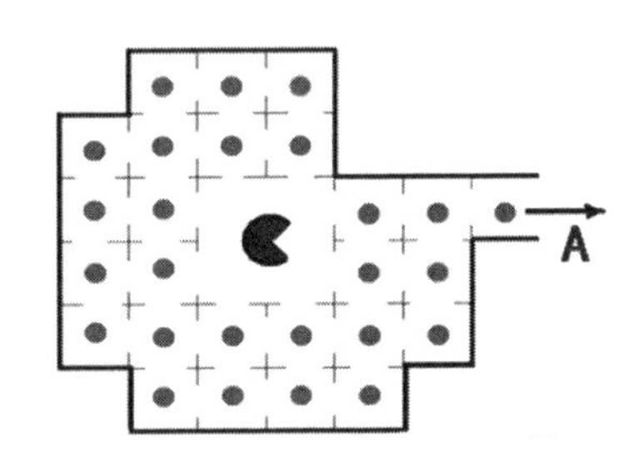

吃豆大嘴要吃掉所有的豆。

每屋（包含大屋）只能进出一次。

最后从 A 出去。

请设计吃豆大嘴的行动路线。

关键是体会思维过程。

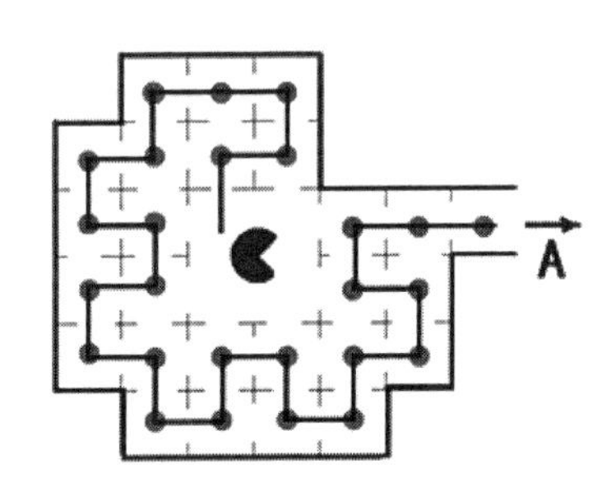

生：如果从中心出发进行考虑，有上、下、左、右 4 个方向可供选择，而每个方向又存在着两种可能。也就是说，大嘴出发时，可以有上左、上右、右上、右下、下右、下左、左下、左上 8 种可能。如果依次尝试，思维的过程就比较长。所以应该用倒推的策略，从 A 出发，一直推导到出发点。

师：请找到这样的路线。告诉大家，大嘴从哪个路口走出中心格？

生：从左上方。路线如右所示。

讲评：要体会倒推策略的应用条件。如果在倒退过程中遇到困难，也可以结合正面推导，也就是走向转化的策略，叫作“发展已知，转化结论”。

看看下面的迷宫练习，把入口和出口名称互换，结果如何？问题更容易，还是更难了呢？

生：问题难度没有任何改变。

师：想一想，河流为什么不走直路？河流不走直路而走弯路，最根本的原因就是，一切事物都要沿着阻力最小的方向发展。走弯路是自然界的一种常态，而走直路是一种非常态。河流在前进的过程中，会遇到各种各样的障碍，有些障碍是无法逾越的，它只有取弯路，绕道而行，也正因为走弯路，让它避开了一道道障碍，最终抵达了遥远的大海。

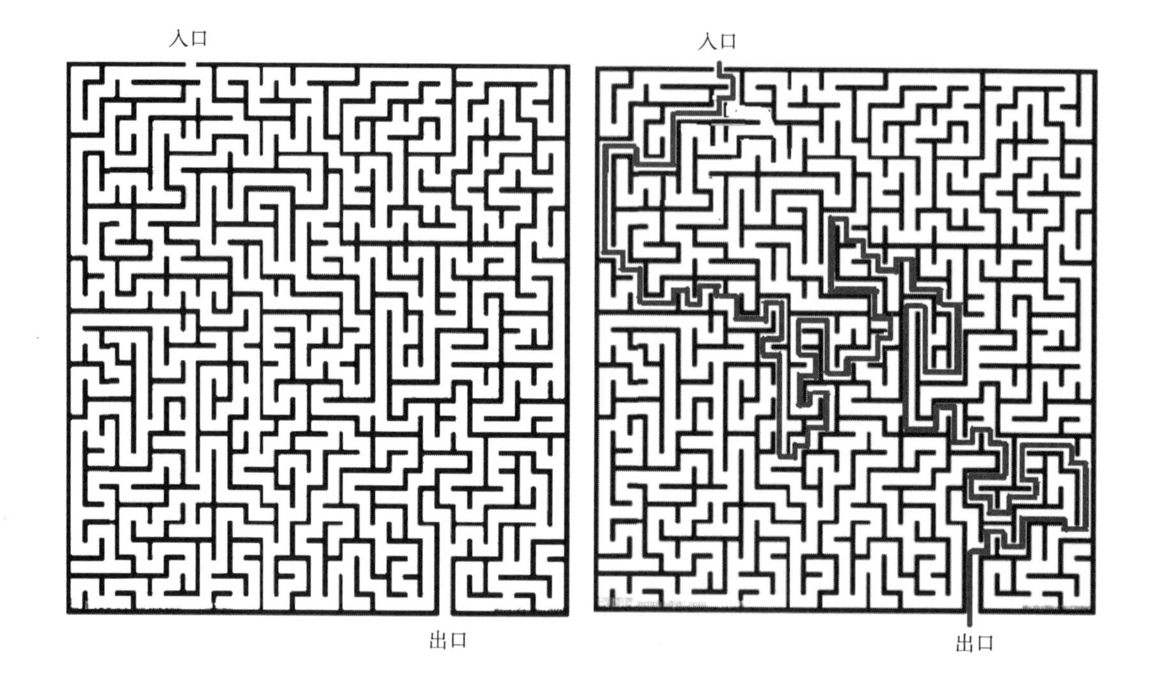

练习 2：海盗分核桃（编号 76）

5 个海盗带着一只猴子逃到了一个孤岛，他们发现岛上有一些核桃树，大家把核桃全部打下来放在一起。但是天已经很晚了，所以大家就睡觉了。

①晚上 A 悄悄地起床，把核桃分成 5 份，结果发现多一个，顺手给了猴子，自己不能占大家便宜。然后收起了留给自己的一份，再把剩下的核桃混在一起放回原处，最后还是悄悄地回去睡觉。

②后来 B、C、D、E 也都先后悄悄地起床，把核桃分成 5 份，结果发现多一个，顺手给了猴子，自己不能占大家的便宜。然后收起了留给自己的一份，再把剩下的核桃混在一起放回原处，最后还是悄悄地回去睡觉。

③早上大家都起床，大家异口同声地说："你们把核桃均分了吧！"彼此看看，都表示不可理解，就稀里糊涂把眼前的核桃均分成 5 份。分完之后，还是多一个，就又把它给了猴子。每个海盗都高兴地取走了自己的一份。

这堆核桃最少有多少个？

生：我从来没做过类似的题目，无从下手。满足条件的数还很多，题目只要求出最小的一个数。感觉这题目数字很大呢，所以，不好猜测。

师：可以采用倒推的模式。从 E 入手考虑，往前推导。看看 A 见到核桃时，一共有多少个。先说说第一步。E 能留下多少个核桃呢？

生：运用倒推的策略。E 睡觉前，拿走了 5 份中的一份，剩余的是 4 份，第 2 天要能减去 1 个之后能被平均分成 5 份。因此这个数就必须是 4 的倍数而且被 5 除时余 1，所以个位数必须是 6。就是是一个能被 4 整除的个位是 6 的数，E 留下的可能的数量就是：16、36、56、76、96、116、136、156、176、196、216、236、256、276……

师：非常好。再努力倒推，就可以上路了。E 见到的核桃是多少呢？是怎样的一列数？先看看，剩 16 个可以吗？

生：剩 16 个，说明 E 拿走了 4 个。拿之前还给了猴一个。所以 E 见到的核桃就是 21 个，这是 D 留下来的，是 4 份和并起来的，所以就出现矛盾了。E 见到的也必须是个位是 6 的能被 4 整除的数。

师：E 剩 36 个行吗？ 56 个行吗？

生：36 ÷ 4 × 5+1=46 不能被 4 整除，所以不行。56 ÷ 4 × 5+1=71 也不行。就这样试吗？

师：E 剩 76 个可以了吗？

生：76 ÷ 4 × 5+1=96。能被 4 整除了，除以 5 时余 1 了。所以可以。

师：E 见到的核桃可以是 96 个了。E 见到的核桃的个数的下一个可以的数，是几呢？

生：E 剩下 96、116、136 都不成。E 剩下 156 时可以。此时，E 见到的就是 156 ÷ 4 × 5+1=196。

师：E 见到的就是以 96、196 开头的一串数。后面的一系列数是多少？

生：E 见到的允许的数，肯定是等差数列。就是 96、196、296、396、496……

师：终于上路了。依此办理，推导出 D 见到的那串数。即 C 给 D 留下的数可以是哪些？

生：96 ÷ 4 × 5+1=121，不成。196 ÷ 4 × 5+1=246，也不成。296 ÷ 4 × 5+1=371，也不成。

396 ÷ 4 × 5+1=496 可以了。

师：D 见到的那串数中 496 的下一个数是几？

生：还要把 E 见到的数列延长点啊，396、496、596、696、796、896……是 796 ÷ 4 × 5+1=996 吗？

师：D 见到的那串数，C 留下来的是 496、996、1496、1996、2496、2996、3496、3996……是吗？继续推导，B 留给 C 的，就是 C 见到的是什么样的一串数？

生：496 ÷ 4 × 5+1 不成。996 ÷ 4 × 5+1 也不成，1496 ÷ 4 × 5+1 还不成。1996 ÷ 4 × 5+1=2496 可以了。难道要到 3996 ÷ 4 × 5+1=4996 吗？可以了。也就是 B 留给 C 的是 2496、4996、7496、9996、12496、14996、17496、19996……也就是 A 留给 B 的是 9996 ÷ 4 × 5+1=12496，19996 ÷ 4 × 5+1=24996。

师：现在就差一步了，A 见到的数只要求除以 5 能余 1。

生：$12496\div4\times5+1=15621$。$24996\div4\times5+1=31246$。

对此不再要求能否被4整除了，所求的最小的数是15621，再大一点的就是31246了。

师：要验算一下15621符合题意了吗？

A见到15621给猴1，剩15620，分5份，各3124，取后给B剩$15620-3124=12496$。

B给猴1，剩12495，分5份，各2499，取后给C剩 $12495-2499=9996$。

C给候1，剩9995，分5份，各1999，取后给D剩 $9995-1999=7996$。

D给猴1，剩7995，分5份，各1599，取后给E剩 $7995-1599=6396$。

E给猴1，剩6395，分5份，各1279，取后到早上剩$6395-1279=5116$。

早上给候1，剩5115，分5份，各1023。

师：如果非要用函数与方程的方法，有一步比较难，用到的技巧同学们没学过，但是在两千多年前古希腊数学家丢番都就解决了这类问题，叫作“丢番都方程$ax+by=c$的整数解”。

假设当初共有x个核桃。

A给猴一个，剩$x-1$个，均分成5份后取走1/5留下4/5，就是A留下$y=[4/5]\cdot(x-1)$。

B给猴一个，剩$y-1$个，均分成5份后取走1/5留下4/5，就是B留下$z=[4/5]\cdot(y-1)$。

C给猴一个，剩$z-1$个，均分成5份后取走1/5留下4/5，就是C留下$w=[4/5]\cdot(z-1)$。

D给猴一个，剩$w-1$个，均分成5份后取走1/5留下4/5，就是D留下$u=[4/5]\cdot(w-1)$。

E给猴一个，剩$u-1$个，均分成5份后取走1/5留下4/5，就是E留下$t=[4/5]\cdot(u-1)$。

因为t必须能被4整除，且要减1后能被5整除。所以最少是16个，再大点就是36、56、76……$16+20k$（$k\geqslant1$）。所以$t=16+20k=[4/5]\cdot(u-1)$，就是$80+100k=4u-4$，就是$84+100k=4u$，得到了丢番都方程$21+25k=u$。所以$21+25k=[4/5]\cdot(w-1)$。

所以$105+125k=4w-4$，就是$109+125k=4w=[16/5]\cdot(z-1)$。

所以$545+625k=16z-16$，就是$561+625k=16z=[64/5]\cdot(y-1)$。

所以$2805+3125k=64y-64$，就是$2869+3125k=64y=[256/5]\cdot(x-1)$。

所以$14345+15625k=256x-256$，就是$14601+15625k=256x$。

下面这步难了，很多人到此为止！或者说，此路不通！！

因为$14601=256\times57+9$，$15625=256\times61+9$，就是$256x=256\times57+9+(256\times61+9)\cdot k$

所以$256x=(256\times57+256\times61k)+9\times(k+1)$。

到此为止，成为丢番都方程中的简单问题。

当$k=255$时，x有最小整数解（$k=255+256n$，$n\in N$）。

当$k=255$时，$x=15621$，为最小的整数解答。$n=1$，$k=255+256=511$时，$x=31246$，是下一个整数解。

答案：15621。

讲评：倒推法成功了！马克思说："在科学的道路上，没有平坦的大道可走。只有沿着崎岖的小路攀登，不畏劳苦的人，才有希望到达光辉的顶点。"

常听有人说，要快乐学习。其实，学习是离不开艰苦思索的。解答了问题，进步了，是成功的喜悦，也给同学们带来了欢乐。如果有人宣称，自己有学习妙法，接受培训后就能火眼金睛，技高一筹了，那肯定是骗子！否认艰苦学习的人，学习就没入门！

6-5-7　从最简出发

编号 50"丢丢拿筷子"就用到过从最简单情况出发的策略。先考虑只拿一双筷子的情形。再一双一双地增加，从而解决问题。

下面的博弈游戏，也要用到从最简单情况出发的解决策略。

拿糖博弈（编号 77）

卓然和奶奶做游戏。两人轮流从盘里取糖。每次可以取 1 块、2 块或者 3 块。但是，不允许不取。也不允许多取。二人中能取到最后那块糖的人就获得了胜利，一共有 30 块糖。

师：游戏开始以后，有时是奶奶赢了，有时是卓然赢了。后来，卓然要求先拿。奶奶就同意了。卓然有没有必然获得胜利的办法呢？

生：想不明白，奶奶可以自主行动啊。如果没按卓然的安排，打乱了卓然的计划，卓然还能赢吗？

师：我们使用"从最简单情况出发"的策略。由我来提问，你们思考回答。

师：卓然拿走糖块，最后剩下 1 块了。谁能赢？

生：奶奶赢。

师：卓然拿走糖块，最后剩下 2 块或者 3 块了。谁能赢？

生：奶奶赢。

师：卓然拿走糖块，最后剩下 4 块了。谁能赢？

生：卓然能赢。奶奶拿不完。而剩下的，卓然可以都拿走。

师：卓然拿走糖块，最后剩下 5 块了。谁能赢？

生：奶奶赢。

师：为什么？

生：奶奶给卓然剩下 4 块。剩下 4 块的人，就赢了。刚才讨论过了。

师：卓然拿走糖块，最后剩下 6 块或者 7 块了。谁能赢？

生：奶奶赢。她可以给卓然剩下 4 块。

师：卓然拿走糖块，最后剩下 8 块了。谁能赢?

生:卓然能赢。奶奶不能给卓然剩下 4 块。奶奶拿糖 1、2、3 块后，剩下 7、6、5 块。卓然都可以给奶奶剩下 4 块。

师：有什么规律可以遵循吗?

生:卓然拿走糖块后，给奶奶剩下 4、8、12、16、20、24 块或 28 块时，卓然就赢了。

师：那卓然先拿，怎样获胜呢?

生：卓然从 30 块糖中先取 2 块，给奶奶剩下 28 块。奶奶拿糖后，卓然要和奶奶拿的数，相加凑满 4 块，保持剩下的糖是 4、8、12、16、20、24 这样的数列中的数。

师：就是能被 4 整除的数。

生：只要用这种方法持续下去，卓然就能赢得最后胜利。

师：如果游戏规则改成，最多可以拿 4 块呢?

生：因为一共 30 块，是 5 的倍数。所以谁先拿，谁就必然会输。

师：奶奶如果坚持让卓然先拿呢?

生：卓然就减慢游戏进展速度，等待奶奶犯错，然后抓住机会，给奶奶留下能被 5 整除的数。然后俩人共取 5 块，卓然就有胜利机会。

师：我们是怎样解决的这个博弈游戏的呢？我们用了从最简单情况出发的策略，推导出了博弈最佳方案。

吃糖方案（编号 78）

爸爸给逸凡 16 块糖。逸凡说，自己每天要吃 1 块，或者 2 块。不多吃，也不会不吃。一直要把这 16 块糖吃完。爸爸说：“你列个单子吧，你数一数，看看一共有几种不同的吃糖计划?

师：这个问题，在数学发展史上非常有名气！这题目是由数学家斐波那契最先提出来的，希望同学们能受到启发。请用从头想起的策略，也就是从最简状态出发。计算吃糖的方案的个数。先从最小的数目开始。怎样提出问题?

数学家斐波那契

生：一共一块糖，有几种吃糖方案?

师：非常好！大家说，一共几种方案?

生：一种。

师：继续发问。

生：一共两块糖，有几种吃糖方案？

师：谁知道？

生：两种。两天中每天一块，或者第一天吃两块。

师：继续探究 3 块糖的情形。

生：可以按 2、1，1、2，1、1、1，共 3 种情况吃完。

师：下面是“石破天惊”的探究方法了。请好好听。4 块糖的情形。天才斐波那契说，面对 4 块糖，我可以有两类方案，就是吃 1 块糖，或者吃两块糖。按照对称逻辑的说法，就是我可以剩下 3 块糖，或者剩下 2 块糖。刚才知道了，剩下 3 块糖可以有 3 种吃法，剩下 2 块糖可以有 2 种吃法。所以 4 块糖一共有 3+2=5 种方案。俗话说，天才感知世界,往往与众不同。请一个同学,按这位天才发明的模式,叙述吃 5 块糖的方案个数。

生：面对 5 块糖，我可以有两类方案，就是吃 1 块糖，或者吃 2 块糖。按照对称逻辑的说法，就是我可以剩下 4 块糖，或者剩下 3 块糖。刚才知道了，剩下 4 块糖可以有 5 种吃法，剩下 3 块糖可以有 3 种吃法。所以 5 块糖一共有 5+3=8 种方案。

师：请继续说明 6 块糖的方案个数（在黑板上列数列：1→1，2→2，3→3，4→5，5→8）。

生：面对 6 块糖，我可以有两类方案，就是吃 1 块糖，或者吃 2 块糖。按照对称逻辑的说法，就是我可以剩下 5 块糖，或者剩下 4 块糖。刚才知道了，剩下 5 块糖可以有 8 种吃法，剩下 4 块糖可以有 5 种吃法。所以 6 块糖一共有 8+5=13 种方案。

师：方法找到了。不要急。要把个数数清楚：1→1，2→2，3→3，4→5，5→8，6→13……算一算，16 块糖有几种吃糖方案？不要数成 15 块糖，功败垂成。

1	2	3	4	5	6	7	8
1	2	3	5	8	13	21	34

9	10	11	12	13	14	15	16
55	89	144	233	377	610	987	**1597**

答案：1597。

到此为止。我们就学完了所有的策略系统。同时也学习完了《有序思维》的全部课程。

课程回顾：回想一下，我们主要强调过的口号有哪些？

1. 打通骿胝体，奏响四重奏。
2. 用问题加速，用图像开路。
3. 学会辩证法，全面看问题。
4. 提高思维品质，造就强大头脑。
5. 举一反三是学习的发动机，重复练习是耗时的无底洞。
6. 知识成片，习题成串。
7. 发展已知，转化结论；比照典型，沟通联系。
8. 脑袋不是装知识的口袋。
9. 提高监控自己的意识是学习过程的核心。
10. 听话的学生偶尔成绩好，思考的学生永远成绩好。

附录

人民网 people
www.people.com.cn

修课进校园

涂露芳　周明杰

“请用两条直线、两个三角形、两个圆或椭圆组成一幅图画，并命名。”这是北京五中数学教师马献时在给学生上选修课——开发想象力。几分钟后，学生们的作品完成，投影屏幕上显示出一个个妙趣横生的画面，而作品的名称更是耐人寻味：《牵手》《自由的代价》《独钓夕阳》……马老师还展示了该门选修课前几届学生的作品。像《自由的代价》，用简单的线条勾勒反映了一个深刻的哲理，而“独钓夕阳”则给观赏者一个诗的意境。这些作品，显示出学生对世界深刻的感悟、丰富的想象力和创造力，令前来听课的 160 多名中学校长赞叹不已。这堂观摩课是北京五中举行的东城区选修课研讨会的一项内容。

当前，中小学生减负成为全社会关注的焦点，但减负的背后是课程改革的深层次问题。不改革课程结构，减负就不可能真正落实，素质教育也只能是空谈。目前，中学开设选修课在我国尚处于摸索阶段，北京五中在这方面走得比较超前。

针对以往选修课着眼于传统基础学科知识的拓宽、加深这一局限，五中将一些影响人们生活的新的学科知识和技术纳入选修课程，并打破了年级、班级的限制，让学生按照自己的兴趣自由选择。迄今为止，五中已开设选修课 70 多门，内容丰富多彩，如西方哲学史常识、戏剧与舞台艺术、野外生存及考察方法等。

著名教育家陶行知先生曾说过：“因循之害，既足以自误，复足以误人，更足以误国。”创新型的人才会比模仿型的人才更有力地推动社会进步。中学开设选修课受到高考制度、教师素质、办学条件等多方面限制，但它对培养学生创新精神和创造能力的特殊意义正日益受到重视，已经有越来越多的中学开设选修课，相信它将逐步确立在中学课程体系中的地位。

《人民日报》（2000 年 5 月 5 日第 4 版）

自由的代价

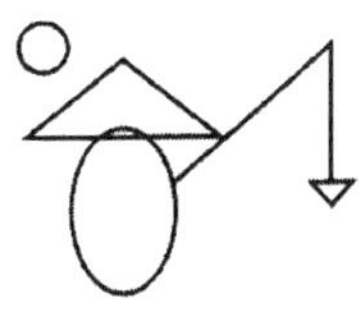

独钓夕阳

牵手

培养创新意识　提高思维能力

——记北京五中网上《创新园地》

朱　平

众所周知，计算机和网络对青少年的成长可以起促进作用，也可以起干扰破坏的作用，关键在于他们在网络上接触到什么样的材料。很多学生感受到，现在网络中专门为帮助他们健康成长而设计的材料实在是太少了。因此，北京五中在校园网上开辟了《创新园地》的课程，以培养学生的创新意识，提高学生的思维能力。

北京五中的《创新园地》共有14节课程，包括《开场锣鼓》《做创新人才》《思维的过程与定势》《提高思维的批判性》《开发想像力》等。每课内容又分为四个部分：一是课程介绍，讲解心理学、创造学的有关理论；二是请你回答，是师生互动、共同完成的练习；三是读一读，想一想，进一步提供阅读材料；四是来信选登，由版主对论坛中的有关帖子进行讲评。

在第一课《开场锣鼓》中，"请你回答"的18个问题，个个都是匠心独具，引人入胜。例如《大水漫桥》：我插队的村边有一条小河，上面架设了一座小桥。在小河下游不远处有一座大桥，又高又大，河里涨水时，时常淹没了小桥，但是一般漫不过大桥。今年发大水了，那水真大啊，大桥都淹没了。有人告诉我说："今年大桥被水淹没了两次呢。"我问："那小桥呢？"他说："小桥倒是只淹没了一次。"这怎么可能呢？答案是：发大水后，水面下降到露出大桥后又发了大水，而小桥则一直在水下，所以大桥两次被淹没。这些问题也都被制作成了Flash，既生动活泼又诙谐幽默。

其他课中让人耳目一新的地方也随处可见。例如，在《提高思维的批判性》中，有一个问题叫"洞的由来"。把一个三角形分割成4块以后，重新组合成一个新的三角形，但是图形中却出现了一个洞。在Flash中可以亲手移动图形，体会问题的奥妙。《怎样设计实验：证明种子呼吸》《请你给水龙头设计一把锁》等，都是培养学生创新意识和提高动手能力的问题。

在《创新园地》中，有一个深受学生喜爱的场所，就是《创新园地》的论坛。在论坛里，大家常常讨论得热火朝天。例如在"一字组双词"的练习中。教师的示范问题是："在'拍'与'虎'两字之间填一个'马'字，就可以一字组双词——'拍马'和'马虎'。在'祭'与'定'之间，填个什么字，能够一字组双词呢？"学生们回答了教师的问题后，互相之间问答踊跃，其乐融融。

从今年9月，《开发想像力》这门创新教育课已被北京五中确定为高中一年级的必选课程。（朱平）

《中国教育报》2004年10月26日第11版

在北海公园上课

北京五中　数学教师　马献时

（原稿曾受到字数限制，现恢复第四段，并有补充）

北京第五中学的老师有一个很好的传统，就是在教学过程中，刻意添加“微量元素”，包括：学法指导、辩证法教育、培养爱国主义精神、提高非智力品质等。近年来，又把系统地进行创新教育引入学科教学，在教书育人、全面提高学生素质的道路上开创了新局面。

关于“创新教育”，我有一个想法：学生在政治课学习哲学以前，在其他学科渗透辩证法思想时，常常感到一头雾水，只有在他们系统地学习了辩证法之后，再听其他学科的老师讲有关问题时，才能心领神会。因此，在进行创新教育时，有必要专门开设一门选修课，精选心理学、创造学的某些观点，结合实际进行训练，培养协作精神，提高动手能力，并为各个学科进行创新教育奠定基础。

从1998年开始，我在高中开设了选修课《开发想象力》，强调思维聚焦过程，用系列问题启动右脑。发挥想象作用，提高思维效率。课程内容新颖，形式活泼，因此很受学生欢迎。有一次，我的选修课安排在北海公园进行，效果非常好。

《开发想象力》是当天最后一节课，五中离北海公园很近，我们可以用20分钟赶到北海公园的镜心斋集合。我在来北海之前就布置过任务：颐和园后山修建卫生间，因此要移栽一棵大树到镜心斋。请同学们协助选择移栽位置。同学们反复斟酌，把大树栽在哪里好呢？我们在镜心斋出口处集合，对移栽方案进行统计。结果，大家一致认为，镜心斋的山石树木的布局，优雅温馨，错落有致，要保留全貌。我说：只有当大家参与其中，想突破改变，才能发现原来的妙处。你的认识也就前进了一大步！这才是真正的“不破不立”！

然后在九龙壁上课，我先带着学生对九龙壁进行赏析。大家面对九龙壁围着我，听我讲述。几分钟后，我把学生带到九龙壁后面，学生背对九龙壁听我讲课，课题是《设计漫谈》。对于设计的理论，我只进行了最简单的说明，我指出，设计工作，意义重大。创意很新的产品，要靠设计来体现。许多的创新产品，创新的全部内容就是新颖的设计。（属于：“新型”专利）

设计方案一般不是唯一的。我问同学们：“打麻将用的色子，1点朝下6点朝上，3点朝前4点朝后时，2点在左边，还是在右边？”大家一通瞎猜。我总结说：“两样都有，如果有人把这样的两个色子组成一对，薄利多销，收益肯定很好。由此事例可知，设计方案常不唯一。”

我又说：九龙壁的每条龙都有一种主色，但是总共只能有4种主色。你能猜猜古人采用的是什么方案吗？我启发道："我用不同数字代表不同颜色，大家看方案121、343、121如何？"同学们异口同声说："不好。"于是，分组讨论设计方案，方案确定以后，每组发一张九龙四色设计草图，我让大家设计涂色方案用数字表示。有好多学生想回头偷看，都被我约束住，大家感到前所未有的好玩。涂色方案设计后由6个学生代表手举自己的设计，面对大家，进行评选。我们评出的最佳设计方案123、414、321，和九龙壁的设计一致，大家感到很自豪（几天以后，在讲排列组合时，同学们做出了数学的总结：9条龙排一排，每条龙涂一种颜色，但只有4种颜色，若颜色分布成中心对称，而且相邻的龙的颜色互不相同，那么共有144种设计方案）。

在九龙四色设计之后，我们又进行了九龙戏珠方案设计。九龙壁设计了几颗珠子？龙是冬眠的动物，由龙的反刍（龙涎）凝结的宝珠就是它冬眠时的干粮。如果是中间的龙，一龙戏一珠。它两边分别有两对二龙戏珠，中间的龙象征的皇帝就显得太孤单。所以就想突破总体的对称性！如果设计成四对"二龙戏一珠"后，最后是"一龙戏一珠"则过于突然。我的课上到此时，同学们早已按捺不住，纷纷要图纸，进行设计。然后我们又举行了评选活动，评选结束，我一声令下，大家回过头来，尽情欣赏九龙壁的设计，原来是九龙戏六珠，在三对二龙戏一珠之后，有二龙戏二珠的过渡，最后才以一龙戏一珠结束。大家纷纷感叹："现在看着，还真有点意思！"

我们来到濠濮间，共同观看了石门门楣上的上联（乾隆御笔）："山色波光相罨画"。对联的下联在石门的背面。我解释说："罨，音'演'，意思是覆盖，是画画的一种技法。也许对联作者本想把后三个字定为"相图画"，但平仄不合，才改为现在的'相罨画'，意即山色湖光相互映衬犹如一幅油画。上联的前四字是现成的文字，下联的前四字也不要生拼硬凑。请同学们分组对下联"在此，我还充当了一会儿语文老师，大讲了一番平仄知识。一会儿下联都对出来了，我收上来以后，当众把真正的下联混入其中。由6位学生代表，每人举一幅下联，面对大家，组织评选，看看能不能把皇上的下联认出来。鱼目混珠的六幅下联是：

（上联：山色波光相罨画）

1. 亭台花木趣悠然　　2. 林深树郁倍清幽

3. 奇花异草自芳菲　　4. 汀兰岸芷吐芳馨

5. 石桥水榭胜丹青　　6. 碧萍玉树有芳香

评选结果竟然是第5幅最优，而真正的下联是第4幅。大家坚持认为，自己的作品3、5都已经能和皇上比肩而立了。我感到，确实不能认为学生们没有鉴赏力，而只能说学生们有很好的创造力。于是我鼓励学生说："看来古人也不是难以超越的！"这节课的最后，我在濠濮间给大家布置了一道思考题："离北海公园的南门不远，在永安寺的门前，有一对造型非常别致的香炉。为了稳定，香炉设计成三足鼎立。若香炉的两个耳子，为便于抬运，造型为两只弯着脖子的仙鹤。请大家想一想，如何解决仙鹤头的个数 2 与脚的个数 3 的矛盾呢？”在我们依依不舍地离开北海公园之前，大家都兴致勃勃地拜访了这对香炉。同学们惊讶地看到：有一只仙鹤藏匿在香炉的底部，另外两只仙鹤弯着脖子构成香炉的耳子，三只鹤都取金鸡独立的姿势，造型对称典雅，同学们争先恐后地赞不绝口：“这设计真绝！”这就是我们师生终身难忘的一堂课。北京五中的老师们深切地感到：积极开展素质教育，尤其是系统地进行创新教育，教出来的学生，学习有后劲，将来有出息。

我的小孩曾在北海五龙亭北面的桐树林，捡过桐叶，我要求她捡一片最大最完整的落地树叶和我捡的比赛。后来，我给五年级学生上课时，就把对对联改为赛桐树叶。要求比赛中，从林中只许向前走，且只许捡起一片桐树叶。先让学生分组，做赛前准备。先拣出任意的 51（样本数）片落地桐叶，因为样本小，大桐树叶刚开始落，且并不存心拣选大的，所以往往没有大桐树叶。让学生把桐叶从小到大排序，对齐中心，测量第 43 片桐树叶和第 9 片桐树叶的差距（两个标准差）。把这个差距加到第 26 片（中数）的尺寸上，这个尺寸的桐树叶往往比第 48 片桐树叶还要大。按所得到的这个尺寸，或者按第 48 片桐树叶的尺寸，一路前行寻找大桐树叶，若见到合乎目标的就立即收藏起来。不要贪心找到更大的！在秋天的夕阳下，我坐在北海海边的椅子上，心满意足地看着学生们兴致勃勃地捡拾桐树叶，排序、测量、计算、争论，然后围着地上的树叶商议，又大呼小叫地把自己的参赛作品交给我。评选，欢呼，玩得实在开心过瘾！多年后，当他们学习统计中的样本大小、中数代替均值、标准差等都很快乐。有个学生上了清华大学后回来看我，说：清华的桐树叶比五龙亭的桐树叶更大。当她拣起清华的桐树叶就想起了我。我给他们上的《有序思维》课，不强调陈述性知识，也不强调操作性知识，主要突出策略性知识和自主监控。她说，上过我的课，生活变得更有情趣了。（全文完）

下面是北海公园九龙壁和濠浦间的照片。

普陀山法雨寺的九龙壁，设计的是九龙戏 5 珠，恪守对称：从左到右依次是二龙戏一珠、一龙戏一珠、三龙戏一珠、一龙戏一珠、二龙戏一珠。

濠濮间的大门，门楣的前后，组成对联，很是奇特！是否真是对联并不重要，“相”与“吐”对得就很不工整，也正因此，才想到让学生对个下联，核心就是我们能由此玩得很有层次，大家都很开心。

永安寺门前的香炉

《有序思维》这门课难在无中生有！静心斋栽树，就是我一生中最得意的一个教学环节。背景是集合地点选定在哪儿，才能构造出下一步的教学内容。面对这样美轮美奂的皇家园林，应该能构想出天马行空般的神来之笔。在编造出颐和园需要移栽古树的合情合理的例子以后，顺理成章地构造出了在静心斋如何选择移栽地点。在否定了栽树设想后，终于图穷匕见，亮明了“不破不立”的课程目标，使学生认识到，在学习的过程中，要展开“不破不立”的思维过程，经历“否定之否定的螺旋式上升”，思维境界才能得到升华。

有一次，讲“逆向思维”。在举出“司马光砸缸”的例子以后，必须补充一个更接近生活的浅显例子。经历了多年思索并请教了近十位有经验的思维训练的高手后终于编选出一个问题：北京五中（去北京五中在东四十二条下车）东南的公交车站是东四六条。请说一说：“打麻将什么牌能和‘东’‘四、六条’呢？”平时打麻将的人，只考虑手里的牌能和什么，编写一道逆向思维的问题，就是已知和什么，问问手里的牌是什么样？这种逆向思维的问题，给很多麻将高手带去挑战。因此，编写这样的题目就具有思维价值！

这种题目的编写就是要依靠发现关系的能力。只要用心，方向明确，题目还是能够构造出来的！长年积累，构成了系统，就能具有巨大的力量。

1999 年 5 月 CCTV-1 已经制订了系列介绍这门课程的计划。在拍摄完《在北海公园上课》之后，他们拿着剪接后的素材去征求专家的意见。电视台的人事后通知我说，有几位专家提出，把九龙壁的图案当成最后答案，与学生的设计进行对比，对于培养学生的创新思维是不利的，因而录像课程不能播出。以后何时才能继续拍摄，让我等待通知。从此也就杳无音信了。这门课程也就从如日中天的辉煌中立刻走进死寂！对于专家的严厉批评，我是有话要说的，但是无处辩解！他们就没看到用色字块讲设计不唯一的那一段。

从最初的构想、起步，历尽艰辛到初步成型，再到召开一系列的现场会、《人民日报》的报道、CCTV-1 的宣传，再后来就是被专家否定扼杀。现在距离上次被灭绝之后，又经历了 17 年了。《有序思维》中的错误，稚嫩、焦点漂移都在所难免。如果能有起死回生的机会，我依然深信，这课程一定能逐步完善，终究会发出金子般的光芒！

（相声）北京欢迎你

（2003 年为北京天通苑相声队的创作）

甲：你好。

乙：你好。（握手）

甲：好久不见。你，挺好的？

乙：还那样。

甲：还在人事部工作？

乙：不，我是搞总务的。

甲：噢。你，不—在—人—世—啦？（悲痛）

乙：是，从人事部，调总务了。

甲：（退后，默哀。哭诉）那，你—哪年—不在人世的呢？

乙：我怎么听着这么别扭啊。我这些年都是后勤工作。

甲：人事部的工作不好搞。我从前也干过人事工作。

乙：噢。那您干得还顺利吧。

甲：招工选干部，我有窍门。

乙：什么窍门啊？

甲：我最重视家庭条件啦。好家庭能培养出好孩子嘛。

乙：好嘛，您还是血统论哪！

甲：前些天招来个搞电焊的技术员，我特别满意。

乙：那他家里也有人干过电焊吗？

甲：他家是知识分子家庭。

乙：他的父母都是大学毕业啦？

甲：名牌大学！

乙：在哪毕业的？

甲：据他说，那个大学，普天之下，无人不知，无人不晓。

乙：您说出来我们大伙听听。

甲：（方言）我的老爹，毕业于“青蛙大学”。

乙：哪？

甲：（方言）青蛙大学。

乙：没听说过。

甲：（方言）青蛙大学嘛，田鸡系。

乙：呵！还真配套啊。

甲：（方言）青蛙大学，田鸡系。

甲：这回知道了吗？

乙：不知道。

甲：前总理朱镕基就那儿毕业的。

乙：喔。清华大学电机系啊！

甲：（方言）青蛙大学田鸡系。

乙：好嘛！

甲：（方言）我的老妈，也是著名大学毕业。

乙：哪毕业的呢？

甲：（方言）叽乐咕轳大学。

乙：哪的？

甲：（方言）叽乐咕轳大学。

乙：没听说过。哪专业的呢？

甲：（方言）叽乐咕轳大学，滚蛋专业。

乙：好家伙。难得，还挺配套！

甲：（方言）叽乐咕轳大学，滚蛋专业。叽乐咕轳大学，滚蛋专业。

乙：普天之下，闻所未闻。不可能有这样的大学，更没有这样的专业！

甲：他写出来，我一看，还真是天衣无缝！

乙：这不可能！

甲：原来他妈是吉林工业大学的辊锻专业毕业。

说白了，就成了（方言）叽乐咕轳大学，滚蛋专业。

乙：噢。辊锻我倒听说过，就是用轧辊把钢板轧薄了。

甲：瞧人家这一家人凑的：（方言）青蛙大学田鸡系，叽乐咕轳大学滚蛋专业。

乙：好嘛。都挺配套的啊。那他本人哪毕业啊？

甲：我一问，他什么也没说。

乙：肯定也是名牌大学啦。

甲：他把外边衬衫解开，用手往两边一拉，露出里面的编织袋背心。胸前有两个醒目的黑体字：北大。

乙：嚇！你瞧人家这一家子，个个都是高学历。

甲：我说，我新接了个活儿，给一个大饭店焊个霓虹灯。楼上有 6 间雅座包间，刚换了名字。咱们公司给装一下。

乙：都改成什么名字啦？

甲：北北，京京，欢欢，迎迎，你你。

乙：好。迎接奥运会。这才 5 间哪。第 6 间叫什么啊？

甲：中文就是“迎宾”，英文就是“歪儿卡母”，Welcome。

乙：对于你们公司来说，那是个小活啊。

甲：我就让这小伙子带人，把这单活给做成了。

乙：一切都挺顺利。

甲：后来听说质量有点问题。

乙：那甭问哪，肯定是霓虹灯有不亮的了。

甲：还真让你说对了。前五间雅座北京欢迎你，都好好的。中文、英文、图像都好。

乙：那是“迎宾”出差错了。

甲：其实也就是一点点问题。那个“歪儿卡母”，开头那字母还亮，中间呢，就一个字母亮了。

甲：我想呢，有中文“迎宾”俩字。大伙都能明白，就没急着去修。没想到，饭店经理找我来了，让我们包赔损失。

乙：看来问题还挺严重。

甲：我也纳闷啊。不就是有几个霓虹灯不亮了吗？

乙：就是啊。

甲：饭店经理说了。你们这霓虹灯，引起误会了。

乙：不至于啊！

甲：经理说：外国客人说死说活也不进后面把角那屋。“北京欢迎你”这五间，如果不空他们愿意等。

乙：那是为什么呢？

甲：一般说，国内客人还不在乎。但是，有一次，客人找我来了，要求退赔损失。

乙：那是怎么回事呢。

甲：说他们正吃饭呢，不断有人进屋，看看屋里，捂嘴一笑，走了。

乙：这事新鲜了。

甲：请客吃饭这位，也是纳闷啊。赶紧追出去问人家：你进我们这间雅座，有什么事吗？

乙：是得问问。

甲：进来这位，笑着一指门上的霓虹灯，说：“对不起，误会了。”

乙：霓虹灯上不就是“迎宾”吗？有什么可误会的。

甲：那英文霓虹灯不是坏了嘛。

乙：看不清楚了。

甲：就俩字母亮啦。

乙：是哪俩字母呢？

甲：我也没注意，好像是第一个字母亮。

乙：那就是“W”亮。还哪个字母亮啊？

甲：正中间的字母。

乙：W-e-l-c-o-m-e。那一共是 7 个字母啊，中间的，就那个“c”亮着啊。

甲：连起来一看：改“WC”了。

乙：好嘛，成厕所了。要不外宾不愿意进这屋呐。

甲：我这个气啊。马上把工程负责人叫来。

乙：就那个北大毕业生啊。

甲：我说：你刚来我们这上班，就捅这娄子，你还想不想干了！你真给自己爹妈丢脸！

乙：实在对不起自己毕业的学校。

甲：青蛙大学田鸡系的，有了你这么个不争气的孩子。

乙：是。

甲：叽乐咕轳大学滚蛋专业的，有了你这么个不争气的孩子。

乙：是。

甲：尤其是你自己，更是对不起自己毕业的学校！

乙：是，对不起北大的称号！

甲：这小伙子说：我没念过书啊？我对不起哪学校了？

乙：他不是北大毕业的嘛！

甲：是啊！我说，你刚来那天，你穿那背心呐？找出来我看看。

乙：对！那背心是借的？

甲：不是。那背心还真是他自己的。

乙：那上边不是有“北大”俩字吗？

甲：那是中间俩字，两边还有呢。

乙：一共是四个字啊？

甲：我连起来一看：中间俩字是“北大”，两边还各有一字。嗯，我是不住点头。

乙：写的什么？

甲：“东北大米”。

（五中的老师有相声创作的传统，要善于发现关系构造笑料。）

审题的过程

马献时在某QQ群的书面发言

审题过程中的生理基础是什么呢?

我们见到一个题目，就像听见高空中嗡嗡响，需要眯起眼睛，循声找一找哪有飞机，从漫不经心的状态开始视觉聚焦；也像老中医在诊脉，一旦摸到脉搏，就要闭目凝神，屏蔽掉无关信息，同时向自己连续提出脉象问题，聚焦思维。练硬气功的人尤其要把力量聚集到一个点。我们看到一个题目,也要有这样一个从松弛状态逐步聚焦的系列过程。

众所周知，大脑是人体消耗能量最多的地方。为了节约能量，降低消耗，以便应对更加紧急的情况，大脑一般是处在“微启动”的状态，非常放松。比方说，一个人平躺在跷跷板中段，思想放松地数着数，跷跷板处于平衡状态。这时，有人向被试提出一个计算问题，“45乘以64等于多少？”于是，被试者开始计算，血液富集在大脑，跷跷板在大脑所在的一侧就会下沉。血流量的大小和流动区域会因人而异，这取决于脑神经原有的网络系统和自己当时的主观调控。例如，做“数独”游戏，或者“挖地雷”，新手多用额叶，结合图形逻辑推理。高手因为大脑要节省能量，就自动启动了枕叶，运用思维块和模式辨析取代了高耗能的逻辑推理，近乎自动化地逐个解决问题。也就是说，在思维聚焦的活动中，要学会用一系列的问题对大脑进行启动，自主调控。

我们见到一个题目进行感知的过程，就是把语言、文字、数字等信息输入自己的左脑，与左脑中存储的陈述性知识发生联系，通过扩散与激活，不断启动，开展逻辑思考。这就像是用一根筷子在进餐，除了能把黑芝麻糊扒拉到嘴里，所能完成的任务的范围非常之小，而且效率非常之低。于是，要疏通连接左右大脑的胼胝体，重新表征问题，把信息转化为形象，启动右脑。遵照某些程序知识进行操作。这就像是用两根筷子进餐,效率比用一根筷子高很多倍。也就是说,要用想象力对信息进行补充再现,使情景生动完整。在思维聚焦的活动中左脑与右脑要协同工作。所以,爱因斯坦说:“想象力比知识更重要。”

审题过程的本质就是聚焦思维。首先要做的就是：用问题加速，用形象开路!

审题过程中的技术流程是怎样的呢?

爱因斯坦说：“不是我比别人更聪明，而是我与问题相处的时间长一些。”他在与问题相处的长时间中干了些什么？他要有一个怎样的思维聚焦的过程？一般来说，思维聚焦的基本过程是:要先用实例演示一下问题,然后是界定问题的范围,进而明确表征问题,再有就是确定解决问题的策略：是用算法式一劳永逸地公式解决，还是用启发式，即用穷举法、试错法、转化法、倒推法，还是用分类法……从而缩短从问题情境的起始状态到目标状态之间的距离。然后就要制订计划，实施，取得结果，反思小结。再进行新一轮的思考。

下面用一个实际例子加以说明。

我们面对的问题是：“口”字加两笔，可以组成哪些字？

1. 先要用实例启动大脑。“题目的叙述中，有符合条件的字吗？”真有，就是“加”和“可”。

2. 界定问题。

“尺”“巴”“户”可以吗？不行。字典上说，这几个字不属于“口”部。

“同”可以吗？能用两笔写出来的？不行。字典上说，算3笔。

“叵”“冋”算吗？自己不认识但是有可能500年前有这字呢？

算。因为字典上有。

3. 明确问题，重新表征为：现在的字典上有的，一共五笔，含有“口”字的，有哪些字呢？

4. 采用分类策略解决。在右脑中不断用形象描述问题。于是设想出要分为4类：“两笔在‘口’外”，“两笔在‘口’内”，“一里一外”，“穿越”。

5. 6.7. 实施计划，取得结果，总结反思。在这些活动中，要交替运用分析与综合、抽象与概括、归纳与比较、发现关系等一系列的思维过程，还要注意从思维活动的敏捷性、灵活性、深刻性、批判性和独创性5个方面全面出击，使自己的表现更加完美。用脑高手，在思维聚焦以后，思维能上演“四重奏”。左脑与右脑要协调工作，有齐奏、轮奏和重奏（不仅是“聚合”与“发散”，“逻辑思维”与“形象思维”的交替），旋律明快。更重要的是，还要有悠扬的中音部，表明“策略”基调。同时，低音部要给出节奏和伴奏，类似于“加强主观调控”。于是，把额叶、顶叶相应调动起来，尤其是高手，还要启动内视，激活枕叶。使思维运行进入自动化程度。脑波的频数也能自主调控，以 β 波为主，频数合理变换，还能聚焦到 α 波。自言自语，重新表征问题，最好能在谈论中，对久思进行突破。相反的，对比高手的美妙四重奏，有人只达到了单指按键（慢节奏的主旋律）的水平。

属于 1 2|3 1|1 2|3 1|3 4|5-|3 4|5-|$\underline{56}$ $\underline{54}$|3 1|$\underline{56}$ $\underline{54}$|3 1|2 $\underset{\cdot}{5}$|1-|2 $\underset{\cdot}{5}$|1-‖ 那样的简单旋律（法国催眠曲）。

其实，问题解决的前面的4步，都可以看作是审题的过程。一旦方向明确地进行了主观调控，就会使思维的效率得到提升。如果第5、6步取得了成功，就要反思小结，重新审题，抽象总结出本类问题解决的一般方法，梳理积累解题的经验。长期坚持总结反思，不断改进脑神经原有的网络系统，就能够为今后的学习清理基础。如果第5、6

步失败了，那也要重新审查题目。进一步提高思维的聚焦程度，重新变换解题策略。从失败中吸取教训，开启新一轮的问题解决。

综上可知，审题几乎贯穿了问题解决的全部过程。

一点花絮

2012 年第 10 期　　专题研究　　《数理天地》高中版

·专题研究·

双因素优选法的理论探究

马献时（北京市第五中学　100007）

1. 问题的提出

计算机老师辅导学生编写单因素优选法的程序，先定义数列$\{F_n\}$，满足$F_1=1$，$F_2=2$，$F_{n+2}=F_n+F_{n+1}$，即$F_3=3$，$F_4=5$，$F_5=8$，$F_6=13$，$F_7=21$，…输入n值后，开始离散型优选法，利用条件语句和循环语句，n次实验选出了$F_{n+1}-1$个分点中的最优点，后来计算机老师想提高问题的难度，回答高中数学选修教材 4－7 的 28 页的思考问题，即测量池塘最深点问题，用水平线法，编写了双因素优选法的选优程序，也就是说，用n^2次实验在$(F_{n+1}-1)^2$个格点中，选出最优点，程序编写之后，反思了两个问题。

实验次数的最大值，并不是最小的，因为生产实际已然满足了无沟无脊的条件，所以纵横对折法等等，就是比较好的方法。但是，如果只考虑，在若干格点中选取最优点而不再需要对是否有沟有脊加以限制，要想在实验次数取最大值时，有最小值，应该编写怎样的选优程序呢？

2. 双因素优选法，淘汰的依据是什么？

类比单因素优选法的淘汰依据：若实验点 A 优于实验点 B，由单峰曲线的性质，AB 的延长线可以淘汰，即可以剪掉 AB 的延长线，从而缩短寻优区间。

那么，双因素优选法对应的淘汰依据是什么？

2012 年 10 月，《数理天地》（高中版）首篇文章《双因素优选法的理论探究》，对当年推广的“优选法”提出了许多理论方面的突破。论文指出，流传多年的“双因素优选法”，从某种意义上说，不但实验次数并不最少，而且还可能漏掉最优的点。尽管论文锋芒毕露，直接否定了高中数学选修教材 4~7 存在的必要性，但是，论文终于得到了中国优选法统筹法与经济数学研究会专家的肯定和支持！该论文在 1972 年完成，1975 年就曾在山西大学《科技资料》上刊发。那时作者只是初中毕业，是正在山西大宁县插队的，北京上山下乡知青。据说当时的感觉就是：推广优选法的小分队正穿着“皇帝的新衣”，巡游全国。一叶障目，利令智昏。

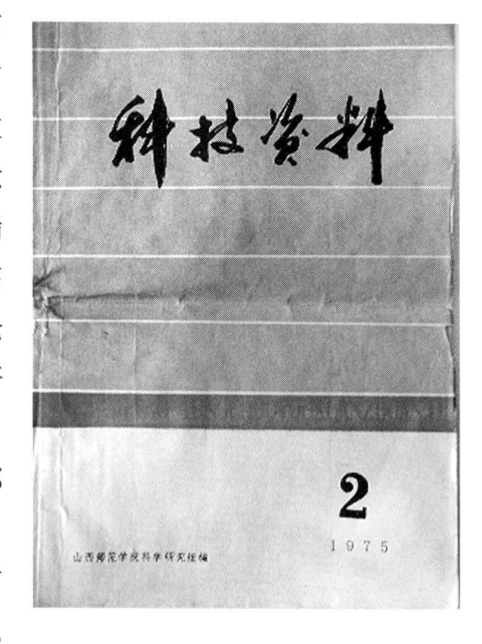

难能可贵的是，手里有真理也能低调处理，甘愿默默无闻。一直到优选法进入教材，其中的错误可能误人子弟了，这时，已然属于大是大非了，才不求名利，挺身而出。

现在 4~7，已被撤出，从选修教材中永远消失了。

作为教师，竟然能把整整一门教材打趴下。真是新鲜事！

統筹优选

双因子淘汰法

大宁县知识青年　　**马献时**

优选法是优的选优法，不应漏优。为了确保淘汰法选优不漏优，持提出：

定理　若$Z=f(x, y)$的等高线均凸，$f(x_1, y_1)\geq f(x_2, y_2)\geq f(x_3, y_3)$，即$A(x_1, y_1)$优$B(x_2, y_2)$优$C(x_3, y_3)$，角$ACB<\pi$，D在角ACB的对顶角内，则C优D。

证：设AD交BC于E，B优C $\xrightarrow{\text{单峰性}}$ C优E，A优C $\xrightarrow{\text{传递性}}$ A优E $\xrightarrow{\text{单峰性}}$ E优D $\xrightarrow{\text{传递性}}$ C优D。

后记

今年我已经68岁了。几乎一生的时间都在教书，都在坚持智力开发的研究与实践，先是把40多节教学录像发到网上，现在终于出版了一生中写出的唯一著作《有序思维》。真是，一个人，一辈子，一件事，一本书。很多教书人，教的是别人编写的教材。很多著书立说的人，书上的内容自己从未实践。我是把自己编写的教材，用于教学实践第一线，边讲边改，研发了几十年，正是，板凳需坐十年冷，文章不写一句空。这书终于总结出版了，实属不易。

在一个相当长的时期，全世界的科技大腕们曾被问到过同一个问题，就是：这一生对你影响最大的书有哪些？让人意想不到的是，他们竟然都提到了同一本书——伽莫夫写的《从一到无穷大》。我也很喜欢这本书。因此也有一个梦想：将来也要写出这样的一本书。让几十年过去以后，所有科技界的大腕们也都在说："小时候，曾经读过北京五中马献时老师编写的《有序思维》。哈哈，那真是一本好书。"

现在，我们面对的是一个崭新的时代。从前，"下一代人基本上重复上一代人那样去生活"，现在不同了，人类面对着无法回避的挑战就是如何进行教育，才能开创和顺应新的时代——终身学习的时代。我认为首要的任务，就是要填补智育中缺失的第三类知识体系，就是对自己内心世界操控的程序性知识——《有序思维》，提高学生元认知的能力短板，提高学生的治学能力，为其终身高效学习奠定基础。很多人下了一辈子的棋却从来不曾看棋谱，同样，很多人写了一辈子的字也从来不曾临字帖。类似的，很多人学习了十几年，从来也没想过，高手们是怎样学习和思考的。有没有类似字帖、棋谱那样的，展示高手风采的样本呢？《有序思维》就是在全新的领域树立的开山之作！将来，初一、高一新生也许都要开设《有序思维》这门课程。尽管任重道远，但是路走对了，就不怕遥远！希望各路高手也来加入《有序思维》的研发行列，与我共同开创出一片新天地，让教育走向有利于学生发展的新时代。

《庄子·外物》中有个"任公子钓大鱼"的神话故事。他以牛为饵，"蹲乎会稽，投竿东海。旦旦而钓，期年不得鱼。已而大鱼食之……任公子得若鱼，离而腊之……"从浙江以东，到苍梧以北的人都饱饱地吃上了这条鱼。《有序思维》是我历经几十年搞成的大鱼，希望能让千千万万的人饱餐一顿。我一辈子就这一件大事，这是我一生的梦想。

2014年12月26日 在北京五中
“学习开窍”教室门前

自题

舟若山时能定海，
笔如椽后可擎天。
痴心求索开心路，
灯火阑珊又一年。

我在大学学的是机械专业，教学的科目是数学，而写作本书却是在探索心理学。因此，论述中不到位的地方在所难免。本书的一个特点就是，回避了很多理论方面的系统讲授，而用讲义或课堂实录的形式进行系列练习。尽管这样做更贴近学生的实际需求，但是很多论述就没能上升到理论的高度。

《人民日报》《中国教育报》，尤其是CCTV-1都曾宣传报导过我研发的这门课程。尤其是《最强大脑》栏目评出了满分选手鲍橒，他是五中的得意门生，这让我倍觉光彩！

谢谢大家，读了《有序思维》！

欲献济时策，此心谁见明？

马献时

2016.3

读书笔记